# 세습
# 사회

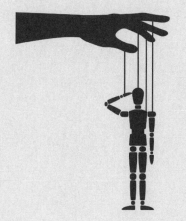

# 세습
# 사회

심규한 지음

도서출판 모시는사람들

# 여는 글

일찌감치 고백하건대 나는 그를 잘 모른다. 아니 모른다기보다 우리가 흔히 누군가를 안다고 할 때 떠올리거나 중요하다고 여기는 그에 관한 정보가 내게는 없다. 그가 어느 대학 무슨 과 출신인지, 사람들이 고개를 주억거릴 업적과 명망은 있는지, 지금껏 어떤 일들로 밥벌이를 책임져 왔는지, 그의 급료는 그의 유능을 말해주고 있는지, 변방의 산골짜기 늪지기로 사는 일에 가족들은 우는지 웃는지, 언젠가 산을 내려오게 되는 날 그의 행선지는 또 어디가 될는지, 노후에 대한 대책은 있는지….

굳이 알려고 들면 지금이라도 정공법으로 혹은 넌지시 그에게 물어볼 수 있는 것들이지만 나는 그런 적이 없다. 왜냐하면 그런 것 말고도 그에게 더 먼저 더 간절히 묻고 듣고 나누고 싶은 다른 얘기들이 많기 때문이다.

이 책은 말하자면 그런 얘기들에 관한 책이다. 수행자처럼 들어앉은 산속 초소에서도 아랫녘의 풍문과 참언들은 들려왔을 테고 변방 늪지기라도 자유롭지 못했을 것이다. 아니 변방이고 산속이기에 더 잘 들리고 잘 보이는 게 있었을 테고, 주체적으로 사유하고자 하는 민감한 영혼이라면 더욱 안절부절 못했을 것이다. 그래서 그는 날마다 성실히 나에게 우리에게 대화 좀 하자는 편지와 일기들을 날렸다.

시시하고 콜콜한 정보가 없기론 그도 나에 대해 사정이 마찬가지다. 그런데 어느 날 별다른 경력도 프로필도 없어 보이는 내게 그는 덜컥 귀중한 자기 책의 서문을 부탁해 왔다. 살면서 부딪친 각종 권위들과 권위에 대한 복종의 대가로 받아든 특혜들을 참아내지 못하고 어처구니없는 타이밍에 엿바꿔 먹으며 살아 온 나에게 낌새를 느꼈는지도 모르겠다. 그와 같은 아웃사이더 떠돌이의 성정과 명리를. 내가 가진 그다지 많지 않은 그에 대한 사적인 정보 중 하나는 그는 한때 '선생질'을 했다는 것이고 어느 날 그걸 걷어차고 나왔다는 것이다. 남들은 멀쩡히 잘 다니는, 적어도 그런 척이라도 하며 잡고 있으려는 철밥통을. 고약한 성미다.

그래서 머리 달린 자와 입 가진 자들이면 누구나 한 번쯤 말하곤 하는 한국사회의 권위와 세습 타파, 적폐 청산을 그가 굳이 다시 말하려 할 때에도 나는 귀 기울였다. 광화문에 선 사람들에게 준법이 아니라 평화를 위한 불복종으로 나아가자고 그의 글이 외칠 때에도 나는 설득 당했다. 그래서 쓰기로 약속해 버렸다. 긴 고민 없이. 그의 원고에 대해 내가 보낼 수 있는 성실한 답장을. 그리고 한껏 즐기기로 했다. 이 철저한 자본주의 사회에서 대책 없고 수고스러운 무보수 노동을.

그도 나도 계산과 대책이 없는 만큼 움직임이 가볍다. 그렇다. 사실 돌이켜보면 우리가 만난 공간 자체가 그랬다. 가볍기로 말하자면 한없이 가벼울 수 있는 곳, 삶의 현장성이 태그가 되어 달리고 관계의 육체성이 기호가 되어 단말마로 떴다 사라지는 공간, SNS 페이스북이란 곳에서 우리는 처음 만났다. 그는 소위 '페친'이다. 일본에서 20년 가까이 살면서 고국에 있는 지인들과 유행에 한참 뒤처진 소통이란 걸 하기 위해 2016년 여름 무렵 나는 '페북' 계정을 조심스레 열었다.

그런데 얼마 지나지 않아 누군가에게 내 아이디를 도용당하는 일이 생겨버렸다. 아마도 해커로 추정되는 그 누군가가 어리버리해 보이는 내 페북이 만만해 장난 좀 치자는 심산이었던 모양이다. 어느 날 내 이름으로 수많은 익명의 사람들에게 친구 신청이란 걸 날렸고 서로의 의지와는 상관없이 그렇게 우리는 친구가 되어 있었다. 그러나 시작은 참으로 어이없는 만남이었지만 대량 유입된 친구들 속에서 그는 곧 내 눈에 띄었다. 대체로 뻔한 말이고 특별할 것 없는 글인데 어딘가 사람을 붙잡는 힘이 있었다. 차츰 나는 그가 타임라인에 올리는 글들을 자주 챙겨 읽게 되었으며 언젠가부터 마음으로 그를 내 친구라고 부르게 되었다.

우리는 딱 한 번 오프라인 공간에서 좀 길게 만난 적이 있다. 친정 부모님이 그가 머물고 있는 천성산 근처 양산이란 곳에 살고 계시다. 그래서 2016년 가을이 끝나갈 무렵 부모님을 뵈러 간 길에 천성산엘 들러 그에게 한나절의 산 안내를 부탁했다. 산지기답게 그는 등산로가 아닌 길까지 들어서며 내가 모르는 나무와 꽃들의 이름을 일일이 알려 주었고 간혹 잎을 따다 냄새를 맡아 보라고 주기도 했다.

꾸준한 그의 독자라면 고개를 끄덕일지 모르나 그의 글에는 독특한 향내가 있다. 누군가는 그 향이 무색무취의 밋밋함으로 느껴져 모르고 지나쳤을 수도 있고, 세련된 유쾌함이 난무하는 도시적 감성에 길들여진 사람이라면 도무지 떫고 쓰기만 한 생내를 못 견뎌 던져 버리기도 했을 것이다. 학교를 박차고 나왔으면서도 그의 말투는 여전히 선생님 같고 계몽주의의 묵은 냄새가 날 때도 있다. 그러나 그의 글을 오래 곁에 두고 읽어본 사람은 차츰 맡게 되고 느끼게 되지 않았을까. 표 나지 않게 은근하면서 집요하게 코끝에 남는 아릿하고 어딘지 달금하기까지 한 향내를. 그러고 보니 그의 글은 그날 천성산에서 내게 맡아 보라고 건넨 비목 잎 향기를 닮은 듯도 하다.

오프라인에서 그를 처음 대면했을 때 그에게서 받은 가장 강렬한 인상은 얼굴 근육 전체로 웃는 함박웃음이었다. 웃음이든 눈물이든 아껴야 살아남는 요즘 세상에 한껏 웃을 줄 아는 사람을 만난다는 건 드물고도 큰 선물이며 즐거운 체험이다. 그는 내게 손을 내밀어 악수를 청할 때도, 겨울 문턱을 버팅기고 있는 꽃들을 발견했을 때도, 새순을 숨겨놓은 나무들을 보고 달려가 말을 걸 때도 자글자글 눈가 주름이 먼저 잡혔다.

직감적으로 사람을 판단하고 습관적으로 이름을 달아 버리는 경향이 있는 나는 그를 따뜻하고 부드러운 친환경주의자 혹은 격 없고 헐렁한 생태주의자로 성급하게 분류해 버렸다. 그러나 그와 같이 다니면서 그런 단선적인 카테고리는 수정되어야 했다. 그가 화엄늪 주변을 여기저기 안내해 주는 동안 가을볕 같던 그의 웃음이 서릿발처럼 얼어붙는 것을 자주 목격했기 때문에.

우포늪처럼 크고 유명하지 않아도 천성산 정상에도 늪이 있다는 걸 그날 하루 그를 통해 처음 알았다. 익숙하지 않는 나 같은 사람 눈에는 잘 보이지 않지만 늪 속엔 다양한 생명의 도감이 살아 숨쉬고 있었다. 그는 화엄늪을 지키기 위해 천성산에 머물고 있노라 했다. 정상의 늪은 천천히 겨우 살아나던 중이었다고 한다. 그러나 그 늪 위엔 인조 데크가 놓이고 둘레길이 질러져 있었다. 함께 주변을 걸으며 무신경하고 무지한 행정과 싸웠던 기억과 무성의한 답변의 권위적인 반복을 떠올리며 그는 탄식을 감추지 않았다.

정상 늪 옆을 돌아 나올 땐 데크 위에 텐트를 친 사람들이 있었다. 몇 번을 말려도 아직도 이런 사람들이 있다고 그의 목소리가 또 한 번 굳어졌다. 그는 차가웠다. 사람보다 먼저 더 오래 전부터 둥지를 튼 생명들에게 아무런 양해와 허락도 없이 수시로 침입해 오는 자들에게는. 그는 깐깐했다. 텐트 치고 라면 끓여 먹으며 자신들의 건강과 친목만을 다지는 등산객들에게는. 그는 집요했다. 에코를 패션으로 걸치고 진격해 오는 산악자전거와 레저 동호회 사람들에게는. 번번이 조롱받고 무시당하면서도 그는 그랬다.

그가 그렇게 사람과 자연 앞에 격 없이 활짝 웃을 수 있었던 이유, 그의 글이 나를 자주 멈추게 했던 이유, 그것은 이렇게 지켜야 할 가치 앞에선 상대가 누가 되었든 물러서지 않는 깐깐함과 집요함이 있었기에 가능했다는 것을 나는 그와 만난 지 반나절 만에 알게 되었다.

우리는 함께 산을 내려와 천성산 자락의 고찰 내원사가 자리 잡은 계곡엘 들렀다. 며칠 후 유치원 선생들에게 강의를 부탁받았노라고 그는 답사를 하며 시나리오를 짜고 있었고, 나는 일본의 숲과는 다른 정겨운 고국의 색에 오랜만에 마음을 내려놓고 여기저기 둘러보고 있었다. 큰물이 지난 후였는지 돌과 흙이 쓸려간 자리가 눈에 많이 띄었고 경사진 곳에 선 나무들이 뿌리를 처연히 드러내 놓고 있어 마음이 아팠다.

그런데 그때 보게 되었다. 멀찍이 곁을 내어 준 듯 만 듯 보였던 나무들이 흙 밑에선 서로의 뿌리가 얽히고설켜 행여 놓칠세라 이를 물고 끈질기게 서 있는 모습을. 나는 가끔 그가 꼭 그 나무들 같다는 생각을 한다. 그의 글은 말 없는 나무들처럼 큰 목소리로 제압하지도, 화려한 웅변술로 매료하지도 않는다. 그저 있어야 할 자리와 있고자 하는 자리에 변함없이 서 있다. 그의 글은 높은 정상에서 홀로 내려다보며 괜히 어려운 말로 젠체하지 않으며, 너도 이리 올라 오라고 싸구려 능력주의의 선망과 동경을 팔지도 않는다.

그러나 또 그의 글은 가끔 억센 뿌리처럼 우리를 몸통부터 꼼짝없이 얽어 매기도 한다. 아이들에게, 선생들에게 학교에서 나오라고 속삭인다. 교묘한 권위와 달콤한 복종의 당의정은 뱉어 내자고 설득한다. 현실을 바꾸고 싶다면 우리 자신부터 다른 꿈을 꾸자고 선동한다. 턱없이 급진적이다. 그런데 그래서 나는 그의 글을 좋아한다.

세세한 족적과 편린들은 모르지만 그에겐 지금껏 글과 삶을 일치시키려 노력해 온 자가 깨달은 사상적 뿌리와 원칙이 있어 보인다. 그래서 그의 글은 세련된 문체로 현실을 인정하고 자신을 연민하는 글들과는 결이 좀 다르다. 오지랖 넓게 한국 사회를 진단하고 감히 독자들을 가르치려 들어도 무릎을 끌어당겨 그의 글을 읽게 되는 이유가 거기에 있다. 쥐뿔도 없으면서 당당할 수 있고 누가 쥐어준 권위가 없어도 그가 엄격할 수 있는 이유 또한 스스로 사유하고, 사유한 만큼 삶을 바꿔온 사람이었기 때문일 테다.

지금도 나는 SNS 공간을 통해 꾸준히 그와 만나고 있다. 그를 알지 못했던 두 해는 이렇게 한 권의 책으로 거슬러 만날 수 있으니 참으로 다행이다. 물론 그의 책이 아니어도 시대의 징후를 분석하고 좀 더 전문적 관점에서 우리 사회를 통찰한 글들은 주변에 많다. 칼럼니스트니 논객이니 인문학자니 사회철학자니 얼마나 넘쳐나는가. 하지만 자본주의 사회의 사유는 지식 오퍼상들의 전유물이 되어가고, 저자의 네임밸류까지도 독점 생산된다. 그래서 그의 책은 특별하고 눈물겹다. 강호에서 이 책을 집어든 당신에게 뜨거운 악수를 청한다.

어느 틈인가 당신과 나는 난무하는 예측불허와 비정상의 관계로 위치 지어지고, 통제자들은 우리의 목소리를 시스템 에러쯤으로 간주한다. 다시 한 번 강조하지만 그는 내게 있어 해커가 아니었으면 오래도록 모르고 살았을 사람, 필연적으로 만나야 할 맥락이 어디에도 없던 바이러스 같은 존재였다. 그러나 주체의 의지를 삼켜 버린 후기 근대 산업사회의 타자들 사이에서도 때로 인연이 이렇게 어처구니없게 피어난다. 이제 다음 인연은 우연히 이 책을 집어든 당신이 되었으면 한다.

내가 그의 책에 서문을 써 보겠다 하자 그는 '이것도 다 운명이지요'라는 말을 했더랬다. 운명. 서문에 대한 감사를 에두른 농담이었을 것이다. 그러나 시대를 거스르는 전근대적인 그 단어가 단순하게 들리지 않았다. 이미 우리는 스스로 운명을 만들어야 할 시대의 문턱 앞에 밀려와 있으므로. 싫든 좋든 더 이상 물러설 곳이 없다.

지난겨울 광화문 광장에 촛불로 같이 서고 싶었으나 산속의 초소와 바다 건너 밀실에 갇혀 우리는 각자의 공간을 지켜야 했다. 아직 광장에 나오지 않은 미처 만나지 못했던 촛불들이 일렁인다. 세습사회의 텍스트 안과 밖 그리고 행간을 밝히며.

오늘 이 책을 집어 든 당신이 그의 책을 불살라

불꽃이 더욱 명명해지기를 ….

연대의 불씨가 대를 이어 오래도록 세습되어 주기를 ….

2017. 4. 8

멀고도 가까운 섬에서 권내영

# 세습
# 사회

# 세습
# 사회

# 강기훈 씨를 기억하자

강기훈 씨의 무죄판결이 24년 만에 났다(2015.5.14, 대법).

1991년 그날들을 기억한다. 강경대군이 쇠파이프에 맞아 죽고, 노태우 정권은 최대 위기를 맞았다. 선거로 대통령이 되었지만 군부독재와 달라진 것이 아무것도 없었다. 연일 시청 앞에서, 연대 앞에서, 시내 곳곳에서, 거리 집회가 있었다. 또한 하루가 멀다 하고 분신자살이 일고 있었다.

김지하 씨는 '죽음의 굿판을 집어치워라'라는 논설을 《조선일보》에 발표해 파란을 일으켰고, 배신자의 낙인이 찍혔다. 구구절절 명문이었고 나름 번지는 분신자살에 대한 반성의 계기가 될 수도 있었다. 하지만 시기와 지면선택에서 선의의 한계를 넘고 말았다. 새로 임명된 정원식 총리가 외대를 방문했다가 밀가루와 달걀 세례를 받자 약속이나 한 듯 보수언론들은 일제히 스승을 모독하는 학생운동의 도덕적 타락이라며 공격하기 시작했다. 서강대 박홍 총장은 어둠의 배후 세력이 있다고 경고하고, 점차 공안사건의 분위기가 무르익어 갔다. 그리고 김기설 열사의 분신(2014.5.8)이 있자 곧바로 검찰은 강기훈 씨가 유서를 대필하고 자살을 방조했다고 발표하였다. 국립과학수사대의 필적검사 결과까지 '뒷받침'되자 연일 언론이 학생운동을 맹비난하고 정부는 반전에 성공해 위기를 극복했다.

솔직히 말하자면 유신시대와 신군부시대에는 워낙 공안사건이 많았던 터라 언론과 정부의 발표를 거의 믿을 수 없었다. 하지만 정보 제한과 오류 가능성 때문에 판단에 유보적일 수밖에 없었다. 이런 유보상태야말로 공안사건을 조작하고 유포한 정부가 기대하는 바였을 것이다. 한 해가 멀다 하고 공안사건이 기획되고 터졌다. 국민은 국가의 정보 독점과 전문가들의 권위에 합리적인 판단의 기회를 원천적으로 차단당한 채 휘둘리곤 했다. 박정희 시대에 이미 길들여진 언론이 권력 감시 기능을 할 리 만무했다. 오히려 재벌 언론은 적극적으로 여론조작에 참여했다. 최근의 천안함, 세월호, 통진당(통합진보당) 사건 같은 사건과, 그 이후의 보도행태가 그때는 더욱 비일비재했다. 어느 것 하나 명확하게 해결하지 못하고 반백년 질질 끌려왔다. 권력은 언론을 먼저 길들이고, 다음으로 국민을 길들였다. 권력은 무적이었다.

과거 국가 권력은 무력과 폭력적 억압으로부터 나왔다. 하지만 지금은 정부는 물론 정치와 경제를 장악한 지배계급과 테크노크라트가 카르텔을 형성하여 권력을 유지하고 있다. 크고 작은 공안사건들이 국정원의 기획하에 군과 검찰과 언론의 조작과 협조로 만들어지곤 한다. 삼권분립이 무색해진 지 오래됐다. 우리 사회는 민주사회라기보다 아직도 조작과 기획이 통하는 공안사회다.

실로 분단 70년의 역사를 겪으며 군부 및 보수 정권은 정권의 위기를 빨갱이(종북) 콤플렉스를 자극하여 해결해 왔고, 거기에 길들여진 국민들은 시나브로 빨갱이 프레임에 갇혔다. 시민사회의 정당한 정치적 경제적 문제제기는 언제나 종북좌빨로 매도되었다. 이성 부재의 증오 자극으로 보수 기득권 세력이 언제나 승승장구했다.

우리는 강기훈 씨의 사건이나 서울시 공무원 간첩조작 사건을, 한국에서 매년 반복되고 있는 드레퓌스 사건으로 이해해야 한다. 진실을 밝혔을 때 남은 것은 왜곡된 역사와 처참하게 망가진 피해자의 삶이다. 당시 사건을 담당했던 검사나 판사, 배후 그리고 그들의 충실한 나팔수가 되었던 언론들 중

책임을 지는 사람/기관은 아무도 없다. 우리 사회의 심각한 질병이다. 그만큼 뻔뻔하고 그만큼 파렴치하다. 역사는 물론 사회 자체가 그렇게 변했다. 책임지는 사람이 없으므로 과오가 되풀이된다. 기득권층의 폭력과 거짓, 그리고 무책임성이야말로 우리 사회를 부패시킨다.

공안사건백서를 쓴다면 아마 몇 천 페이지의 책이 될 것이다. 언론이 언론으로서 제 기능을 담당하고, 시민의 힘이 건강하게 발휘되자면 공안사건에 질질 끌려가며 인생을 낭비하는 경우가 없어져야 한다. 상식 없는 사회에서는 상식의 정착이 우선 절실하다. 하지만 쉽지 않다. 보라, 세월호 사건을. 수많은 국민이 절실한 마음으로 거리에 나서도 정부는 꿈적하지 않는다. 책임자 처벌은 차치하고, 진실규명 자체를 가로막고 있다. 정보의 차단을 통해 아무것도 못하게 한다. 그들의 목적은 단순하다. 책임회피와 부패한 기득권 유지다. 이런 와중에도 수많은 공안사건들이 새로 만들어지며 우리를 지치게 한다.

이것은 마치 바둑과 같다. 여기저기 집을 지으며 기득권층은 파상공격을 감행하고, 시민의 힘이 분산되어 집중력을 발휘하지 못하게 한다. 저들의 흉계를 뻔히 알면서 연전연패다. 기득권의 대마는 불사다. 오직 포기하지 않은 몇몇 사람만이 20년이 지나고 30년이 지나 겨우 진실규명에 성공한다. 하지만 뒤늦은 복기처럼 역사의 교훈은 뼈아프고, 현실의 승패를 바꾸지 못한다. 누구의 명예를 회복했는가? 부도덕하고 타락한 정부의 파일은 기밀로 묶이고 돌이킬 수 없는 시간이 흐른 뒤에야 겨우 공개될 것이다.

우리 사회를 지배하는 전문가집단인 테크노크라트들은 1%의 권력과 자본의 편이다. 그들은 좀처럼 시민의 편이 될 수 없다. 기득권을 위해 복무할 뿐이다. 그렇다면 우리는 무엇에 의지해 진실을 찾고, 자유와 평등, 그리고 민주주의를 이룩해 낼 것인가?

알짜배기 아마추어의 길밖에 없다. 열정과 끈기가 없다면 길고 긴 싸움을 견딜 수 있는 사람은 아무도 없다. 하지만 싸움에 삶의 대부분을 보내는 것 자체가 너무나 큰 고통이다.

간암에 걸려 고생하는 강기훈 씨를 봤을 때 그의 싸움이 외롭고 처절했음을 느낀다. 국가를 상대로 한 그의 싸움엔 몸과 마음과 인생이 모두 투하된 듯하다. 그렇게 진실이 규명되었다. 여전히 관련자들은 사과 한마디 없다.

하늘은 불평등을 따지지 않고, 부정의를 논하지 않는다. 오직 사람만이 평등하고 정의로울 수 있다. 이기기 위해서라도 우리는 최대한 영악해져야 한다. 진짜 싸움은 여전히 삶을 통한 싸움이다.

물리력 앞에서는 밀릴 수밖에 없다. 그래서 더 영악해져야 한다. 역사와 진실을 치열하게 파고들어야 한다.

한편 근본주의자로서 본질적인 문제를 생각하고 단도직입할 수 있는 길을 마련해야 한다. 내 삶이 부당한 시스템에 보탬이 되지 않도록 단속하기 위해서는, 삶의 자급자족력을 바탕으로 공동체와 네트워크를 확장해 가야 한다. 도피도 냉담도 아니다. 오직 내 눈과 마음을 의지해 나아가야 한다.(5/25/월)

# 메멘토모리(memento mori)

## 사회적 죽음

IMF사태가 나던 97년 뇌일혈로 돌아가신 작은아버지의 죽음은 내 삶에 큰 충격을 주었다. 삶에 대한 환상이 확 깨졌다. 그 뒤 주변 사람들의 이런저런 죽음을 보며, 삶이 죽음과 함께 살아야 하는 것임을 절감했다.

고등학교 시절에는 죽음의 필터로 세상을 바라보곤 했다. 예쁘고 화려한 여자를 보면 불교의 부정관처럼 쭈글쭈글 늙고 죽어 썩는 모습을 생각하곤 했다. 죽음 앞에 모든 인간은 평등했고 죽음이 던진 질문, 곧 무의미와 허무 앞에 울며불며 안달복달할 일도 없었다. 죽음이 인간의 근본조건이었다.

하지만 내게서 죽음과 허무는 좀 더 일찍부터 자라나기 시작한 것 같다. 초등학생 때부터 입에 '인생무상, 삶의 회의'라는 말을 달고 다녀 어머니께 꾸중을 듣곤 했다. 허무주의자 어린이라니. 지금 생각하면 우습지만 무상이나 허무 따위는 최초의 자의식에서부터 감지되었던 것 같다.

내 자의식은 적막과 고독한 느낌을 동반했다. 적막과 고독의 배경 속에서 나는 사람들을 보았다. 무상과 허무야말로 존재의 조건이었다. 죽음과 허무의 필터로 세상을 보면 문득 세상이 모두 꿈같다. 온통 엉터리고 헛것 투성이다. 그러나 부처의 도저한 허무주의는 넘기 어려운 경지였다. 다만 부처가 말한 우주의 근본 구조에 대해서 살아가며 자주 상기하려 노력했다.

하지만 나이가 들면서 사회적인 죽음을 많이 만나게 되었다. 죽음이 왜 개인적인 사건이 아니라 사회적 사건인가? 도무지 온전한 죽음이 없었다. 부처가 말한 자연의 조건, 즉 죽음의 조건만으로는 설명이 여의치 않았다. 어처구니없는 죽음들이 넘치는 것이 우리 사회였다.

## 타자의 죽음

레비나스는 타자의 죽음이 살아남은 자의 유죄성이라고 말한다. 레비나스의 말을 처음 접하는 순간 내 가슴은 쿵 내려앉았다. 마치 염라대왕의 판결을 받는 느낌이었다. 타자가 있는 것만으로 나의 책임이 있다는 그의 타자의 윤리학은 20세기 홀로코스트에서 살아남은 그였기에 가능했던 철학이지만, 그만큼 치열한 실존의 각성과 결단 그리고 실천을 요구하는 윤리였다. 타자의 죽음은 우리에게 유죄를 선고한다. 살아남은 자의 상처가 지워지지 않는다. 우리는 타자의 사회적 죽음에서 도무지 벗어날 수 없다. 하루라도.

인터넷을 보니 어제 김외한, 김달선 위안부 할머니 두 분이 또 타계하셨다. 해결되지 않은 일본군위안부 문제와 희생자들의 가슴에 쌓였을 한을 생각하면 캄캄하다. 304명의 세월호 희생자들, 그리고 요즘 창궐하는 메르스의 희생자들을 떠올린다. 한편 이한열 열사 기념관에 그가 신던 운동화가 복원 전시되었다는 기사와, 직격탄을 맞고 쓰러지던 그의 사진을 본다. 그들의 죽음이 아직도 해결되지 않은 채 살아남은 자들에게 질문을 던지고 있음을 느낀다. 일본군위안부 할머니들도 세월호 유족들도 제대로 이뤄지지 않은 진실규명 때문에 한 맺힌 죽음으로 남아 있다. 우리 사회는 아직도 장화홍련의 절규가 울리고 있다. 얼마 전 24년 만에 유서대필 사건의 누명을 벗게 된 강기훈 씨는 한의 응어리가 암이 되어 고생하고 있다. 그런가 하면 피랍되었다 남한에 돌아와 간첩누명을 쓰고 죽은 지 35년 만에 누명을 벗은 배일규 씨의 소식도 전해진다. 어처구니없는 사건과 죽음들이 매일 넘친다.

세월호 복사판인 메르스 확산과 죽음 또한 죽음에 대한 사회적 책임회피를 폭로한다. 세월호 사건이 나자 정부는 물고기에게 떡밥을 던지듯 유병언 회장에게 모든 죄를 뒤집어씌운 뒤 부패한 변사체 발견으로 종결했다. 그가 유병언인지는 아무도 모른다. 정부가 유병언이라고 선언했을 뿐이다. 정부는 세월호에 대한 책임을 마녀재판 식 상징의례로 무마하려 했고 보수주의자들은 맹목적으로 동조했다. 세월호 침몰의 진실규명을 외치는 세월호 희생자 유가족과 시민들은 종북주의자로 매도됐다.

우리 사회에는 죽음에 대한 책임회피 문화가 뼛속 깊다. 거짓이 일상화된 사회에서 살아남은 자들이 제정신일 리 없다. 진실규명과 정의실현은 망자에게보다 살아남은 자에게 필요한 것이다. 우리의 거리에 아직 장화와 홍련이 떠돈다. 진실을 밝혀 달라고, 다시는 억울한 일이 되풀이 되지 않게 해 달라고, 살아남은 자는 망자의 유령으로부터 자유로울 수 없다.

### 책임회피와 원죄

하지만 우리는 이러한 사회적 죽음을 일상으로 받아들이며 살고 있다. 살아남아 다행이라고 안도한다. 살아남는 것이 삶의 유일한 목적이라고 생존을 정당화한다. 친일파가 자신을 변명하듯. 그리고 우리도 연루자가 된다. 책임을 회피한 채 살아남은 자들의 원죄는 영원히 씻을 길이 없다. 죄가 없어도 죄가 있다. 망각의 죄! 어쩌면 기독교의 카인의 후예로서의 원죄는 사회적 죽음에 대한 책임회피의 원죄성을 의미할지 모르겠다. 너무도 억울한 피로 얼룩진 이 땅에서 우리는 피비린내를 막기 위해 마스크를 쓸 뿐이다. 그럴수록 죽음이 퍼지는데도. 흉흉한 소문처럼 부고가 들린다. 오늘은 또 누가?

그들은 여전히 침묵한 채 나를 뚫어지게 쳐다본다. 대답하라고. (6/12/금)

# 잃어버린 도덕과 정치

## 한국 보수층의 정치관

박근혜 대통령을 통해 우리는 우리 사회의 작동기제를 적나라하게 확인할 수 있다. 국정원 선거개입에 의한 부정선거, 노회찬과 채동욱 찍어내기, 통진당 해산, 부동산 투기와 전월세 폭등, 세월호 참사와 메르스 대처 무능 등 연이어 터지는 사건 사고가 정부의 무능과 무책임을 폭로하고 있다.

하지만 박근혜 대통령의 지지율은 결코 35% 이하로 떨어지지 않는다. 그리고 이 35%는 보수층이라고 부르기에 뭔가 민망한 완고한 세력의 집착을 보여준다. 바로 박정희 대통령에 대한 숭배의식 때문이다. 그들은 '박정희교'를 신봉하며, 종북빨갱이 척결의 사명 아래 똘똘 뭉쳤다.

경상도에 귀촌했을 때 일찍이 만나보지 못한 풍경에 놀랐다. 바로 식당이나 가정에 박정희 대통령의 사진과 휘호, 스크랩된 신문기사가 벽에 걸려 있는 집이 많다는 것이다. 자신이 존경하는 사람의 사진을 벽에 걸고 정신적 지표로 삼는 것이야 누가 나무라겠는가? 하지만 남과 북이 공통적으로 독재자의 사진을 벽에 걸고 숭배하는 모습은 세계사적으로도 진풍경이 아닐 수 없다. 아마도 천황제를 유지하고 있는 일본인들은 좀 이해할까?

이것은 신념이라기보다 유사종교적 신앙이다. 그런데 김구도 아니고, 세종도 아니고 왜 하필 박정희란 말인가? 친일파 박정희는 어디로 사라지고 경제성장을 이룬 '국부 박정희'만 남아 존경받고 있다. 친일파와 유신독재를 비판하면 금방 빨갱이와 종북좌파로 몰린다. 박정희는 자신이 길들여 놓은 신문과 텔레비전의 선전효과를 톡톡히 본다. 노년층을 중심으로 유사종교적 숭배 대상이 되었다.

마르크스는 존재가 의식을 규정한다고 말하였지만, 70년대 이후 유신시대를 거치며 세뇌되어 지금에 이르기까지 여전히 공안정국의 국민으로 살아가는 국민을 보면, 존재를 배반한 의식과 인지부조화를 발견하게 된다. 위장의 기억이 이성을 압도한다.

그렇다. 그들의 말처럼 모두가 희생자였다. 그렇다고 모든 것에 면죄부를 줄 수는 없다. 면죄부는 약자에게 줄 수 있는 것이지 강자에게 주는 것이 아니기 때문이다. 하지만 우리는 약자는 잔인하게 처벌하고 강자에게는 굴종과 칭송을 마다하지 않았다. 유난히 강자권력이 찬양받고 있다.

왜 그들은 70년대를 영광의 시대로 기억하며 2000년대를 살까? 박정희 유령의 명령을 여전히 수행하며. 죽어도 해결될 것 같지 않는 빨갱이에 대한 증오와 독재자에 대한 향수를 안은 채 미래로 나아가려는 한국사회의 족쇄가 되어 버렸는가?

그 이유는 그들의 말 안에 고스란히 담겨 있다. 먹고 사는 게 전부였던 시절 보릿고개를 넘게 했고 눈부신 경제성장을 이루었다는 것이다. 까마귀가 날아오를 때 배가 떨어졌다. 과연 까마귀 때문에 배가 떨어졌을까? 사람들은 다른 가능성을 도무지 생각하지 않는다. 아니 못한다. 까마귀 때문에 배가 떨어졌다고 믿는다. 또 다른 가능성이 있는지 찾기를 포기한다. 비틀린 역사를 바로잡을 필요를 못 느낀다.

한국사회에서 경제는 단순한 의미가 아니다. 그때나 지금이나 경제를 생존 문제로 느낀다. 아무리 GNP가 2만 불이 되고 3만 불이 되어도 여전히 경제고 여전히 생존이다. 빈부격차, 세습재벌 상관없다. 경기가 침체라 하면 경기가 들린다. 대통령이 참된 사람이 아니어도 좋다. 돈을 많이 벌게 해주는 경제대통령이어야 한단다. 이명박 대통령 개인의 몽상을 위해 4대강을 파헤치는 토건사업을 해도 물 건너 불 보듯 한다. 돈이 가치의 전부고 돈이 지배하는 세상을 천민자본주의 세상이라고 한다면, 우리는 정말 천민자본주의 체제하의 천민이 되어 살아가고 있다. 어쩌다가 시민이 천민이 되었을까? 박정희의 나라에서.

우리에겐 너무나 절박한 이유가 있었다. 조선 후기 양반과 탐관오리의 횡포, 동학농민혁명의 좌절과 학살, 일제 36년의 탄압과 착취, 그리고 6·25의 비극과 학살, 군부독재의 탄압으로 이어진 길고 긴 고통과 박탈이 있었다. 생존 자체를 극단의 과제로 삼다 보니 진실 따위 안중에 둘 수 없었다. 도덕과 이성은 그다음이었다. 양심과 성찰을 버리지 않고는 생존할 수 없었던 극한의 상황이 백여 년 동안 지속되었다. 피눈물 흘리며 살았다. 그러니 한도 많고 분도 많다. 비합리적, 비양심적 폭력에 굴종해서라도 피나게 노력하고 악쓰며 살아야 했다. 2002년 붉은 악마는 이 땅에서 어두운 역사로부터 자유로워진 이들이 지르는 최초의 함성이었다. 하지만 우리는 아직 한 맺힌 근현대사의 그늘을 벗어나지 못했다.

생존이 가치문제를 떠날 때 우리는 도덕적으로 비참하다. 그렇기 때문에 살아남은 자는 잊지 않기 위해 모멸감이라도 안고 살아가야 한다. 파렴치하고 냉혹해지지 않기 위해서라도. 생존을 비난할 수 없더라도, 함부로 합리화해서는 안 된다. 왜냐하면 6·25를 겪고 양심과 이성을 버린 생존이 모멸을 잊고 자신의 원죄를 투사할 대상, 즉 마녀들을 만들고 있기 때문이다. 진보는 종북빨갱이다. 대한민국은 친일파가 반공애국자로 둔갑해 독립운동가를 빨갱이로 잡은 나라다. 죄가 깊으면 깊을수록 더욱 더 열렬히 반공애국자가 탄생하는 나라다. 60년대 박정희 독재가 시작되면서, 4·19와 함께 태동한

양심과 이성에 의한 도덕과 정치는 실종되고, 권력의 명령과 생존에 고착된 경제논리가 세상의 유일한 행동 준칙이 되었다. 경제적 성공만이 유일한 알리바이가 되었다. 우리는 경제를 얻은 대신, 양심과 이성을 잃었다.

## 잃어버린 도덕과 정치

모든 사회는 나름대로의 도덕원리를 가지고 있다. 마을과 부족 단위의 사회에서는 고도의 정치적 단위가 필요하지 않았다. 모든 인간이 평등하고 자유롭게 태어났으며 존중받아 마땅하다, 이러한 상식에 입각해 살면 되었다. 도덕은 생각해서 되는 것이 아니라 당연히 그렇게 해야 할 공동생활의 준칙이다. 상식이다. 하지만 사회가 커지면서 정치를 필요로 하게 되었다. 즉 인간 사회의 도덕을 실현하기 위해 정치적으로 조정할 필요가 생기게 되었다.

빈부 격차가 발생하고 권력 집중이 나타나면서 정치적 권력이 강해졌다. 권력 앞에 도덕이 무력해졌다. 홉스가 가정한 인간의 자연상태는 '만인 대 만인의 투쟁' 상태였다. 하지만 만인 대 만인이 투쟁하는 사회는 도덕이 살아 있는 작은 사회가 아니다. 오히려 이익 추구에 매몰되어 도덕을 상실한 약육강식의 경쟁사회를 투영한 것에 지나지 않는다. 자본의 무한축적을 위해 경쟁하는 자본가들이야말로 만인 대 만인의 투쟁사회의 주인공들 아닌가? 홉스가 '만인 대 만인의 투쟁' 사회를 인간의 자연상태로 가정한 것은 결정적 오류였다. 하지만 홉스의 주장처럼 경제인에 의한 정글사회에서 정치적 통어가 필요한 것은 사실이다. 지금 신자유주의에 정치적 통어가 필요한 것과 마찬가지다. 지나친 사적 이익 추구가 공익을 해치기 때문이다.

그렇다. 정치가 그렇듯 사회의 운영원리는 도덕이어야 한다. 도덕은 타인의 명령이 아니라 양심과 이성의 판단에 의해 발휘된다. 하지만 무한경쟁을 옹호하는 자본주의 사회는 소위 노동유연성이라는 말로 완곡히 표현된 빈자의 범람이 필요한 사회다. 왜냐하면 이익이란 잉여 곧 타자에 대한 착취분이기 때문이다. 개인의 무한한 이기심을 채우기 위해 타인의 노동력을 착취할 수 있는 구조는 타자의 빈곤에서 발생한다. 빈곤에 내몰리지 않는다면 누구도 잉여분을 착취당하는 임금노예로 계약하지 않을 것이기 때문이다. 자본의 시장에는 수요공급의 원리는 있지만, 도덕의 원리는 없다. 그렇기 때문에 정치가 필요하다. 정치는 경제의 집중을 방지하고 만인의 권리를 지키기 위해 필요하다.

그러니 경제대통령이라는 말은 모순이다. 대통령이 해야 할 일은 도덕의 원리로 사회가 운용되도록 정의를 실현하는 일이다. 사회적 약자의 권리를 지키기 위한 경제 정책을 펴나가야 한다. 박정희에서 유래한 경제대통령의 신화는 이미 낙후됐다. 하지만 한국사회에서 공익을 지키는 정치적 역량은 필요없는 것 같다. 언론에서는 경제적 평등 대신 무역수지만 이야기한다. 경제대통령 타령을 하고, 정치는 70년대식 프레임에 머물러 있다.

양심도 사유도 부재한 사회에서 살아가는 것은 고통이다. 천박한 자본을 자랑하며 사는 사람을 지켜보는 것도 고통이다. 이들이 이렇게 살 수밖에 없었던 나름의 역사적 맥락은 이해가 간다. 그래도 면죄부를 줄 수는 없다.

생존 문제에 애면글면하는 삶을 벌써 탈피했어야 할 시대에 여전히 생존 차원의 삶에 대중을 묶어두고 70년대 식 선동을 일삼는 지배층의 죄는 역사 앞에 무겁고 깊다. 지식인의 사명은 다른 것이 아니다. 지식의 사명은 다른 것이 아니다. 자기를 옹호하고 합리화하는 변명을 발명하는 것이 아니라, 생존 차원에 갇혀 어두워진 사회에서 양심의 등을 켜고 이성의 바늘로 찌르며 각성하는 것이다. 진실을 캐고 정의를 요구해야 한다. 그것이 아니라면 지식을 독점한 지식자본가일 뿐이다.

요즘 간간이 언론에서는 일베 교사와 교수들 이야기가 보도되곤 한다. 학생들의 양심과 이성을 깨우는 것이 아니라 마취시키는 지식인들이 너무도 많다. 그들에게 양심과 이성이 있는지 의심스러울 정도다. 공감과 성찰이 실종된 자와는 이야기를 하려 해도 할 수 없다. 하기야 국정교과서와 밤의 대통령으로 불린 부패언론들이 유신 이래 집요하게 편견의 주입을 일삼았으니 누가 감히 세뇌되지 않을 수 있겠는가? 그러니 시험공부를 할 게 아니다. 치열한 각성의 공부를 해야 한다.

아, 일제강점기에 《동아일보》와 《조선일보》는 참으로 아름다운 신문이었던 적이 있다. 심훈의 『상록수』가 발표된 것도 1930년대 《동아일보》의 브나로드(민중 속으로) 운동의 한 결과이지 않은가? 당시만 해도 언론과 지식인이 사회적 책임을 회피하지 않고 도덕과 정치를 실현하려 부단히 노력하였다. 하지만 지금 이러한 신문과 기자들은 어디로 갔는가?

우리가 잊은 것은 도덕과 정치다. 우리가 버려야 하는 것은 양심과 이성을 죽이는 경제의 맹목적 명령이다. (6/14/일)

# 스포츠 이야기

## 고대

요즘 천성산에 침투하는 레저 스포츠 문화를 보며 우리가 레저 스포츠문화에 대해 깊이 성찰할 필요가 있음을 느낀다. 그러기 위해서는 스포츠에서 프로스포츠로 그리고 레저 스포츠로 발달하는 역사를 살펴볼 필요가 있다. 이런 역사적 맥락을 살펴보는 것만으로도 스포츠에 대한 시각이 달라질 수 있기 때문이다.

스포츠 문화가 태동하게 된 바탕에는 '여가'가 있다. 그것은 피지배자들의 문화가 아니라 지배자들의 문화였다. 고대 그리스의 귀족과 시민들에게 그들을 노예와 변별시켜 주는 것은 교육과 스포츠였다. 교육은 논리, 수학, 변론 등을 통해 시민으로서 공공정치에 참여할 수 있는 자질을 길렀고, 스포츠는 정예군의 능력에 맞는 몸을 갖추고 기술을 쌓기 위한 것이었다.

실제로 많은 고대문화에서 스포츠는 사냥과 군사문화에서 파생한다. 군사문화에서 스포츠가 태어났다고 해도 과언이 아니다. 이는 동서양이 비슷한 것 같다. 피지배계급은 생산노동에 종속되어 교육과 스포츠를 향유할 여유가 없었다. 대신 피지배계급은 삶의 경험을 통해 교육되었고 축제와 의례 안에 통합된 놀이를 즐겼다. 따라서 지배계급처럼 교육과 스포츠가 삶과 의례로부터 따로 분리되지 않았다.

지배계급은 생산에 종사하지 않으면서 노동 대신 여가를 전유하게 되었다. 피지배계급이 생산을 위해 힘을 소비한 반면, 지배계급은 생산자를 지배하기 위한 권력을 강화하고 유지하기 위해 힘을 축적하였다. 구체적으로 권력은 정치와 군사로 표현되고, 권력의 역량 곧 지배의 특권과 자질을 기르기 위한 수단으로 교육과 스포츠를 다듬어 갔다. 말하자면 교육은 정치적이고 스포츠는 군사적이다. 이렇게 교육과 스포츠는 지배 권력과 결탁하면서 국가에 기여하게 되었다.

고대 그리스 도시국가의 교육과 신라의 화랑제도를 떠올려 보면 이를 쉽게 알 수 있다. 중세 동서양의 교육과 스포츠가 행해진 모습을 살펴보면 교육과 스포츠가 언제나 지배계급의 독점물이었음을 알게 된다. 애초 순수한 교육, 순수한 스포츠를 따지는 것이 불가능하다.

## 근대

우리를 혼란스럽게 만드는 것은 근대국가의 탄생기이다. 이 시기에 시민혁명이 일어나면서 부르주아, 즉 자본가로 부를 수 있는 유산계급이 점차 힘을 키워 귀족의 전유물이었던 정치와 군사에 개입하면서 교육과 스포츠 역시 지분을 가지게 되었다. 시민혁명이 프롤레타리아까지 포함하는 민주혁명으로 발전하고 민주공화국을 수립하는 데까지는 족히 200여 년의 세월이 필요했다. 그렇게 탄생한 근대국가는 국가가 국민을 통치하고, 국가의 헤게모니는 지배계급이 갖게 되는데, 자본주의 시대가 되면서 그것은 점차 자본가들에게로 돌아가게 되었다.

명목상 근대국가는 민주공화국으로 모든 국민이 나라의 주인이지만, 실질적으로 권력을 잡고 집행하는 국가권력은 자본가와 긴밀할 수밖에 없다. 이 시기는 국가자본주의가 횡횡했으며 교육과 스포츠도 국가교육과 국가스포츠였다. 최고 권력이 국가에 의해 표현되었으므로 국가자본주의의 국가교육과 국가스포츠가 자리 잡게 된 것이다. 즉 국가가 전체 국민을 통합하고 필요에 맞게 조직하고 구성하는 작업이 교육과 스포츠를 통해 이루어졌다.

올림픽은 인류 화합, 세계 평화라는 명분과는 달리 국가주의의 선전장이자 각축장이었다. 군대의 영웅이 스포츠의 영웅으로 바뀌었다. 사람들은 스포츠 영웅을 만들고 그들을 국가의 개선장군처럼 받들었다. 스포츠 경기와 스포츠 영웅은 고대 전쟁과 전쟁영웅을 재현했다. 올림픽은 일종의 상징전쟁이고, 국가의 스포츠 영웅 양산 무대였다. 국민은 스포츠 영웅에 감정을 이입하고 그와 일체감을 느꼈으며 그를 통해 대리만족을 하게 되었다. 국가는 스포츠 영웅을 통해 국민을 정서적으로 통합하고 정치적 갈등을 해소할 수 있었다.

2차 세계대전 무렵의 올림픽과 이른바 스포츠맨십이 중세 기사들의 각축과 기사도 정신을 닮은 것은 우연이 아니다. 더불어 알프스에서 시작된 알피니즘이 히말라야와 세계 고산 등반과 극지 탐험 경쟁을 하며 유럽국가들의 정복경쟁과 일치했던 것도 스포츠와 국가주의가 혼연일체가 되었기 때문이다. 현대 스포츠맨은 민족의 신화적 영웅의 근대적 대체물로 기능했다.

이제 산업자본주의가 성숙함에 따라 전통적 귀족을 대신해 국가의 주인이 된 자본가들은 그 본성에 충실하게 모든 것을 상품화해 나갔다. 이제 스포츠는 국가 대항의 경기가 아니라 상품이 되었다. 각종 프로스포츠 탄생이 그렇다. 프로스포츠는 국가주의의 내연을 침범하지 않고 외연을 넓혔다. 프로레슬링, 프로권투, 프로축구, 프로야구, 프로테니스, 프로골프 등이 자리를 잡게 되었다. 이들은 각각 파생산업을 낳으면서 기간산업과 같은 역할을 하고 있다.

재미있는 점은 프로스포츠가 국가주의와 민족주의를 온존시키면서 동시에 자본주의의 작동에도 200% 기여한다는 점이다. 각종 스포츠 영웅은 국가와 민족의 영웅이자 동시에 소비욕망을 폭발적으로 자극하고 최고의 시장을 형성하며 최고의 상품이 되었다. 스포츠의 노골적 경쟁과 승자 독식 체제는 자본주의의 원리를 더할 나위 없이 잘 선전하고 내면화하는 도구가 되었으며, 스포츠맨은 기꺼이 경기장이라는 무대의 주인공이 되었다. 관중에게 감정이입 대상이 되어 그들의 사회적 억압과 좌절을 승화시켰다.

경기장에서 자본의 모순과 국가의 음모는 문제가 되지 않았다. 대통령과 회장님들은 스포츠영웅과 친하다. 하지만 영웅신화에 빠진 현실은 무엇이 되었는가? 현실은 패배했다. 열정의 시장이 되고 말았다. 각종 프로스포츠에 몰두할수록 자본의 규칙은 더 깊이 내면화되고 더 강력한 원리로 자리를 잡게 된다.

우리는 많은 국민영웅과 국민남동생, 국민여동생을 갖고 있다. 스포츠영웅들이 무슨 역할을 하는가? 엉터리 독재국가에 자부심을 갖게 하고, 터무니없는 착취 체재와 구조를 당연한 것으로 받아들이게 한다. 코리언특급 박찬호, 박세리, 박태환, 김연아, 박지성, 엄홍길, 그 외 태극낭자들, 올림픽 영웅들을 생각해 보라. 그리고 지금 전국 곳곳에 넘치는 골프장과 각종 경기장, 강원도의 가리왕산 등 천연림을 밀어내고 소위 혈세를 퍼부으며 짓고 있는 동계올림픽 경기장을 떠올려 보라. 영웅들에 환호하며 우리가 지불하는 대가는 너무나 크다. 국가와 자본이 거둬들이는 이익은 막대하다. 어디 스포츠맨십이 있고 누가 스포츠는 건강하다고 말하겠는가? 스포츠는 권력이고 비즈니스다.


현대

레저 스포츠란 한마디로 전 국민의 스포츠맨화를  지향하는 기제다. 그것은 이미 국가스포츠와 프로스포츠를 다 겪고 생활 깊이 파고든, 국가자본주의와 세계자본주의의 스포츠문화인 것이다. 레저란 무엇인가? 여가다. 여가란 자본주의 시대 시간 관리에 의해 탄생한 노동 외의 시간을 의미한다. 현대자본은 여가마저 완전히 상품화하고 시장화하였다. 그러므로 각종 레저문화가 발달한다는 것은 다른 말로 레저상품을 활발히 소비하는 레저 소비 시장이 그 만큼 활성화되었다는 말이기도 하다.

뭘 이렇게 민감하게 비판만 하냐고 핀잔을 할지 모르겠다. 당신처럼 반(反)스포츠론을 펼치면 건강은 어떻게 하냐고? 하지만 우리가 건강하게 살기 위해서는 레저 스포츠가 아니라 자기에게 맞는 다양한 몸놀림을 찾으면 된다. 몸을 놀린다는 말은 재미있는 말이다. '논다'는 말에는 그야말로 '논다'는 뜻도 있지만 '일한다'는 뜻도 있다. 몸을 부려 두고 쉬는 것만이 건강한 것이 아니라 부지런히 몸을 놀려야 건강하다. 그것은 부지런히 재미나게 몸을 쓰고 몸으로 하는 일체의 일을 의미한다. 언제 우리가 운동해서 건강하게 살았는가? 그저 태어났으니 필요한 일을 하느라 몸을 놀리는 바람에 건강하게 살았던 것이다.

운동해야만 건강하게 살게 되었다는 말은 다른 말로 몸에 소외가 발생했고 그것을 충당하기 위해 다시 억지처방으로 운동요법을 필요로 하게 되었다는 말과 같다. 몸에 좋지 않은 8시간 노동을 하고 건강하게 살려 하니 건강상품을 소비할 수밖에 없는 사회가 된 것이다. 좀 더 근본적으로 성찰하고 통찰하자. 근본적 성찰과 통찰 없이 삶의 관성을 제거하고 방향을 바꾸는 것은 불가능하다. 스포츠의 역사를 알면 스포츠에 대한 열광을 불쌍히 여기고 스포츠영웅과 스포츠맨십에 현혹당하지 않을 수도 있다.

'프로'가 되라고 한다. 프로가 되라고? 천만에. 프로라는 말 안에는 인간상품이 도사리고 있다. 프로보다는 아마추어가 낫다. 아니 그냥 자유인으로 살아가는 게 가장 좋다.

## 덧붙임

'3s(sports, sex, screen) 정책'이라는 말이 있다. 과거 박정희 정권에 이어 신군부의 전두환 정권이 등장한 80년대 초 통행금지가 없어지고, 밤문화가 번창하였다. 더불어 각종 프로야구, 프로씨름 등 스포츠가 번창하고, 컬러텔레비전이 보급되면서 총천연색의 쇼와 코미디와 외화를 볼 수 있었다. 사실 3S는 2차 대전 당시 이탈리아 파쇼 정권의 우민화정책을 일컫는 말이었지만, 우리나라의 3S를 꼭 음모론적으로만 해석할 수도 없을 것 같다.

위에서 말한 것처럼 국가자본주의를 통해 산업자본주의가 진행되었을 때 자본이 문화영역으로 시장을 확장하고 새로운 상품을 만들어가는 것은 정해진 수순이기 때문이다. 유럽의 프로스포츠 문화가 일찍부터 성행한 것은 그들이 선진국이어서가 아니라 자본주의가 일찍 심화되었기 때문이다. 우리나라같이 국가와 자본이 결탁하고 정치와 경제가 분리 불가능한 나라의 3S화란 음모라기보다 자본주의의 진화 과정일 것이다. 위에서 내가 스포츠를 비판했듯이 동일하게 성(sex)과 영화(screen)도 성찰할 필요가 있다.

우리는 분명 성적 자유의 시대를 살고 있고, 어느 정도는 표현의 자유도 경험하고 있다. 하지만 성 상품화가 갈수록 전방위적으로 또 노골적으로 진행되고 있다. 스크린도 마찬가지다. 이제 상품에서 자유로울 수 있는 서사는 아무것도 없다. 성형천국이 되어 버리고 사랑이 섹스가 되어 버린 나라에서 권력자들의 성 정치와 스펙터클 정치는 음모가 아니라 자본의 성화(聖花)다. 누구를 탓하겠는가?

유행을 거부하는 것도 한 방법일 것이다. 브레이크를 잡고 방향을 바꾸는 것도 깨어난 나로부터 시작할 수밖에 없다. 하지만 누가 감히 자유롭다고 말할 수 있겠는가? 습속을 바꾸는 것은 풍토를 바꾸는 것만큼 어렵다. (6/22/월)

# 삼대와 진골

## 진골의 탄생

메르스가 사회를 뒤흔들던 6월. 우리 사회 모습을 적나라하게 드러내 주는 사건들이 겹쳐 벌어지고 있었다. 이런 비정상의 사건들이 일상화되었다는 것이 심각한 문제다. 성완종 씨의 자살과 함께 남겨진 정치권 로비리스트 일명 성완종 리스트 수사는 언론의 우려와 예견대로 검찰이 실세정권의 비리를 덮어주는 요식행위로 귀결되었다. 한편 메르스 사태에 대해 박원순 서울시장이 능동적으로 대처하자 청와대가 비판을 가하고 모 의사단체가 시장을 고발하는 사태까지 발생했다. 또한 그나마 유일하게 볼만한 뉴스를 진행하는 JTBC 뉴스룸의 손석희 사장은 공중파 삼사의 손석희 잡기 고발로 경찰에 소환되어 조사를 받았다. 검찰은 언제나처럼 기득권자들의 요구에 부응해 신속하게 일을 진행시켰다. 이런 지경이니 공안검찰로 승승장구한 황교안 씨가 국무총리가 되는 것은 너무나 당연해보였다.

그런데 메르스 확산과 관련해 삼성병원의 실책을 삼성의 권력 승계절차를 밟고 있는 이재용 씨가 나와 사과하는 것은 무엇인가? 권력 승계를 과시하는 모습 외에 무엇인가? 소름이 돋았다. 그러고 보니 벌써 재벌 1세들이 가고 2세도 가고 3세가 등장하고 있다. 그런데 3세들은 이미 뼛속부터 우리와 다른 존재들이 아닌가? 진골(眞骨). 뼛속부터 일반인과 다른 오만 혹은 교양이 느껴졌다. 그들은 출신성분이 다르다.

대한항공 조현아 부사장의 땅콩회항 사건이 개인의 성격적 결함 때문에 빚어진 사건이 아니라는 것은 우리 사회에 너무나 자명한 사실이다. 세습에 의해 일상화되고 체화된 갑질이었다. 그들은 도도해도 너무나 도도했다. 소 떼 몰고 북으로 가던 정주영 회장 같은 1세대 자수성가자-비록 그것이 군부 독재의 전폭적 지지에 의해 이뤄졌더라도-들이 지녔던 개인적이고 인간적인 면모는 아예 사라졌다. 실제로 내 눈에도 재벌 1세들은 인간으로 보였지 귀족으로 보이지 않았다. 하지만 2세를 지나 3세에 이르니 역사책에서만 보았던 신라의 진골과 성골이 재림했다. 절대권력의 세습이 이뤄지고 있었다.

골품은 이제 남한 사회에서 관념이 아니라 육안으로 확인가능 한 것이 되었다. 그들을 물들인 도도한 오만은 결코 합리적 대화나 이해가 불가능하다는 것을 보여준다. 카스트적 이질감 그 자체가 대화를 필요로 하지 않는다. 인권탄압 무노조를 수치가 아니라 자랑으로 아는 삼성의 독재와 세습야말로 박정희 독재를 긍지로 여기는 이 나라의 실상이다. 진골들! 요즘 뉴스들은 온통 계급의 확고한 차별을 폭로하는 것이 아니라 선전하고 있다.

그런데 내가 애초 말하고 싶었던 것은 삼성과 재벌 3세가 아니었다. 정부와 검사들, 의사들, 언론인들이 모두 짜고 치는 고스톱처럼 -실제로는 짜고 치는 것이 아니라 카스트적 동조현상이 저절로 작동하는 것이다- 척척 일사분란하게 너무나 보조가 잘 맞는다.

이것은 무엇인가? 플라톤의 철인정치라도 이뤄지고 있다는 말인가? 더는 안기부나 국정원의 기획이 아니다. 기득권의 기득권을 위한 단결과 권력행사가 노골적으로 자행되고 있을 뿐이다. 도무지 시민적 상식이라는 말이 비집고 들어갈 틈이 없다. 검사, 의사, 언론인들이면 소위 전문가들이다. 이런 테크노크라트들이 모두 재벌과 권력의 하부기관이며 한 통속이다. 모두가 혈연으로 묶인 한 통속이 된 바에야 무엇을 더 바랄 것인가?

## 세습국가

　나라가 망해도 변치 않을 35% 유신골수층이 없다면 감히 그들이 이렇게까지 뻔뻔한 행동을 할 수는 없었으리라. 죽은 박정희 유령이 한국사회를 졸도 지경으로 흔드는 것은 끔찍한 일이다. 아, 나는 죽을 때까지 박정희 유령과 싸워야 하는가 보다. 그들은 비용 대비-그야말로 저비용- 최대 효과를 거둘 수 있는 종북빨갱이 트라우마를 쉼 없이 건들며 사람을 개처럼 짖게 하고 싶을 때 짖게 한다. 그들이야말로 그들의 국민이고 여론인 것은 너무나 당연하다. 어버이연합, 엄마부대 등은 언제든 관제대모에 나서고 있다. 당신들의 대한민국인 것이다. 온통 기만의 프로파겐더와 반어뿐이다. 현대 정치용어는 한국사회에서 무력하다. 헬조선이 되었기 때문이다.

　남은 박씨 2세가 통치하고 북은 김씨 3세가 통치하는 가히 21세기 세계사에 유일무이한 냉전 남북왕조를 바라보며 우리는 망령의 제국을 떠올린다. 행여 박근혜 대통령이 물러나면 35% 지지층을 조정하던 박정희의 망령도 저승으로 보낼 수 있지 않을까 희망을 가지기도 한다. 북한도 3대에 접어들었으니 남북이 갈 때까지 가고 올 때까지 왔다. 자고로 3대 가는 부자 없다고 한다. 더구나 21세기 왕조적 독재체제라니. 6·25를 체험하지 못한 세대가 남북에서 장노년층이 된다면 냉전의 개 실험 곧 파블로프 효과도 떨어지긴 할 것이다.

　하지만 우리에게 제대로 된 이성이 얼마나 남아 있을까 염려되기도 한다. 왜냐하면 이성도 꾸준히 연마하고 사용해야 하기 때문이다. 당장 5년만 지나도 많은 것이 달라져 있을 지 모른다. 하지만 분단 문제도 해결하지 못한 채, 남북한 공히 골품적 계급 사회가 심화되고 있으니 파국이 오면 큰 파국이 올 것이다. 캄캄하고 안타까울 뿐이다.

　하지만 역사란 지난한 과정 자체다. 바란다고 성큼 이뤄지는 것도 아니고,

단념한다고 안 되는 것도 아니다. 그저 각성과 행위가 부단히 울력하기를 바랄 뿐이다. 개를 물어뜯다 개가 되는 것을 경계할 뿐이다. 비난보다는 공부를 지독히 하며 활인의 날을 세워야 한다.

하지만 솔직히 나는 맥락에 대한 이해력이 떨어지는 스크린 시대가 염려스럽다. 이제 우리는 진골과의 지난한 싸움을 준비해야 한다. (7/2/목)

# 인분교수에게도 일인분을

## 서울, 소돔의 120일

강남대학교 디자인학부 장모 교수가 자신의 제자이자 직원을 1년이 넘도록 협박하고 상습적으로 구타와 고문을 자행하며 심지어 똥까지 먹인 사건이 발생했다. 소위 '인분교수' 사건이다. 그는 두 명의 제자들에게 이를 시키고 그 상황을 중계해 지켜보기도 했다. 20대의 젊은 남녀는 그것이 상습이 되면서 교수의 명령에 의한 가학적 행위를 즐기기까지 했다. 장 교수는 극우기독교 신자답게 자신의 책임을 반성해도 '나에게 악마가 씌었던 것 같다'고 악마 탓을 했다. 파시즘적 사디스트 변태 그대로였다.

인분교수의 사건을 접하는 순간 참을 수 없는 분노가 일면서 수많은 생각이 스쳤다. 파졸리니 감독이 만든 〈살로 소돔의 120일〉에 등장하는, 똥으로 뒤범벅된 사도마조히즘적 변태성욕 장면이라든가, 아브그라이브 포로수용소에서 이슬람 포로를 성적으로 학대한 미군병사들의 장난이나, 스탠리 밀그램의 고문명령을 따르는 권위복종실험 등이 그렇다.

그들에게 인간은 인간이 아니었다. 망가지면 버리는 장난감이었다. 한국 사회 자체가 밀그램의 실험실인 것 같다. 역겨운 말기 파시즘적 상황이 너무나 비일비재하게 벌어진다. 학교가 뒤집히고 회사가 뒤집히고 나라가 뒤집힐 일들이 하루가 멀다 하고 일어나지만 늪에 던진 돌멩이처럼 푹푹 꺼져 사라지고 만다. 비정상이 정상을 압도한다.

과거 모 그룹 총수가 아들의 복수를 위해 조폭을 동원하고 납치 후 직접 구타한 뒤 돈뭉치를 던진 사건이나, 모 항공사 부사장의 땅콩 회항 사건, 매년 등장하는 대학교수 성폭력 사건, 성직자의 부정과 성폭력 사건, 군 자살 사건…. 모두 파시즘적 계급질서에서 일어나는 사건의 연속되는 에피소드일 뿐이다. 한국판 〈서울, 소돔의 120일〉 영화를 찍기 위해 군인과 관료와 재벌과 교수와 성직자 등 출연자와 그들의 에피소드들은 이미 넘치게 마련되어 있다. 필요한 것은 파졸리니(감독)뿐이다. 우리는 극영화가 아닌 그냥 다큐멘터리 영화를 찍으면 될 것이다.

## 박정희 시대

현대 대한민국에서 벌어지는 파시즘적 변태 사건들은 기시감처럼 친일파 군부독재의 파시즘적 변태 성욕을 떠오르게 한다. 한국역사의 모멸감은 폭력에 대한 두려움과 복종의 관성으로 뼛속 깊이 새겨져 있다. 우리는 왜 사회악인 파시즘적 폭력 앞에 저항하지 못하고 복종하고 마는가? 그들을 비난하며 그들이 되어 가는가? 다른 길이 없었다. 나는 군에서 들은 '기라면 기고, 까라면 까라'는 조언을 잊지 못한다. '개가 되었다가 주인이 되어 나간다'는 선임병장의 말을 잊지 못한다.

국가가 곧 절대폭력이었고, 절대폭력 앞에 살아남은 자들은 대개 난폭한 주인 앞의 개와 같은 복종자들이었다. 그래서 일제와 유신을 겪으며 국민의 대다수가 절대 복종하고 강자의 폭력을 내면화하며, 사도마조히즘적 애착을 가지게 되었다. 강자에 대한 찬양과 약자에 대한 학대를 답습하게 되었다. 친일파의 군경이 국가권력을 장악하며 펼쳐진 대한민국의 실상이 이렇다. 나는 '한번 해병은 영원한 해병'이라는 간판을 보면 두렵다. 빨갱이보다 더 빨간 해병대 모자가 무섭다.

더구나 만주의 관동군 장교 출신 대통령 박정희의 20년 군부독재는 해방 이후 근대화세대를 국가파시즘으로 깊이 물들였다. 우리의 자본주의는 국가자본주의가 아니라 파시즘 자본주의였다. 인권과 합리성이 실종되고 절대권력이 유일한 길이었다. 각하, 각하, 각하. 뭐든지 대통령 각하였다. 그것에 의해 국가, 군대, 학교, 회사 등 모든 것이 작동하였다. 모든 방향은 명령의 방향, 곧 하향이었다. 독재자가 까라면 교수도 법관도 기자도 다 깠다.

파시즘 사회 작동과 유지에 기여한 공범자들의 대답은 하나같이 똑같다. '명령에 따랐을 뿐이다'. 사회의 구조악에 자신도 희생자였다는 것이다. '어쩔 수 없었다, 나도 희생자다, 억울하다'가 반복되고 책임도 개선도 없다. 조직에 충성하고 명령에 복종하고 배신자와 이탈자에게는 가차 없다. 그리고 그들은 그 시절을 맹렬히 향수한다.

## 성실한 아이히만

한나 아렌트는 『예루살렘의 아이히만』에서 유태인 대량학살의 집행자로 일한 아이히만의 전범 재판을 지켜보며 아이히만의 평범함에 놀란다. 아이히만은 너무나 평범한 사람이었다. 그에게서 발견되는 것은 평범한 관료 이상도 이하도 아니었다. 하지만 그에게 빠진 것이 하나 있었다. 생각할 능력이 없었다. 그는 국가의 명령에 따라 성실히 일하는 사람이었다. 하지만 의심하지 않았다는 것이 바로 죄였다. 나는 일상에서 언뜻언뜻 순진한 아이히만의 얼굴을 발견하고 섬뜩해진다.

우리는 진정한 민주화를 이루지 못했다. 사회 곳곳에 살아 있는 독재권력을 깨지도 흔들지도 못했다. 재벌총수들의 횡포는 상식이고, 대학교수들의 성희롱은 보편이다. 갑의 지배는 여전히 깨지지 않고, 뿌리 깊다. 상급자를 위한 줄서기와 복종하기가 아직도 막강한 현실원리로 작동한다.

시대가 조금 바뀌어 양심선언과 내부고발자가 나타났지만, 오히려 지목과 불이익과 보복이 노골적으로 자행되었다. 권력자의 범법 처벌은 미미하다. 권력자는 처벌 받아도 얼마 지나지 않아 화려하게 복귀해 승승장구한다. 이런 현실 앞에 사람들은 양심과 정의를 믿지 않게 되고 저항을 포기한다. 1988년 자살한 탈주범 지강헌이 외친 '유전무죄 무전유죄'는 한 세대가 지나도 변함이 없다.

## 미친개

미친개가 필요하다. 주인을 격하게 물어뜯고 주인 비슷한 자들에게도 달려드는 광견이 필요하다. 주인을 물어뜯으려면 주인이 던져주는 뼈다귀에도 밥그릇에도 눈길을 주지 말아야 한다. 거부야말로 살 길이다. 사회악을 구조적으로 양산하는 학교와 직장을 과감히 거부해야 한다. 군대는 가장 오래된 파시즘의 유물이다. 삶을 발명하는 것이야말로 살아가는 방법이다. 그것이 대한민국이라는 사도마조히즘적 실험실에서 벗어나는 길이다.

경종이 울려도 아무도 낫을 들고 달려 나가지 않는다면, 늑대는 경종을 즐기며 양들을 능욕한다. 하지만 더욱 무섭고 잔인한 것은 양들이 양들을 잡아먹으며 늑대가 되어 가는 카니발리즘(식인)이다.

우리는 용서하려 해도 용서할 기회 자체를 갖지 못했다. 우선 분노할 기회도 없었다. 그러므로 분노할 때가 되면 철저하게 또 격렬하게 분노하자. 하지만 분노의 노예가 되지는 말자. (7/16/목)

# 관료제

## 산악자전거와 야영객

어제도 천성산 정상 부근에는 15동의 텐트가 쳐지고 야영객 20여 명이 숙식을 했다. 이곳에서 생활하다 보니 이곳에서 야영하는 사람들의 습성과 경향을 대충 알게 되는 게 있다. 일단 천성산 정상은 군부대였고 바로 밑엔 원효암이라는 암자가 있는 탓에 도로가 잘 닦여 있다. 주차장까지 넓게 마련되어 있어 접근이 용이하다. 야영객의 경우 70~80% 가량은 해질 무렵 자가용을 타고 와 이곳에 주차시켜 놓고 야영장비를 챙겨 정상으로 이동한다. 가족 단위나 친구, 동호회 등 다양한 유형이 존재한다. 홍룡사나 영산대 등 기타 방향에서 등산으로 오는 경우도 있지만 다섯에 하나를 넘지 못한다.

산악자전거의 경우도 비슷하다. 홍룡사 가는 자동차길 임도를 따라 자전거를 타고 오는 것이 유일한 길이다. 하지만 양산을 포함해 부산이나 울산 등 거리가 되는 지역에서 동호회 단위로 오는 경우 트럭을 대절해 트럭에 자전거를 싣고 원효암 주차장까지 와 그곳부터 자전거를 타고 온다. 야영객이나 산악자전거나 모두 천성산 정문 철문을 통과하게 된다.

그러므로 정문 철문에 국립공원 수준으로 확고한 경고문을 부착하고, 정문의 안쪽 철문은 습지복원 안내문과 출입금지 안내판, 그리고 열쇠를 채워놓아야 한다. 이것을 바탕으로 꾸준히 계도를 하는 것이 관행화된 산악 레저 문화를 바꾸어나가는 길이다. 하지만 사람들도 요령을 발명해내기 때문에 금지 안내판은 여러 곳에 설치해 자꾸 인지하도록 해야 한다.

한동안 텐트나 산악자전거나 만나는 족족 말로 설명을 했다. 하지만 말로 해서는 거의 먹혀들지 않음을 알게 되었다. 말로 타일러 봐야 그 순간만 지나면 끝이고 변화가 없었다. 산악자전거는 동호회의 전파력이 강한데 동호회의 설득이 더 쉽지 않았다.

## 공유지의 비극

아무래도 우리 사회가 행복조차 이기적으로 추구하는 경쟁사회인 탓도 있겠고, 국가의 강압과 명령에 의해 행동을 수정하는 습성에 너무 익숙해진 탓도 있을 것이다. 당장 국립공원의 경우만 봐도 그렇다. 대개 금지판을 보면 자연공원법 몇 조에 의거 벌금을 물리겠다. 고발조치 하겠다 등의 법적 권위와 협박성 경고를 동원한다. 그냥 협조와 부탁을 하는 정도로는 되질 않는다. 레저인들은 파상공격을 하는 게릴라들 같다.

이런 모습은 우리 사회가 이기적 자본주의와 국가 강권의 역사를 겪으며 길러진 습성 때문이라고 생각한다. 결코 태생적으로 노예근성이 있는 것이 아니다. 오히려 근대역사의 왜곡 탓이다. 개인으로서는 사적 이기심을 최대한 추구하고, 강권에 의해서만 공공의 규칙을 준수하는 데 익숙해졌기 때문이다. 기회가 되면 다시 편법과 위법을 동원하려고 한다. 공공에 대한 사유와 공적 판단이 행위의 기준이 되지 못한다. 그래서 자연공원 안에서의 레저 스포츠는 공적이익과 사적 이익이 첨예하게 대립하는 전선이 되기 일쑤다. 정작 공공의 주인이 되어야 할 시민이 공공의식 부재로 공공의 침입자가 되는 경우가 생기는 것이다. 자본주의의, 공공이 사라진 사익 사회의 특징이다. 시민은 없고 사적 개인들만 존재한다. 공유지의 비극이 일어나는 것이다.

## 공공기관과 민원

그래서 나는 가지산 도립공원 내원사 지구 관리를 담당하는 양산시청의 책임과 권한에 부득이 의존하지 않을 수 없다고 생각했다. 처음 이곳에 와 자연공원 내에서 금지된 산악 레저 스포츠 문화를 보고 지월스님께 이곳 상황을 알려드리고 대책에 대해 이야기를 나누었다. 스님이 이곳에 관심을 갖고 양산시청과 꾸준히 대화를 해오고 계시기 때문에 별문제가 없어 보였다.

우선 인터넷에 홍보하던 스마트 산악자전거길 구간이 폐쇄되고, 정상 데크 길에는 산악자전거 출입을 금한다는 손바닥 크기의 작은 나무 금지판이 부착되었다. 그것이 전부였다. 철문에 설치해야 할 안내판 같은 것은 없었다. 하지만 많은 산악자전거인들은 정상의 데크 길은 계단이 있으니 이용하지 않고, 정문 철문을 통과하거나 넘어 출입이 금지된 습지 복원 지역을 관통해서 올라왔다. 그게 굳어져 데크 길을 이용해 오는 사람이 거의 없었다. 문단속과 철문 금지 안내판이 필요함을 이야기해도 별 변화가 없었다. 오히려 5월 10일 전후로 철쭉제와 더불어 산악자전거 대회를 하고 이후 조치를 하겠다는 것이었다. 나름 정책의 실적과 관계가 있다고 하니 그 정도는 이해할 수 있겠다 싶어 기다렸다. 하지만 대회가 끝나도 변화가 없었다.

그래서 나는 시청에 야영과 산악자전거 문제로 민원을 두 차례 넣었다. 그러나 산악자전거는 자신들이 조치를 취하고 있다는 것이 답변의 전부였고, 더는 할 일이 없다는 식이었다. 기존의 조치와 방식이 효과가 없다는 것이 민원 내용인데 고작 기존의 방식을 하고 있다는 게 답변이었다. 야영객 문제도 민원을 넣으니 전화가 왔다. 야영객들이 주로 야영하는 지역을 묻기에 알려줬다. 그리고 기다렸다. 그렇게 7월 중순이 지나니 지월스님이 시청의 담당자가 바뀌었다는 것이다. 매년 1월에만 인사 이동을 하는 줄 알았는데, 7월에도 인사 이동이 있었다. 한숨이 푹 나왔다.

등산안내판 지도도 이미 10년 전에 폐쇄된 등산로를 버젓이 주등산로로 표시해 놓은 상황이기에 등산안내판 교체를 건의했었는데, 새로 제작된 것도 별반 다르지 않았다. 10년 전 폐쇄되어 사용되지 않는 등산로를 이제야 폐쇄 등산로로 바꾸어 표기한 게 전부였다. 주등산로도 잘못 그려진 곳이 한 둘이 아니었다. 그렇게 고칠 부분을 말해주었건만 쇠귀에 경 읽기가 되어 버렸다. 왜 10년이 지나도 잘못된 등산로는 수정이 되질 않을까? 천성산과 등산로에 대한 현장 경험과 지식이 없는 상태에서 같은 실수가 반복되고 있었다.

정상에 세운 야영금지 안내판을 보고도 실망하지 않을 수 없었다. 안내판의 문구는 이랬다. '야영·취사 행위 금지구역 - 양산시' 이것이 전부였다. 그것도 정상에 한 개. 문구 내용도 그렇지만, 최소 다섯 개 이상을 세워야 하는데 달랑 하나인 것도 문제였다. 소극적 정책 기조가 확 눈에 띄었다. 그러자 당장 바로 어제 야영객들은 정상을 제외한 사자봉이나 화엄벌 언덕 등 여기저기에서 야영을 하였다. 천성산 부근은 야영할 곳이 그야말로 널려 있기 때문이다. 정상의 야영금지 안내판으로는 정상만 금지된 것으로 읽힐 수 있는 여지도 있었다.

역시 아니구나 싶었다. 일단 시 정책이 시민들의 불평을 염려해서인지 소극 정책을 기조로 삼는 것을 안 이상, 그리고 담당자가 현장 상황은 물론 업무 파악을 정확히 하는 것도 쉽지 않다는 것이 자명해진 이상, 좀 더 현실적인 대안을 구체적이면서 적극적으로 제시해 나가야겠다는 생각을 했다.

이런 경험을 하니 공무원과 관료제도의 맹점이 확 느껴졌다. 관료제의 시스템 속에서 돌고 도는 그들이라고 어쩌겠는가? 현장은 멀고 타성은 가깝다. 실적 위주의 전시행정과 예산 집행이 주업무가 되기 십상이다. 이것은 무능 때문이 아니라 구조 때문이다. 구조에 적응하면 무능해진다. 아이히만처럼. 대부분 직업적 기득권에 안주해 무능해진다. 권위주의와 보신주의가 금방 몸에 밴다.

## 관료제와 전문가 사회

나는 현대 한국사회의 전문가들을 신뢰하지 않는다. 위계사회가 주는 안락함에 쉬이 안주해, 자신의 책임을 의식하고 소신 있게 행동하는 전문가가 별로 없다. 그래서 전문가가 지배하는 사회는 가장 위험하고 끔찍한 사회로 변한다. 우리가 원전 관련 전문가들을 원자력마피아라고 부르고 그들을 불신하는 것도 이런 이유 때문이다. 지식이 사적 소유의 대상이 되는 현실에서 지식은 권력의 지배와 불평등을 강화한다.

하지만 어떤 일에 정통한 사람이라는 순수한 의미 그대로의 전문성이라는 말을 여기서는 사용해야겠다. 관료로서 공무원은 일종의 철밥통으로 알려져 있다. 안정을 추구하는 사람들이 공무원을 선호한다. 그래서 더 열정과 사명감을 갖고 일하는 사람이 드문 것 같다. 일이 일이 된다. 담당해야 할 업무의 성격도 다양하겠지만, 지금과 같은 잦은 인사이동과 담당 업무 변화는 현장을 이해하고 현장에서 필요한 일을 할 수 없게 만든다. 그러니 과시적인 기획과 정책이 속출하는 것도 당연한 노릇이다. 나름 열심히 일을 해도 현실에 맞지 않는 엉뚱한 경우가 많다. 예산을 쓰기 위해 일을 하는지 일을 하기 위해 예산을 쓰는지 모를 지경이다. 이래서 공공의 일을 관료제로 해결하려는 노력은 늘 한계가 있다.

또한 관료들은 전문가에 의지해 일을 추진한다. 전문가의 경우도 현장에 대해 정통하지 못한 채 피상적 수준에서 전문성을 발휘하는 경우가 많다. 그들의 가장 큰 약점은 현장의 다양한 맥락을 읽지 못하고 해당 분야에 대한 학문적 지식의 시각으로만 결론을 내리고 그것을 과신한다는 점이다. 그들의 논거가 정책 홍보와 정당성 주장을 위해 동원되는 경우가 흔하다. 논거가 아니라 권위가 필요했을 뿐이다. 전문가의 전문성이 자본과 권력에 종속되어 작동하는 한계를 피할 수 없다. 돈 때문이다. 전문가가 전문성을 독점하면 이득을 추구하고 권력에 종속될 수밖에 없다. 전문가가 기득권자가 되면 공익을 해친다. 현장에 능통하고 맥락을 훤히 꿰고 있으면서 공공의식을 갖춘 사람을 만나는 것이, 그래서 가뭄에 콩 나듯 어렵다.

현장은 결국 소외되기 마련이다. 현실을 지배하는 정책이 오히려 현장을 교란하고 파괴한다. 관료와 전문가, 자본과 전문가의 공생체에 의해. 현장과 공공은 어떠한가? 무력하다. 지식도 자본도 권력도 없기 때문이다. 당사자인 토착인과 시민의 관심과 참여가 그래서 더 중요하다. 하지만 우리는 어떤가? 우리가 정말 공공의 일을 중요하게 생각한다면 그것을 관료와 전문가들에게 만 맡겨 두면 안 된다.

내가 살던 예천의 면사무소에는 이런 일도 있었다. 내가 귀농할 때 귀농인 이사 지원비를 신청했는데 담당자가 군청에 신청을 하지 않고 서랍에 그대로 묵힌 채 해가 바뀌고 다른 면으로 옮겨가 버렸다. 나와 비슷한 시기에 귀농한 사람이 있어 같이 신청했던 터라 담당자에게 몇 차례 물었으나, 신청자가 더 모이면 한꺼번에 신청하려 한다며 한 달 두 달 미루었다. 우리 둘이 모두 순둥이라 알아서 해주겠지 하며 기다리다 또 물어보면 기다리라는 답변을 들었다. 그렇게 1년이 훅 지나가 버리고, 담당자가 떠나 버린 것이다. 시쳇말로 어이 털리는 일이었다. 시골 면사무소와 직원들의 실태가 한눈에 확 들어왔다. 관료제의 타성이 21세기에도 그렇게 무섭다.


## 직접성

나는 관료제를 부정적으로 본다. 하지만 현실을 전면 부정할 수는 없으니 관여할 때는 관여해서라도 공공의 일이 제대로 집행되도록 해야 한다고 생각한다. 물론 무엇보다 더 중요한 것은 시민이 시민의 일을 주체적으로 하는 것이다. 그 다음에 거버넌스를 이야기할 수 있다. 그렇지 않고 이렇게 제도와 기구에만 의존한다면 얄팍한 공공을 위해 엄청난 비용을 지불하게 된다. 직접성만큼 민주주의에 절실한 것은 없다.

나는 교사도 되지 말고 관료 내지 공무원도 되지 말자고 한다. 철밥통은 대체로 기존의 권력과 지배 시스템을 위해 복무하게 한다. 권력이 세니까 철밥통이다.

삶을 우리가 직접 꾸리는 것이 낫다. 왜 못하는가? 인류가 그렇게 살아왔다. 공공의 일을 하는 사람들은 공공을 위해 봉사해야지 밥벌이 수단으로 하거나 군림해선 안 된다. 하지만 공공에 봉사하는 사람 보았는가? 공공을 빙자해 이익을 챙기고 군림하는 것이 관료제고 전문가주의다. (7/19/일)

# 번개탄과 국정원

### 국정원 직원의 번개탄 자살

한 국정원 직원의 죽음 앞에 나는 애도 대신 분노를 느낀다. 도대체 그의 죽음이 자살인지 타살인지조차 모르겠다. 의문은 의문으로 남을 것이다.

번개탄은 어쩌면 매뉴얼에 있을지도 모른다. 정식 메뉴얼은 아니어도 자신의 정체가 탄로 났을 때 조직의 안전과 비밀을 위해 자살을 택해야 한다는 묵계로서. 진짜 첩보원이나 첩보영화같이 극약에 의한 세련된 자살이 아니라 서민적으로 번개탄 자살을 하는 것은 죽음을 개인화하고 자살로 가장하기 위해서일 것이다. 모든 비밀을 개인이 떠안고 죽음으로써, 즉 죽음을 철저히 개인화함으로써 국가 폭력이 개입된 국가적 음모를 무마하고 있다. 섬뜩하다. 하나의 부속품처럼 버려질 수 있는 인간의 비인간화가.

조직의 비밀을 위해 죽음을 불사한다는 점에서 국정원은 조폭과 유사하다. 죽은 자에게 보장되는 것은 이후 남은 가족의 생계일 테고, 조직을 위해 자신을 희생했다는 조직 안에서의 명예일 것이다.

이렇게 국가 폭력 기구가 조폭적 성격을 그대로 드러냈던 적은 해방공간이 아니었을까? 서북청년단 졸개였던 안두희가 김구를 암살하고 전쟁과 함께 군인으로 복권되고 도피생활을 하다가 끝내 역사의 비밀을 끌어안은 채 죽은 것이 떠오른다. 그들은 애국을 명분으로 좌익에 대한 테러에 앞장섰다. 제주도 4·3 항쟁 기간 중 양민학살의 주역이 되고, 심지어는 최근 과거를 미화하며 서북청년단 재건을 모색하기도 했다. 우리 근현대사는 이러한 조폭과 극우 테러 단체가 넘치도록 많다. 테러도 학살도 부정부패도 반공애국으로 합리화됐다.

아무튼 스스로 도마뱀 꼬리가 되어 자기를 자르는 것이 저들의 비장한 선서에는 들어 있을 것이다. 누가 누구를 세뇌시킨 것일까? 그들이 믿는 국가는 무엇이고 애국심은 무엇일까? 분명 이 땅 위에 하나의 나라만 있는 것 같지 않다.

국정원 직원 자살이 통한다는 것은 그만큼 국정원이 무모하고 어설픈 공작을 많이 하고 그러다 보니 꼬리가 드러나고, 하지만 꼬리 자르기로 아직까지는 건재할 수 있는 국가 폭력을 등에 업고 있다는 것을 의미한다.

그런데 왜 이런 일이 자꾸 일어나는 것일까? 왜 개인은 조직의 부속품이 되는 것을 마다하지 않는가?

## 안정의 추구

얼마 전 서울에 간 길에 버스를 탔다가 마침 대학생으로 보이는 여학생과 언니로 보이는 직장인이 나누는 대화를 듣게 되었다. 여대생은 약간 들떠 퀴어문화제 참가한 이야기를 하고 직장 이야기를 한다. 그래도 삼성 같은 대기업에 들어가야 한다고. 퀴어는 취미와 문화이고, 대기업은 생계인가? 그에게는 두 가지 사고가 공존 가능한가 보다. 나로서는 퀴어는 주체와 다양의 선언으로 들리고, 대기업은 객체와 종속의 선언으로 들려 공존이 불가한데 말이다.

옛날 대학 다니던 시절 운동권 선배가 농담처럼 "운동이 깨어지니 시험 준비해서 국정원이나 들어갈까?" 하고 말을 하는 걸 들었다. 그 선배가 무엇을 하며 어떻게 사는지는 모른다. 하지만 그런 식으로 국정원 직원이 된 사람들도 있다고 들었다. 환멸 때문인지 포섭 때문인지 알 수는 없다. 머리 좋은 사람들이 많이 들어가는 모양이다. 대기업보다 국가공무원에 대해 국민들은 분명 매력을 느끼고 있다. 정부기관에서 일하면 일반기업보다 안전하고 점잖다고 생각한다. 더구나 국가라는 최고권력 기관이 보장하지 않는가? 관료와 공직사회가 본성상 권력의 부속기관이라는 것 따위는 중요하지 않다. 기관의 서열 중심성이 오히려 안정을 보장한다. 그래서 국가 지배기구야말로 자본의 불안으로부터 안전할 수 있는 최고의 회사가 된다.

중정에서 안기부로 다시 국정원으로 이름이 바뀌었지만, 국정원은 그 속성상 음모와 공작을 통해 국가 폭력을 실천한다. 그런데 더욱 중요한 사실은 국정원이 파시즘 기관에서 출발했다는 것이다. 주임무는 국민을 감시하고 국가권력에 반대하는 세력을 색출하여 제거하는 작업이다. 그러다 보니 저절로 국가권력을 강화하기 위한 목적 외에 비대해진 조직 유지를 위해 과도한 음모와 공작을 수시로 자행했다. 한국사회에서 독재권력을 장기간 유지하기 위해 간첩과 종북빨갱이 사건을 꾸준히 기획하여 온 것이 사실이다. 이번과 같은 대국민 도감청은 특별한 경우가 아니라 상시적 도감청의 한 사례일 뿐이다.

### 자발적 복종

이런 일을 평범한 그리고 나름 머리도 좋은 보통사람들이 행하고 있다. 애국의 이름으로. 하기야 간디를 암살한 힌두 청년이나, 김구를 암살한 안두희나, 쿠데타를 일으켜 국가권력을 강탈한 박정희나 모두 애국을 내세운다. 애국은 구실에 지나지 않는다. 진짜는 명예욕이고, 조직과 권력의 유지에 있다. 그런데 세상이 불안하니 사람들이 이런 조직과 권력에 기댈 마음을 자꾸낸다. 생각을 중단하고 복종한다.

나는 광주학살이나 보도연맹학살이나 유태인 포로수용소 학살이나 국정원 직원의 자살이나 모두 동일한 구조에 기반하고 있다고 생각한다. 권력조직에 대한 자발적 복종과 주체의 부속화다.

학교를 졸업하고 군대를 제대하고 직장에 들어가면 개인은 사라진다. 권위주의가 지배하는 위계사회의 모든 조직이 맹목적 복종을 강요한다. 나는 전교조나 노조도 근본적으로 학교나 기업의 조직에 부속된 관계를 철폐할 수 없기 때문에 위계적 조직사회에 순기능적일 수밖에 없다고 생각한다. 전교조 선생은 잘하고 있고, 국정원 직원은 잘못하고 있는가? 아니다. 전교조 선생도 열심히 학생들을 대상화해서 지식을 주입하고 평가하고 서열화하고, 외적인 것이든 내적인 것이든 규율을 내면화하게 한다. 어떻게든 조직에 적응해 살아가는 인간을 주조한다. 다만 단계와 정도가 다를 뿐이다. 다양한 차이에도 불구하고 국가기계 전체의 운용 차원에서 보면 학교나 군대나 직장, 국가기관이 아주 잘 작동하고 있다.

하지만 복종이 있는 한 인간은 죽게 된다. 매년 250명의 학생들이 자살하고, 매일 40명의 사람들이 자살하는 나라가 한국이다. 세계 최고의 자살률을 자랑한다. 물론 세계 최고의 조폭적 위계사회이자 조직사회이기도 하다.

안두희든 국정원 직원이든 우리 자신이든 부족한 것은 성찰이다. 우리는 우리가 어디에 서 있고 어디로 가고 있는지 모른다. 모두가 컨베이어벨트 위를 따라가니 따라갈 뿐이다. 오히려 이 자명함 때문에 이 길을 선택할지도 모른다. 죽음이 만연한 가운데.

개인을 종속하고 부속화하는 권력과 조직은 거부되어야 한다. (7/29/수)

# 세속교회를 해체하자

## 한국 극우 기독교의 맥락

왜 한국에는 극우 기독교가 판을 치는가? 우리는 근대사 속에서 파시즘과 결탁한 극우 기독교를 스페인, 이탈리아, 남미, 미국 등에서 만나곤 한다. 9.11 직후 조지 부시가 빈라덴의 알카에다를 악의 축으로 규정하고 기독교적 성전(聖戰) 상징을 활용한 것도 이런 배경 속에서 가능한 일이다. 물론 여기에는 현재진행형인 한국도 포함된다. 이들은 공통으로 종교뿐 아니라 정치, 경제, 언론 등 지배계급의 결속을 지키고 기득권을 과시하는 상징으로 기꺼이 극우 기독교 안에 동거한다.

장로가 가진 종교적 위계 호칭은 한국사회 지도층에게 사회적 지위와 신분, 그리고 탄탄한 인맥을 보장하는 일종의 귀족 증표와 같은 호칭이다. 이명박 대통령에게 장로는 극우기독교와 보수의 절대 지지를 표시하는 것이었다. 그럼으로써 진영과 전선이 확연히 구분된다. 소위 극우기독교 보수 애국자와 반대편의 종북빨갱이의 선악 이분법에 의해 기득권 수호전쟁을 벌이게 된다. 기득권을 위협하거나 불편하게 하면 모두 종북빨갱이가 된다.

왜 한국 기독교는 이 모양이 되었을까? 적어도 일제강점기까지만 해도 그렇지 않았다. 약간의 부작용도 있었지만 오히려 기독교는 한국사회에 합리적 근대화를 열어주는 창구 역할을 했다. 선교사들이 세운 학교와 병원은 물론 평양의 오산학교, 간도의 용정촌 등 민족운동과 대안사회 운동에 적극적이었다.

일제강점기 신사 참배와 남북분단을 겪으며 한국 기독교는 급격히 타락과 왜곡의 길을 걷게 되었다. 첫 번째 파도는 해방 직후 북으로부터 내려왔다. 남한은 미국이 앞세운 이승만 정권이, 북한은 소련이 앞세운 김일성 정권이 들어선다. 남북이 세계 좌우 냉전체제의 종주국들에 정치·경제적으로 종속된 독재형 신생국가를 세우게 된다. 이때 사회주의를 표방한 북한에서 신속히 토지개혁을 단행하고 종교탄압을 하면서, 이를 피해 남으로 피신한 지주와 기독교인들이 많이 생기게 된다. 이들 전부가 물론 친일파는 아니었다. 하지만 이들의 반공주의와 빨갱이에 대한 혐오는 그들이 조직한 서북청년단 같은 극우 테러조직을 통해 물리적 테러 집단으로 등장하는 계기가 된다. 김구를 중심으로 한 임시정부 세력과 여운영의 국내 민족주의 진영에 열세를 보이던 이승만으로서는 자기와 사상적으로 일치하는 반공주의자야말로 진정하고도 유일한 국민이었다.

이와 더불어 미국의 필요에 따라 군경을 장악한 친일파들은 지배자에 대한 충성이 본성인 까닭에 미국과 이승만 정권에 절대적 신뢰를 보내며 반공 애국주의자로 둔갑했다. 이로써 극우기독교의 역사적·물리적 배경이 구비되었다. 극우기독교에게 친미는 교리고 반공은 신앙이었다. 더 이상 친일행위는 문제가 되지 않았다. 일제 말 신사 참배를 하고 일제에 타협한 과오를 인정하기 어려웠던 것이다. 김구와 여운영을 암살하며 이들의 종교-정치-경제-폭력의 통치 기제는 신속히 작동하기 시작했다.

이후 미국에 대한 맹목적 추종은 기독교를 매개로 확대 재생산된다. 한국 우파 기독교도들은 미국이 하느님의 축복을 받아 강대국이 되었다고 믿는다. 유교를 통해 중국을 맹목적으로 추종했던 조선과 기독교를 통해 미국을 맹목적으로 추종하는 한국의 상황은 비슷하다. 중국을 종주국으로 여겼듯 미국을 종주국으로 여긴다. 6·25의 트라우마와 독재자의 정치공작이 이러한 상황을 더 극단적으로 몰고 갔다. 합리성의 자리가 완전히 사라졌다. 북에 대한 맹목적 증오심은 빨갱이라는 말에 압축되었고, 빨갱이 잡이와 빨갱이 몰이는 중세 유럽을 휩쓴 종교재판과 마녀사냥의 광기를 연상시켰다. 군부독재의 공안 통치자들이 가만히 있을 리 없었다. 확실한 통치기반을 다지기 위해 수시로 북풍을 일으켜 남한을 맹목적 증오와 좌우 대립의 장으로 확대 재생산하였다. 극우 기독교는 어느새 독재정권의 파트너가 되었다.

더구나 6·25 이후 전쟁과 난민 체험을 겪으며 일종의 사회적 치유 기능을 한 부흥회가 한국 기독교를 휩쓸었다. 비이성적 몰입과 열광, 그리고 절대복종이 내면화되는 결정적인 계기가 되었다. 미국의 이름으로 주어진 구호품과 영어, 기독교는 오직 좋은 것, 따라야 할 것이었다. 목사도 미국에 다녀와야 훌륭한 목사였다. 부흥회는 파시즘적 군중집회를 연상시켰다. 절대적 권위자인 목사의 군림과 신도들의 복종은 독재국가 체제에 완전히 일치했다. 이성보다 광기에 휩쓸리면서 한국 기독교 교회는 점차 권력을 내면화하는 기관이 되어 갔다.

신을 대리한 목사의 명령에 절대 복종하는 한국 교회의 모습이 곧 군부독재가 바라는 한국사회의 모습이다. 박정희 군부독재와 목사 독재는 무관하지 않다. 이후 기독교 교회는 정치, 경제, 교육 등 지배의 카르텔을 짜며 한국사회의 통치 기제의 한 축을 담당하게 된다.

때문에 현재 한국 극우기독교의 정체성은 해방 이후의 친미반공, 친일파와의 자기 합리화, 독재와 권위주의의 내면화로 압축된다.

## 교회의 권력화

목사가 2세에게 교회를 세습하는 세습교회 문제는 말할 가치조차 없다.

정치·경제·교회의 트라이앵글에서 벌어지는 세습은 한국사회의 고질병이 되었다. 지역주의를 기반으로 한 정치권력, 독점적 부를 기반으로 한 경제권력, 신앙과 이데올로기를 기반으로 한 교회권력이 긴밀하게 연결되어 있다. 자칫 한국사회가 합리적 근대사회가 아니라 세습적 계급 지배 사회로 전락할 우려를 갖게 한다.

내가 여기서 말하고 싶은 것은 우리가 맹목적으로 인정하고 있는 교회의 권력과 폭력이다. 개인적으로 체험한 것만으로 이야기해 보겠다. 나는 어릴 때 교회 다니는 친구들이 부러웠다. 친구가 많기 때문이다. 아직도 보수적 사고가 지배하는 사회적 풍토 속에서 남녀가 자유롭게 어울릴 수 있는 교회는 분명 부러운 공간이었다. 그래서 교회는 내게 친구와 연애와 자유의 공간 같은 생각이 들었다.

그런데 어른이 되어 보니 그것이 단순한 친밀이 아니었다. 교회의 친밀은 은연중 신자와 비신자를 나누는 차별의 울타리이자 배타적 구분선이었다. 사업을 하는 사람들은 영업을 하기 위해서라도 교회를 다닌다. 소위 인맥을 동원하기 쉽고 신자들이 사업의 고객이 되어 사업을 하기 용이하다는 것이다. 노년층 중심의 불교와 대비해 청장년층이 탄탄한 교회는 단순한 사교뿐 아니라 지배층의 사회적 인맥관리를 위한 사교장이기도 하다.

나는 종교적 관심이 많아 청년기에 한동안 종교적 탐구를 꾸준히 했다. 나름 종교 활동 체험도 이것저것 하면서 종교와 신앙에 열린 마음을 가지고 있었다. 사범대학을 졸업하고 사립학교를 알아보면서 발견한 것은 한국에 기독교 계열의 미션스쿨이 대단히 많다는 것이었다. 그런데 미션스쿨은 대부분 신앙고백서와 교회증명서를 요구했다. 사립학교 중 적어도 1/3이 미션스쿨 같은데 이들은 교사의 신념과 능력 이전에 교회에 다니는가를 물었다. 동기 중에는 취직하기 위해 교회를 다니기로 하고 목사의 추천을 받아 교직을 갖는 경우도 있었다. 그 누구보다 종교적이고 예수를 마음으로 받아들이고 있었지만, 나로서는 도무지 양심의 자유를 허락하지 않는 증명서로 사람을 차별하는 학교에 들어가고 싶지 않았다. 더구나 교생실습과 강사생활을 했던 유명 교회의 학교에서 명문대 입학과 사회적 성공을 예수의 권능을 과시하고 하느님의 축복을 입증하는 길이라고 설교하는 모습을 보면서 경악과 혐오를 금할 수 없었다. 신앙고백서와 교회증명서가 저 따위 설교를 무비판적으로 듣고 있게 하는 것이라면 나는 교회를 반대하고 또한 미션스쿨을 고발하겠다.

2004년인가 교직을 그만두고 이것저것 모색을 할 때였다. 마침 코이카 (KOIKA)를 알아보니 수많은 나라에 파견되어 봉사활동을 하는 단체였다. 처음엔 이름을 보고 국가에서 운영하는 줄 알았다. 실제로 국가의 재정 지원에 의해 운영되고 있었다. 하지만 막상 코이카에 지원하려고 하니 자격조건 중에 기독교 신자여야 한다는 제한을 두고 있었다. 지금은 코이카가 기독교의 종교색을 지우고 있어서 코이카가 기독교 단체였다는 것이 밖으로 드러나지 않는다. 하지만 그때까지만 해도 국가의 지원을 받으며 봉사하는 선교단체로서 정체성을 가지고 있어서 교회를 통해 요원을 모집하고 홍보를 하였다.

기독교인이어야 한다는 제한까지 두었으니 무교회주의자나 타종교인의 경우는 참여할 수 없었다. 어이가 없었다. 국가의 이름을 걸고, 국가의 지원을 받는 봉사단체가 종교 차별을 당연시하며 봉사활동도 독점한다는 게 내게는 악의 폭력보다 더 큰 폭력같이 느껴졌다. 몇 년 뒤 후배가 코이카를 통해 해외봉사를 2년인가 하고 오는 걸 보고 물었더니 기독교인이었던 후배는 전혀 그런 걸 의식하지 못하고 있었다. 구조적 차별을 느끼지 못했던 것이다. 이후 코이카에도 이런 문제가 제기되어 외부적으로는 확실히 종교적 특색을 없앤 것 같지만 나로서는 몹시 불쾌한 경험이었다.

내부자가 되면 외부에 대한 차별이 구조적으로 자행된다는 것을 잘 인식하지 못한다. 교회의 경우 그것이 더 심하다. 한국교회의 공격적인 해외선교와 현지의 거부반응에 대해서는 외국여행을 하면서 치가 떨리게 보았다. 한국인이라는 게 창피할 정도였다. 겸손의 봉사가 아니라 오만의 설교 같았다. 18, 19세기 제국주의와 결탁한 서양의 기독교와 수준이 비슷했다.

내가 직접 보고 겪은 학교와 봉사단체의 사례만으로도 교회의 권력화와 배타적 차별 문제는 분리 불가능한 것이었다.


## 목사 지배와 복종

내가 교회를 완전히 단념하게 된 것은 설교의 위험 때문이다. 교회에서 배포한 홍보물이나 목사, 전도사 등의 설교를 들으면 경악을 금할 수 없었다. 맹목적 도그마와 참 신앙을 구분하지 못하는 사람이 너무 많았다. 대부분 맹목적 도그마에 사로잡혀 있는 것도 문제지만, 자신의 편협한 사회관과 인생관을 그대로 설교에 투영하고 신자들이 무비판적으로 수용하게 하는 사례가 비일비재했다.

서울도 그렇지만 시골교회의 경우 그것이 더욱 심하다. 대개 한 마을에 하나씩 있는 마을교회는 몇 십 년 동안 정착해 자리 잡은 경우가 많다. 그런데 설교 내용은 온통 보수적 천국론과 지옥에 대한 위협 일색이다. 도무지 신자들의 이성과 감성을 깨우치고 계발할 생각이 없다. 무뇌, 무심장의 신자를 기르려는 것 같다.

누가 저렇게 어처구니없는 목사를 높은 자리에 앉히고 그 목사만을 바라보도록 제도를 만들었을까? 성경을 읽고 예수의 참된 소리를 마음으로 듣고 체험하게 하지 않고 목사의 엉터리 설교에 맹목적으로 복종하는 교회를.

그것은 목사의 직무유기니 우선 목사의 책임이다. 신도들이 각자 예수를 만나고 체험하며 삶의 길을 밝힐 수 있도록 돕는 평등한 교회가 되어야 한다. 하지만 대접받고 가르치고 명령하는데 도취하여 군림하는 목사가 됨으로써 참된 섬김의 길을 잃어버렸다. 그러니 예수를 십자가에 못 박는 자가 목사 자신이라는 것을 알 턱이 없다. 권위주의와 권위주의를 낳는 구조-목사와 신도-가 얼마나 무서운 줄 모른다.

예수가 맥없이 남의 스승 되지 말라고 했는 줄 아는가? 설교를 하다 보면 남의 죄에 대해서는 잔인해지지만 자신의 죄에 대해서는 무뎌진다. 더구나 결혼을 해서 가정까지 꾸리고 있는 목사들의 경우 직업으로서 목사직을 수행하며 세속적으로 성공한 사람으로 대우받는다. 기독교인에게 목사만큼 좋은 직업이 있을까? 어느새 종교가 밥벌이 수단으로 전락했다.

예수를 따라 예수처럼 버릴 수 없는 자들이 바로 직업목사다. 직업목사는 신자들을 더욱 자신의 권위로 구속하려 한다. 그래서 목사나 신자들의 말을 들으면 이들이 진짜 일대일로 성경을 만난 것이 아니라 목사의 사견에 빠져 있음을 느끼곤 한다. 구조적으로 신자가 목사를 비판할 수 없고, 복종 관계가 계속된다면 한국교회는 헬조선을 만드는 중심축 중의 일부일 뿐이다.

미국이 강대국이 된 것은 하느님의 축복을 받아서라는 어처구니없는 말을 하는 목사와 신도들이 아직도 있다. 그건 몽매한 19세기 제국주의 시대 이야기 아닌가? 미국의 인디언 대학살과 멕시코 침공, 제3세계 독재국가 정책, 석유 지배를 위한 전쟁 등 헤아릴 수 없는 미국의 폭력과 헤아릴 수 없는 미국의 침략을 이야기하지 않고 하느님의 축복이라고 찬양한다면 그것은 기독교를 사탄의 종교로 시인하는 것이 된다. 무식한 줄 알면 입을 다물던가, 아니면 겸손하게 말해야 한다. 그것을 진리인 것처럼 말하면 안 된다.

루터와 캘빈 등이 앞장선 종교개혁의 가장 큰 의의는 신부 대신 목사를 내세운 것이 아니라, 성경을 목사나 신부의 해석과 중계 없이 신도가 직접 읽고 체험할 수 있다고 선포하고, 그것이야말로 절대적이라는 것을 자각한 데 있다. 이러한 평등사상이 있었기에 기독교는 잠깐이나마 혁신할 수 있었던 것이다. 하지만 카톨릭과 똑같이 개신교도 다시 목사 중심의 교회로 돌아가고, 신도를 교육하고 종교장사 하는 대상으로 소외시키고 말았다. 더 나쁜 것은 그 목사가 결혼까지 해서 세속적 욕망까지 교회에서 채운다는 것이다. 종교개혁이 다시 필요하다.

나는 현재의 교회 제도가 유지되어야 할 필요를 전혀 느끼지 못한다. 오히려 부작용이 더 많기 때문이다. 목사 중심의 교회 대신 무두무미의 평신도 공동체로 바꾸어야 한다. 그 중 영감을 더 받은 사람의 카리스마가 일시적으로 작용할 수는 있으나 그것도 상시적 제도로 고정되어서는 안 된다. 교회는 위계조직이 아닌 평등한 공동체여야 한다. (7/30/목)

# 왜 여가는 자유를 낳지 못하는가?

## 여가와 학교

현대 사회의 여가는 자유를 낳지 못한다. 소비를 낳을 뿐이다.

학교(School)의 어원은 여가를 뜻하는 그리스어 Schole이다. 그리스인들은 전제정권 하에 살고 있는 주변 민족을 노예라 생각하고 스스로는 자유인이라는 자부심을 가지고 살았다. 그런데 자유는 여가와 관계가 있다. 아리스토텔레스에 따르면 시민적 자유의 조건은 사적인 생계에 묶이지 않는 것이다. 그런 상태에서 그들은 시민적 기예를 닦으며 시민적 자유를 누릴 수 있다고 생각했다. 그리스적 의미에서 시민의 민주주의는 그런 자유의 소양을 바탕으로 가능하였던 것이다. 시민의 자율과 자치를 뒷받침하는 능력과 자격이 필요했다.

학교 교육은 그런 의미에서 여가 시간에 자유인인 시민의 덕성을 함양하는 모든 활동이다. 학교의 기능은 여가를 이용해 자유로운 주체의 소양을 기르는 활동이다. 이는 자유가 자유에서 태어남을 의미한다. 여가 자체가 억압받지 않는 개인의 자유를 보장하기 때문이다. 자유란 자유로운 공기에서 자유로운 사람에 의해 비로소 길러진다.

학교가 권위적이고 억압적이라면 그것은 더 이상 학교일 수 없다. 자유인을 낳는 것이 아니라 복종인(노예)을 생산하는 기관에 불과하다. 따라서 학교는 자유가 숨 쉴 수 있는 공기이어야 한다. 학교가 기본적으로 여가 시간에

행해지는 놀이의 성격을 유지해야 하는 것은 놀이가 곧 개인의 자발성을 최대한 북돋우면서 자유가 태어나 익숙해지도록 하기 때문이다. 자유로운 주체를 기르기 위해서는 절대적 지식이 아니라 상대적 자유를 보장해줘야 한다. 그런 의미에서 학교는 울타리가 되어야 한다. 사회의 억압과 권위로부터 자유를 보호하기 위해서.

하지만 어떤가? 한국사회의 학교란 위계와 지배의 결정판이다. 요즘 뉴스를 뜨겁게 달구고 있는 교사의 학생에 대한 성폭력과 교사 간의 위계에 따른 성폭력사건은 학교가 자유의 공간이 아니라 억압의 공간임을 폭로하는 사례다. 권력과 억압에 의해 왜곡된 성의식이 그대로 표출된 사건이다. 초등학교부터 대학까지 조금도 다르지 않다. 왜 그런가? 학교가 자유와 평등의 공간이 아니라 위계를 위한 학력과 계급의 수단이기 때문이다. 학교가 자유인을 기르는 것이 아니라 계급에 종속된 노예들을 만들고 있는 것이다. 내가 학교와 교육을 부정하는 이유도 이 때문이다.

## 자본의 지배

그렇다면 우리 시대 여가를 지배하는 것은 무엇인가? 소비이고 상품이다. 우리 시대에 자유란 소비의 자유이다. 학교도 문화도 상품으로 둔갑했다. 온통 레저상품이다. 교육개혁이 불가능한 이유는 차별을 양산하는 공교육과 사교육 시장의 일체화 때문이기도 하다. 자본의 게임에 학교가 완전히 포섭되었다. 여가를 활용해 스스로 공부하는 것이 거의 불가능할 정도로 우리는 위계와 지식교육에 중독되어 있다. 아이들은 쫓기듯 학원에 몰려다니고 입시경쟁에서 헤어나지 못한다. 실러가 말한 미적 체험을 통해 자유인이 되는 길을 걷는 경우는 극소수에 불과하다. 기본적 자유가 없기 때문이다. 그러니 소위 대한민국에 사는 이 누구를 자유롭다고 할 수 있겠는가? 우리는 이미 위계를 내면화한 위계인(노예)일 뿐이다.

대중문화의 대표 영역인 영화만을 봐도 그렇다. 나는 작가주의를 표방할 만한 한국 감독으로 김기덕과 홍상수 외에는 별로 생각나지 않는다. 물론 재능 있는 감독들은 넘치도록 많다. 하지만 영리를 추구하는 거대기획사의 상업영화가 스크린은 물론 감독과 대중을 완전히 장악해 버린 상황이다. 극장이 우상화기관—베이컨의 우상론을 생각해보라—으로서 철저히 복무하고 있다. 자본의 지배를 내면화한 이에게 자유란 없다. 소비할 자유만이 허용될 뿐이다.

천성산에서 나는 이미 수많은 레저 상품들에 대해 썼다. 그리고 이들을 통해 우리가 자유롭고자 하지만 자유로울 수 없는 이유를 발견했다. 우리가 우리 자신을 부인하지 않는 이상 우리는 소비노예에서 결코 벗어날 수 없다.

누구나 한번은 자기 삶을 부인해야 한다. 왜냐하면 한국사회에 산다는 것 자체만으로 이미 자본이 지배하는 위계질서를 내면화했다는 것을 의미하기 때문이다.

자유를 원하는가? 그렇다면 잉여가 되라. (8/9)

# 상식 없는 사회의 8·15

8·15, 지겨운 70주년이 지났다. 나는 그것을 해방이라고 부르지 않는다. 차라리 분단과 질곡의 70년이라고 부르고 싶다. 언론과 정권은 헛된 국가주의를 맘껏 홍보했다. 피상적인 애국주의가 휩쓸고 지나갔다. 기념의 태극기가 아니라 조기를 걸었더라면 얼마나 좋았을까? 무겁고 깊은 성찰로 우리의 위치를 자각할 수 있다면.

휴전선 지뢰폭발 사건은 남북이 처한 한심한 상황을 단적으로 드러낸다. 더한 비극은 국정원이나 군과 연관된 사건은 도무지 아무것도 믿을 수 없다는 것이다. 책임을 회피하고 축소하고 조작하는 사건들이 하도 많아 상식으로 진위를 구분하는 것이 불가능하다. 그래서 냉전체제 안에서 전쟁은 언제든 가능하다. 남북이 언제나 이런 상황에서 살고 있으니 사회가 제대로 작동될 리 없다. 휴전선 앞에서 우리의 사고도 정지한다.

몽매는 깊고 상식은 부재하다. 토머스 페인의 『상식』이라는 책이 있다. 영국의 통치로부터 벗어난 아메리카인들의 자유 선포를 상식에 입각해 이야기하였다. 물론 그것은 토머스 페인이 유포하고 싶은 자유와 자결, 자치에 대한 의식을 독려하는 제목이기도 하였다. 그 책의 영향력은 미국혁명과 프랑스혁명으로까지 이어졌다. 비상식이 지배한 시대에 상식을 이야기할 수 있고 상식에 의해 우리가 고무 받을 수 있다면 얼마나 좋겠는가?

하지만 우리는 상식 부재의 깊은 단절을 느낀다. 인터넷을 통해 본 뉴스들은 어처구니없는 '비상식의 상식' 투성이이다. 그런 뉴스들에 열 받고 있는 자신을 발견하는 것은 몹시 불쾌한 일이다. 이 무슨 도깨비 나라인가? 광복 70년이라는 말에 아연할 수밖에 없다.

나는 근대의 상식이 탄생하는 과정에서 인쇄술과 매체 혁명이 일등공신이라고 생각한다. 중세와 단절하는 종교혁명은 금속활자로 인쇄된 모국어 성경의 번역으로 가시화되었다. 모국어 성경은 종교가 더는 지배와 복종의 수단이 될 수 없음을 백일하에 드러냈다. 상식이 바뀌었다. 책의 출판과 신문의 등장은 종교에 이어 지식의 보편화를 가져왔다. 모국어로 읽게 되면서 인권의 평등과 자유라는 상식이 근대인을 각성시켰다. 세상을 지배했던 전제정권의 비상식적 권위가 순식간에 드러났다.

상식의 발달에 따라 혁명이 찾아왔다. 19세기 마르크스, 프루동 등의 사회혁명가들이 활동하던 시기에는 노동자들도 일을 하며 낭독을 듣고, 신문을 만들어 자신의 생각을 발표했다. 책과 신문의 영향력이 대단해서 새로운 사상이 쉽게 일반에 보급되었다. 근대 민주주의는 매체의 발달에 의한 상식의 보급과 뗄 수 없는 관계다.

하지만 20세기 이후 우리는 인쇄에 의한 상식의 보급과 파급력이 점차 감소하는 것을 목격하고 있다. 급기야 21세기에는 전자정보 매체의 발달로 책의 소멸을 이야기해야 하지 않을까 싶게 이미지가 글자를 압도하고 있다. 대신 전문가 등장하면서 시민이 점차 대중으로 전락하고 있다. 고도로 복잡화되고 전체화된 현대 사회에서 사람들에게 공통의 상식을 기대할 수 있을까?

한국은 아직 상식다운 상식이 자리 잡아 본 적이 없다. 언론은 왜곡되고, 사람들은 각자 스마트폰을 열고 무기력한 게임과 채팅에 골몰할 뿐이다.

상식 없는 시대에 상식을 말하는 것이 참으로 낯설다. (8/17/월)

# 서울에서

## 도시의 경이

간혹 서울에 올라와 버스를 타고 광화문 광장을 지나며 나는 경이와 동시에 당혹에 빠진다. 대기업과 관공서의 20~30층 빌딩 아래 이순신과 세종대왕의 거대한 동상 사이에, 세월호 진실규명을 호소하는 부스와 태극기 사진전 부스 사이에, 세종문화회관, 대한민국역사박물관, 경복궁, 경찰청, 교보문고 등 사이에, 청계천, 종로, 시청 사방에서 도로가 달려 나오고 달려간다. 도로는 그야말로 도시의 신경망이다. 인터넷망과 더불어 도시를 감싸고 있다. 수많은 위계와 분절, 그리고 짜임이 일사분란하게 연결되어 있다. 그렇다. 나를 압도하는 것은 이렇게 엄청나게 축적된 물질과 관습의 일사분란함과 평온이다.

신호등이 바뀔 때마다 수백 명의 사람들이 횡단보도를 건너고, 수백 대의 자동차들이 움직인다. 스마트폰을 든 사람들은 하나같이 스마트하고 깔끔하다. 관광객과 직장인들이 삼삼오오 몰려다닌다. 쇼 윈도는 최신의 유행이 무엇인지 사람들이 따라야 할 소비상품이 무엇인지 부드럽게 안내한다.

도시 자체가 거대하고 복잡한 시스템에 의해 유지되는 유기생명체 같다. 도시는 더 이상 인간에 의해 간섭받고 통제받지 않는다. 도시가 인간을 선별하고 배치하며 스스로 생명을 유지한다. 마뚜라나적 비유로 말하자면 생명의 '자기생산성'을 도시도 가지고 있다. 생명체는 아니지만 생명적이다. 그뿐 아니다. 인간의 도시생태는 어느덧 자연생태를 압도하고 있다. 도시야말로 웅장하고 도시야말로 섬세하다. 거기에 자본의 화려한 상품 이미지와 국가의 프로파간다까지 더해져 도시는 더없이 힘차고 현란하다.

서울 한복판에서 내 발걸음은 한없이 가벼워진다. 경쾌해진다. 얼마나 쾌적하고 얼마나 편리한가? 상점과 광고판에서 쏟아지는 상품들의 이미지는 비록 내 것이 아닐지언정 설렘이 일 정도로 밝고 풍요롭다. 조선왕조의 근엄한 전통과 뒤엉킨 국가이데올로기의 선전은 눈살을 찌푸리게 하지만 편리하고 쾌적하게 정비된 시스템은 한없이 안전하고 편안하다는 느낌을 유발한다. 지하든 지상이든 나는 거미줄처럼 펼쳐진 도로와 전기와 전자로 모두와 연결되어 있다. 지하도로 이어지는 교보문고는 알렉산드리아 도서관에 육박하는 수십만 권의 신간서적을 진열하고 있지 않은가? 기분이 묘할 때는 광화문 시네큐브나 인근 극장가에서 상업영화나 예술영화를 볼 수도 있다. 엄청난 유지비를 욕하지만 청계천을 산책하는 것은 역시 즐거운 일이다. 경복궁이든 비원이든 탑골공원이든 도시는 자연을 정원의 형태로 완벽히 감싸고 있다. 도시에서 도시인은 안전한 자연과 완벽한 건강을 향유하는 것 같다. 하지만 각자의 손 안 스마트폰은 이 모든 것을 다시 압축해 구현한다. 가상의 현실이야말로 참된 현실이라는 듯. 현대야말로 인공낙원이 완성된 시대라는 듯.

## 도시의 지배

그런데 당혹스럽다. 사막 위에 세워진 지구라트처럼 인공도시는 인공낙원을 구현하지만 인간으로서는 더 이상 어찌할 수 없음을 느끼게 한다. 너무나 거대해 왜소해진다. 도시의 정신이 있다면 마몬일 것이다. 마몬의 거대한 몸은 이제 인간을 부속 이상으로 필요로 하지 않는 듯하다.

하지만 도시를 들여다보면 곧 국가와 자본의 위계시스템에 의한 지배구조도 눈에 들어온다. 도시의 분업은 이 위계성과 결합하여 인간을 부속화하였다. 인간 개개는 도시에 의존하지만 도시는 인간 개개에 의존하지 않는다. 도시가 필요로 하는 것은 익명이고 도시가 의존하는 것도 익명이다. 도시는 익명에 의해 유지될 뿐이다. 주체로서의 인간은 이렇게 해서 사라지고 익명의 노동/소비 기제로 전락한다. 노동하지 않으면 살 수 없는 것처럼 소비하지 않으면 살 수 없다. 이것이 현대 도시인의 생존 조건이다. 도시인은 도시의 신진대사물이 되었다. 선택적 가능의 세계가 아니다. 의무의 세계이고 필연의 세계다. 도시는 선택이 배제된 세계다.

도시가 선택만을 배제한 것이 아니다. 도시는 공간과 시간도 배제한다. 도시 밖 주변과 자연은 배제된 공간이다. 동시에 도시는 위계적으로 재배치하고 지배한다. 도시를 벗어나 도시 주변 공단과 농촌으로 갈수록 우리는 도시의 잔해들과 마주하게 된다. 싸구려 생필품과 말단 소비상품의 진열과 몰풍경이 나타난다. 농촌과 공단은 도시의 보급창일 뿐이고, 자연은 공원에 지나지 않는다. 강과 산은 골프장, 축구장, 자전거 도로, 캠핑장 등 레저 스포츠 시설이 점유한다. 중심과 주변의 역할은 위계적 관계로 확연히 나뉘어 있다. 도시의 시간은 역사적 맥락을 잃어버리고 소비중심으로, 즉 욕망과 충족의 간격으로 단순화된다. 그러므로 도시의 시간은 있어 보지 않은 시간이다.

## 도시 탈출

나는 도시의 의존과 위계, 그리고 도시의 시공을 벗어날 필요를 느낀다. 농촌과 자연을 맹목적으로 찬양하지는 않는다. 이미 농촌과 자연도 도시적 농촌이고 도시적 자연이기 때문이다. 하지만 도시 밖이 도시보다 도시의 의존과 위계 강요에서 벗어나 자기 재편을 실험할 수 있는 곳이라고 생각한다.

농촌과 자연에서 나의 역능은 손을 뻗고 행위하는 대로 발휘된다. 나의 삶은 지극히 엉성하지만 내 삶을 내가 전체적으로 전유하고 있다는 느낌을 갖는다. 그것은 타인에 대한 의존도가 줄어들면서 생긴 충족감이다. 도시에서는 감히 생각할 수 없는 질적 차이가 존재한다. 이곳에서의 시간과 공간은 분명 다르다. 나는 의존으로부터 탈피하는 자립이야말로 래디컬의 입장이라고 생각한다.

진보에는 두 가지가 있다. progressive와 radical. 프로그레시브는 개량주의이고 래디컬은 근본주의이다. 개량주의는 도시 안에서 도시의 위계질서를 바꾸며 인간적 사회를 만들어가고자 하고, 레디컬은 도시 자체가 위계라고 생각한다. 도시 자체가 철저히 위계구조이기 때문에 개량이 불가능하다고 판단한다. 도시인은 존재의 절대적 의존성 때문에 도시에 기여하지 않을 수 없는데 그 강도가 갈수록 심화되어 지금은 인간의 역능이 불능에 가까울 정도로 소멸되고 있다. 기 드보르가 스펙터클사회에서 느낀 절망이나 장 보드리야르가 소비사회에서 느낀 절망은 인간이 주체성을 가지고 사는 것이 점점 불가능해졌기 때문이다.

돌발적 상황이 아닌 한 혁명적 변화가 불가능한 암울한 전망에 빠져들 수밖에 없다. 지금의 메갈로폴리스적 구조에서는 스펙터클한 거대소비사회 이상을 낳을 수 없다. 하지만 나는 도시 안이 아니라 도시 밖에서 인간 개개인이 독립적 주체를 회복하며–그것은 물적 정신적 차원에서 모두 필요하다–좀 더 작은 인간적 규모의 공동체와 그들의 연합을 다시 만들어 갈 수 있다고 생각한다.

## 도시의 유혹

하지만 이토록 화려한 도시의 꽃과 이것을 지탱하는 만인의 삶을 보라. 근대 이후 국가와 자본은 패배해 본 적 없다. 아니 더 강화되고 절대화되고 있을 뿐이다. 민주(民主)라는 말은 이제 불가능해졌다. 인간은 역능을 발휘하기보다 부속적 기능의 정확성에 의해 평가받을 뿐이다. 노동과 소비의 기여도에 따라 대우받을 뿐이다. 그리고 거품 같은 소비의 천국이 되었다. 그것이 광화문 1등 시민의 길이다.

나도 안다. 더 이상 현대의 꽃 메갈로폴리스의 인공낙원을 매도할 수는 없다. 절대다수의 절대현실이 되어 버렸기 때문이다. 대부분의 사람이 이것을 절대현실로 받아들이는 이상 현실에서 벗어날 방법도 없다. 개량의 진보가 현실적 대안이 되는 이유다. 하지만 조금 더 근본적으로 통찰해, 나는 도시를 벗어나길 권하겠다.

이곳은 내가 살 곳이 아니다. 내게 필요한 것은 역능을 발휘할 자유다. 버리지 않고 자유로울 수는 없다. (8/18/화)

# 청년담론

### 배경

21세기에 접어들면서 한국청년들의 운동 방향과 방법도 바뀌었다. 변화는 1990년대부터 나타나기 시작하였으나 그것이 본격적으로 가시화된 것은 2000년대 이후이다. 한국사회는 1990년을 기준으로 이전을 근대화 시기, 이후를 탈근대화 시기로 구분할 수 있다. 1961년부터 시작된 군부독재가 30년 이어지며 개발독재형 압축근대화로 완료된다. 즉 우리의 근대화 30년은 오롯이 군부독재와 함께한다.

남북 분단이라는 민족모순과 산업자본주의의 경제모순과 군부독재의 정치모순이 중첩되면서, 근대화 기간 동안의 청년운동의 방향은 모순이 발생하는 현장 중심으로 맞추어지게 되었다. 즉 90년 이전까지는 노동운동, 빈민운동, 반독재 민주화운동이 중심을 이루었고 청년들은 모순의 현장에 들어가 모순을 해결하는 것을 과제로 삼았다.

하지만 군부독재가 막을 내리고 사회주의 국가들이 몰락하고 정보사회와 함께 신자유주의의 세계화가 도래하면서 한국사회는 곧바로 포스트모더니즘 사회로 돌입하게 되었다. 그러면서 90년대 이후 청년들은 세계화 시대에 살아남기라는 보편적 상황에 직면하게 되었다. 운동은 신좌파로 불리며 성, 장애, 생태 등 다양하게 분화되는 한편 점차 세대운동이 가시화되는 경향이 나타나기 시작했다. 뒤늦지만 이러한 경향은 세계를 휩쓸었던 68운동의 연장으로 보인다. 68세대가 비록 노동자와 청년 등 다양한 계층의 봉기로 불리더라도, 그 정체성의 중심은 아무래도 도시청년에 있다. 현대 한국청년도 근대화 이후 세대로서 도시성을 내면화하며 등장하였다. 1968년 이후 유럽을 비롯해 세계를 휩쓸었던 청년운동과 비슷한 점을 발견할 수 있는 것은 이 때문이다.

일찌감치 후기산업사회에 돌입한 유럽사회와 달리 개발독재형 압축성장의 부작용과 강도 높은 세계자본주의 체제의 편입 속에 우리 사회는 포스트모더니즘 사회를 맞이했다는 차이가 있다. 하지만 탈이데올로기적 성향, 도시성, 세대성은 공통적인 특징으로 보인다. 그런 점에서 지금 한국사회의 청년운동은 포스트모더니즘 운동의 맥락에서 해석되는 것이 정당하며, 이들에게서 68세대의 담론에 대한 친근성이 나타나는 것도 당연하다.

## 도시성의 두 가지 특징

하지만 도시성이라 뭉뚱그려 표현한 말은 좀 더 따져볼 필요가 있다. 우선 도시성이 도시적 진보성과 도시적 보수성으로 상반되게 해석될 수 있다는 점을 기억할 필요가 있다. 초기 모더니즘 사회에서 도시성이란 진보성을 의미했다. 모더니즘적 아방가르드의 탄생도 도시성의 출현과 분리할 수 없는 것이었다. 자본주의 혁명이든 사회주의 혁명이든 혁명은 도시에서 일어났다. 부르주아로부터 태어난 근대적 개인이 모더니즘의 도시적 개인으로 재탄생하면서 새 시대를 실험할 수 있는 자유를 획득했다. 온갖 것들을 실험할 수 있는 도시야말로 새로운 가능의 세계였다. 때문에 모더니즘 시대에 도시란 진보와 같은 말이었다.

하지만 포스트모더니즘 시대에, 즉 모더니즘이 완료된 도시 안에서 태어나고 자라 도시적 개인 자체로 성장한 세대의 구성원들에게 도시성이란 존재조건으로서 지속하고 연장해야 할 특징에 불과하다. 자칫 그것은 유행의 옷만 갈아입는 상품성과 결탁한 욕망과 구분하기 어려운 점도 있다. 이 시대의 도시 안에서 근대적 아방가르드는 더 이상 의미가 없다. 동시에 포스트모더니즘 시대의 도시성은 도시적 보수성의 한계를 벗어나기 어렵다. 혁신이 곧 유행의 변화 내지 개선으로 전락할 위험에 노출되어 있다. 그것이 68의 한계이기도 하다. 이 점은 앞으로도 계속 모든 운동 속에 근원적인 질문으로 남게 될 것이다.

　도시적 아방가르드가 도시 변혁의 낭만성에서 얼마나 벗어날 수 있을지는 의문이다. 현대의 다양한 운동들이 도시성을 전제로 행해지고 있는 이상 도시의 근원적 문제—농촌과 자연에 대한 착취 관계—를 해결할 수 없고, 다양한 운동들도 결국 상품의 다양성 내지 상품화된 라이프 스타일과 '사상상품'의 다양성으로 수렴될 가능성이 많기 때문이다. 도시의 주체는 소비대중이 된 개인들이다. 결국 혁명도 자본주의의 시장에 완전히 포섭되어 상품화되는 결과로 이어질지 모른다. 요즘은 혁명과 운동도 마케팅의 대상이 되고 있다고 한다.


### 한국의 세대담론과 과제

　다시 한국 청년운동으로 돌아와 보자. 현대사회처럼 변화가 심한 사회에서 세대를 구분하고 세대 담론을 펴는 것은 어느 정도 유효하고 편리한 점이 있다. 하지만 유독 '청년'이라는 말을 강조하는 요즈음의 청년 담론을 보면 뭔가 배타적이고 협소해진 느낌을 지울 수 없다. 그만큼 격변하고 있고 그만큼 분절되어 있다. 거기에 급격한 자동화와 4차산업혁명의 영향으로 노동시장의 협소화가 배경이 되고 있다.

　우리는 한국 현대사에서 두 세대를 우선 떠올릴 수 있다. 4·19세대와 386

세대다. 두 세대의 공통점은 한국의 근대화기인 1960~1990년을 공유하며 민주화운동에 참여했다는 점이다. 4·19세대는 박정희의 군부독재에 저항하며 60, 70년대 민주화운동을 한 세대이고, 386세대는 전두환 신군부독재에 저항하며 80년대 민주화운동을 한 세대다. 4·19세대가 초기산업화 단계에서 소외받는 민중을 중심에 놓고 운동을 한 반면, 386세대는 산업화가 안정기에 접어든 시점에서 노동을 중심에 놓고 운동을 한 점이 다르다. 4·19세대의 민중담론엔 노동자와 농민이 함께 포함되어 있었고, 386세대의 노동운동은 노동자 중심성이 두드러지게 나타난다.

90년대는 근대화 이후 짧은 탈근대사회를 겪고 IMF와 더불어 급격히 신자유주의 세계화된 자본주의에 휩쓸리게 되었다. 이 시기의 운동은 환경, 여성, 성소수자, 장애, 빈민 등 소수자 운동이 중심을 이루고 있다. 현대 청년운동의 특징이 이전 세대와 다른 점은 정치적 민주화보다 경제적 민주화가 공통의 과제로 강화되고, 운동의 동력도 민중과 노동자에서 소수자로 변했다는 점이다. 청년운동도 소수자운동의 일부로서 편입되었다. 그 때문에 청년담론이 이전 세대처럼 사회 전체를 대상으로 하는 거대담론에서 벗어나 지금 세대의 청년 자립을 과제로 삼고 있다. 물론 이것은 사태를 지나치게 단순화한다는 한계는 있지만 2015년 현재 청년이 처한 경제적 위기가 청년 담론을 촉발시킨 직접적 동기 중 하나라는 점은 피할 수 없다. 이 지점에 바로 청년 운동의 한계와 가능이 있다.

우리는 지금 포스트모던의 시기를 지나 신자유주의의 세계자본주의 시대를 살고 있다. 청년들에게는 이미 근대화가 전제되어 있다. 지금의 청년들은 80년대 이후 태어난 세대로 도시성을 깊이 내면화하고 있다. 이들의 주류가 민중운동과 노동운동에서 벗어난 점은 포스트모던 이후의 세대이기 때문이다. 이 시대의 청년들은 신자유주의시대 세계화의 결과 가속화되고 있는 1,

2세계 노동인구의 잉여화 문제의 직접적 피해자다. 잉여세대인 것이다. 더구나 포스트모더니즘기에 급속히 진행된 가족해체와 분자적 개인화는 21세기 청춘의 내면을 결정하는 요소가 된다. 1인 가구 도시인이 이들의 주체를 규정한다. 이러한 물적 토대의 규정적 요인을 이들이 어떻게 극복하느냐가 과제로 주어졌다. 이것이 21세기 청년의 과제다.

## 모색

이들은 90년대 이후 다양화되기 시작한 생태, 여성, 동성애, 장애 등 다양한 운동의 맥락에 뒤이은 소수자 운동의 차원에서 다양한 네트워크형 도시운동을 벌이고 있다. 처음 그들의 인상을 드러낸 것은 어쩌면 2002 월드컵이라고 해도 될 것이다. 붉은악마는 청년문화의 열정과 내셔널리즘의 불안이 융합된 스펙터클로서 등장했다. 이후 그들은 도시 안에서 다양한 네트워크와 공동체를 이루면서 도시운동을 진행하고 있다. 하지만 그들의 도시적 실존은 압도하는 세계자본주의의 위협과 분자적 개인의 불안을 동시에 껴안고 있다. 특기할 만한 것은 SNS의 발달과 함께 이들이 기존과 다른 방식으로 연결하고 창출하는 기법을 터득하고 있다는 것이다. 유형무형의 다양한 가제트들이 이들의 삶을 감싸고 있다.

이러한 존재론적 조건 위에 이들은 도시 안의 주거공동체나 협동조합 등을 만들며 도시를 재점유하고 재전유하기 위해 노력하고 있다. 개개인이 겪고 있는 생존불안과 청년의 열정이 공동의 필요와 공동체적 욕구를 현실화하는 동인이다. 특이점이 형성되고 연결선들이 발생한다. 도시라는 거대기계체 위에 곰팡이가 피는 것과 같다. 이 점에서 이들은 생명적이다.

하지만 이들의 선배인 68세대의 세대적 한계, 즉 도시성의 범주를 뛰어넘지 못할 가능성도 많다. 치열한 담론을 생산했던 68세대도 결국 도시성을 뛰어넘을 수 없었기 때문이다. 그러므로 나는 그들의 세대 운동을 68 이후로 재설정할 필요가 있다고 생각한다. 도시성에 대한 근원적 질문으로부터 시작할 것을 권한다. 자본주의의 역사와 한국사의 흐름, 그리고 민중운동과 노동운동의 맥락과 한계도 명확히 인식할 필요가 있다.

시장은 무엇이든 빨아들이고 무엇이든 소화시킨다. 시장에서 태어난 아이들은 시장놀이를 한다. 하지만 시장의 소란이야말로 정적이라는 것을 누구나 직감하고 있다. 근원적 사유가 필요하다. (8/28/일)

# 여성은 상품이다

## 감각의 제국

여성은 상품이다. 물론 여성은 상품이 아니다. 다만 당신의 반발심을 자극하고 싶어 하는 말이다. 여성이 상품이라는 말을 모독으로 느끼기를 기대하고 하는 말이다. 극단적인 소비사회로 진입한 한국사회가 남성도 물론이지만 여성을 더욱 극단적으로 상품화하고 있기 때문이다.

지구상에 가장 유행에 민감하고 감각이 예민한 곳이 어디일까? 예상하다시피 한국이다. 얼마나 예민하냐면 우리의 신경이 터질 정도로 예민하다. 유행과 감각이 예민하다는 것은 주체가 자기 원리로 살아가기보다 외부, 즉 사회적 평가에 강박적으로 복종하며 사는 것을 의미한다. 유행과 감각의 과도한 예민함은 사회적으로 유포된 생존 불안과 왕따 불안과 맥락을 같이한다. 어디든 세속사회의 지배적 관습이 존재하는 것이야 당연한 일이지만, 생존 불안과 소비강박이 과도하게 지배하는 사회라면 그야말로 분열사회가 아니고 무엇이겠는가? 이러한 모순 속에 여성의 상품화가 더욱 강도 높게 진행되고 있다.

연달아 우리의 머리를 스치는 몇 가지 기사가 있다. 외국의 유명 패션회사나 화장품 회사는 물론 가전제품 회사들도 신상품을 개발해 상품화하기 전에 한국의 여성들을 대상으로 사전조사를 한 뒤 그것을 반영해 상품 생산을 한다는 것이다. 한국 여성소비자들이 신상품의 리트머스지가 된 셈이다. 한국여성은 유행에 민감할 뿐만 아니라 제품의 질을 꼼꼼히 따지는 깐깐함을 갖추고 있기 때문이라고 한다. 예민한 소비자라는 말이다.

그런가하면 한국은 세계 최고의 성형수술 공화국으로 알려져 있다. 많은 외국인들은 한국여성들이 거의 성형수술을 받는 걸로 알고 있다. 언론에서도 성형수술 병원의 수출과 성형수술 관광수입을 애국심과 뒤섞어 자랑스럽게 홍보한다. 아름답고 싶은 것이 여자의 본성이라지만 본말이 전도된 느낌을 지울 수 없다. 상황이 이러하니 한국 여자들의 미적 기준은 엄청 세밀하고 서열화되어 있다. 당연히 한국에서 여자로 살아간다는 것은 남녀 차별을 넘어 힘들고 스트레스 쌓이는 일이다.

### 인간상품의 생산

한국을 대표하는 K-POP의 걸그룹은 어떨까? 그들의 공연은 얼마나 섹시하고 화려한가? 그들의 미모, 화장, 패션 그리고 섹스어필을 극단적으로 추구하는 춤동작은 이미 세계 대중의 상업문화를 선도하고 있다. 그렇다. 한국의 걸그룹이야말로 한국의 화장품, 액세서리, 패션, 성형, 섹스어필의 첨단을 달리는 유행상품들이 결집된 결정판이다. 그들의 몸은 한국 소비사회와 상업문화의 결정체다. 이토록 예민하고 세련된 소비문화 풍토가 아니라면 K-POP 걸그룹 같은 것이 탄생할 수 있겠는가?

소위 잘 나가는 대형기획사 소속 걸그룹으로 데뷔하기 위해 초등학교 때부터 차근차근 수련을 받으며 십여 년을 준비한다는 사실이 알려지자 세계인들은 충격과 경악을 금치 못했다. 기업에 의해 인간이 제품처럼 생산되다니, 그야말로 개성을 말살하는 인권 유린 현장으로 보였다. 자본주의가 탄생하고 보편화시킨 생산을 위한 임노동제 기반의 산업자본주의를 떠나, 인간 자체를 총체적 상품으로 생산하는 새로운 유형의 소비자본주의 기업이 탄생한 것이다.

인간을 잘 팔리는 문화상품이 되도록 노골적으로 제조하는 것도 전율할 만한 사실이지만, 소비대중의 취향과 흐름을 완전히 분석하고 거기에 맞추어 총체적 소비상품을 구현한 문화상품의 영웅인 아이돌을 창출해 내는 것은 자본의 완벽한 승리를 보여준다. 이것이 소비시대의 신화다. 생산과 소비는 물론 무의식과 의식까지 모든 것을 통제할 수 있는 시스템이 작동하고 있다. 걸그룹은 꽃 중의 꽃이다. 정말 인간을 쥐어짜낼 만큼 다 짜낼 수 있는 나라이기에 가능한 일이다. 그러나 이러한 문화 안에 주체는 없다.

덕분에 한국의 대중음악 수준은 세계적 수준이 되었다. 아니 세계적으로 잘 팔리는 상품이 되었다—이쯤에서 문화라는 말을 떼자. 그러고 보면 이러한 쥐어짜내기를 통해 길러진 무수한 스포츠맨과 예술가들을 보유하고 있는 나라도 한국이 아닌가? 한국은 정말 자본의 신화와 주술에 사로잡혀 살아가는 나라가 되었다.


인간의 위기

아무튼 결과적으로—그렇다 결과적으로—이렇게 만들어진 아이돌 그룹의 중독성 있는 음악과 비주얼의 세련됨이 세계인을 사로잡았다. 그리고 우리는 곧 쾌락에 빠져 도덕적 질문을 망각하게 되었다. 요즘 텔레비전 브라운관을 장악해 버린 서바이벌 가요 프로그램들을 보라. 우리는 인간을 착취하며 생산한 자본의 문화상품에 매료되어 비인간적인 자본과 시스템에 면죄부를 주고 있다. 인간상품이 새로운 문화영웅으로 등극하고, 새로운 성공신화가 써지고 있다. 이제 더 이상 최적자 생존논리의 경쟁 시스템과, 인간과 삶의 상품화를 비판하는 사람이 없다. K-POP이 대세다. 자본의 생산공정과 유통 시스템이 인간 내면을 완전히 흡수했다.

조금 다른 이야기를 해보자. 그들의 공연은 유혹적이다. 팜므파탈의 수준이 아니다. 부위별 화장, 액세서리, 의상, 포즈 등 모두가 매혹 자체다. 섹시함은 단순한 섹시함을 벗어나 성적 도발과 자극으로 가득 채워진다. 그토록 깐깐하게 굴던 공연윤리심의회 같은 것이 한국에 언제 있었는가 싶은 생각이 들 정도다. 그런데 나는 매력 넘치는 그들을 보며 그들의 현란하고 자극적인 춤과 세련된 패션과 화장 속에 터질 듯한 신경의 긴장을 느낀다. 그들의 피부와 신경이 너무나 위태위태해 보인다. 곧 터질 듯한 비눗방울을 보는 것 같다. 수십 수백 가지 집적된 상품 속에 인간이 너무나 왜소해 보인다. 그들에게 주관이나 주체 따위를 기대하는 것을 포기한다. 물론 그러한 위험과 위태조차 소비대중에 대한 성적 자극으로 계산되었을지 모른다. 하지만 저런 시스템과 긴장감 속에 사람이 얼마나 견딜 수 있을까?

## 성정치와 감성분할

한편으로는 성이 이렇게 노골적으로 상품화되는 마당에 신석기 시대 이래의 유물인 성매매는 왜 합법화시키지 않는 것일까 의문이 든다. 사실 매매춘 행위야말로 가장 원초적이고 오랜 성 상품이 아닌가? 하지만 성매매 당사자에겐 상품이 아니라 인권과 직결되는 생계 차원의 문제다. 성상품화를 이 정도로 내면화한 사회에서 매매춘을 불법화해 그늘 시장에 묶어 둔다는 것은 그야말로 국가 권력이 성을 통치수단화하여 이원적으로 지배하는 정책에 지나지 않는다. 금지할 때 국가의 권능이 발휘되고, 금지에 의해 지배가 완성되기 때문이다.

어쨌든 소비자본주의 사회의 성 상품화는 노골적으로 진행된 것이며 그것을 막을 수단은 지금으로서는 별로 없어 보인다. 오직 인권 차원의 개입과 꾸준한 문제제기밖에 없는 것 같다.

그런데 이런 문제를 가장 잘 또 많이 영화로 다룬 감독이 있다. 바로 김기덕 감독이다. 김기덕 감독은 〈시간〉(2006)에서 성형수술로 파괴되는 주체의 문제를 거울 이미지와 분열자로 담아 냈다. 그는 영화에서 대상화되고 상품화된 성과 소외의 과정을 극한까지 밀어붙인다. 결국 영화 속 주인공은 자아 상실과 분열에 다다르게 된다. 이 영화도 그렇지만 그의 영화에 자주 등장하는 잔혹은 신경을 찢으며 마비된 감각을 자극한다. 그가 건들고 싶은 것은 일상화된 마비일 것이다. 마비는 인간의 마비로, 비인간적 사회의 구조를 이루고 있다. 그의 신경을 찢는 잔혹은 역설적으로 마비를 찢는다. 삶의 환기이자 욕구이며 자극이기도 하다.

한국사회를 마비사회로 부른다면 인간의 마비는 두 가지에서 비롯된다. 바로 파시즘적 국가와 자본이다. 국가와 자본의 파시즘적 지배에 의한 마비에 대한 폭로로 그는 자주 폭력을 사용한다. 그래서 그가 성과 폭력을 결부시킬 때 그것은 파시즘적 위계사회에 나타나는 사도마조히즘이 될 수밖에 없다. 그의 폭력이 자해와 테러를 왕복하고 있는 것은 이 때문이다. 일각의 페미니스트들은 그의 영화가 지나치게 여성의 역할을 고정하고 여성을 성적 대상화한다고 비판했지만 사실 그의 영화는 파시즘적 사도마조히즘의 맥락에서 해석될 때 제대로 이해될 수 있다. 이런 모든 맥락 안에서 〈시간〉은 성상품화를 내면화한 인간의 비극을 드러낸다.

성 상품화는 일종의 물신주의인 페티시즘을 유발한다. 즉 여성을 둘러싼 각종 화장품, 액세서리, 패션의류와 외모는 여성 자신을 스스로 상품으로 치장하여 점점 상품과 동일하게 만든다. 자본의 성상품들이 페티시즘을 극단으로 추구하도록 만들고 있다. 〈시간〉 속 여주인공의 위기가 바로 이러한 위기다. 상품에 의해 안도하고, 상품을 질투하고, 상품을 닮고자 욕구한다. 결국 김기덕의 영화 속 여주인공이 자신을 잃어버리는 것이야말로 상품의 완전한 승리가 아닌가.

이러한 상품의 내면화는 한국여성을 상품 수준에서 시기하고 질투하고 비교하는 일에 매달리게 한다. 과거 가부장제에 의해 조장된 성 착취는 현대에 자본의 노골적 성 상품화로 더욱 치밀하게 다듬어졌다. 성욕을 생산하고 그것이 성 상품들의 구매행위로 이어지도록 이끌고 있다. 우리의 공기는 어느새 성 상품으로 가득 찼다. 성적 자유는 물론 성 정체성까지 왜곡되고 있다. 여성의 실존이 위태롭다. 아니 여성은 자기가 자기를 소외시키고 상품으로 대상화한다는 점에서 유사 이래로 겪어 보지 못한 소외를 살고 있다.

성이 해방되었다고? 천만의 말씀이다. 성의 부분적 해방이 있었지만, 한편에서는 여전히 더 많이 억압하고, 다른 한편에서는 더 많이 왜곡하고, 노골적으로는 완전히 상품화하였다. 상품의 원리를 꿰뚫고 거스르지 않는다면 부위별 성형수술처럼 인간 자체의 상품화는 갈수록 심화될 것이다. 우리가 스스로 우리 모두를 고쳐 상품이 되고 말 것이다. 이것이야말로 인간에 대한 최대한의 모독이 아닌가? (8/31/월)

# 통일신라는 없었다

### 영남주의

나는 경주 남산을 좋아하고 『삼국유사』를 좋아하고 신라문화에 대한 무한한 애착을 갖고 있다. 하지만 경상도에 와 살면서 문득 내가 어떤 선입견에 사로잡혀 있었음을 실감하게 되었다. 영남인들의 지역에 대한 지나친 자부심을 접하며 반성을 모르는 자부심에 회의를 제기하고 싶은 생각이 강하게 들었다. 영남 보수의 지역주의야말로 극우 기독교와 극우 보수주의의 중심을 형성하며, 결국 극우 반공주의를 표방한 친일파와 내연관계를 맺고 있지 않은가? 민족통일을 반대하고 동북아 분열을 끊임없이 재생산하는 사유구조가 영남주의에 잠재해 있다는 생각이 들었다.

경북에 살며 대구를 중심으로 한 일베의 활동과 TK를 중심으로 한 박정희 숭배 등을 체감하고, 경남에 내려와 사는 동안 어쩌면 극우보수주의와 지역주의가 단순히 현대사의 문제가 아니라 먼 고대사부터 내려온 것일지도 모른다는 충격적인 자각을 하면서 경주와 신라문화도 다시 보게 되었다. 그것은 지금의 남북 분단 상황이 통일신라와 발해의 남북 분리 상황과 하나 다를 것이 없고, 그때나 지금이나 영남성이 막강한 영향력을 발휘하고 외세 의존적이라는 공통점을 갖고 있기 때문이다.

특정 지역을 타깃으로 지역주의를 부추기는 것이 얼마나 무책임하고 무모한지는 잘 안다. 하지만 맥락을 무시하고 반성이 부재한 역사의 세습이야말로 역사의 악몽이며 민족과 인류에게 불행이 된다는 것은 가까운 일본만 봐도 너무나 자명하다. 미국과 중국의 패권이 맞서는 21세기 헤게모니 전환기에 분단된 남북 상황과 분열된 한국 상황이 수천 년 지속되어 온 자승자박의 역사를 되풀이하고 있다는 느낌을 준다.

역사에 대한 반성과 지배권력에 대한 성찰을 위해 나는 영남주의에 대해 시비를 걸기로 했다.


## 통일신라의 기만

지금 국사 교과서의 국정화 논란을 일으키며 정부는 극우 보수주의를 국민에게 주입하려 하고 있다.

하지만 보자. 역사라는 게 얼마나 쉽게 조작할 수 있는 것인지. 통일신라를 생각해 보자. 통일신라시대라는 게 있었는가? 통일신라는 없었다. 통일신라라는 말을 받아들이는 순간 우리는 이미 반도와 남한 중심 사관에 갇히게 된다. 통일신라라는 말이 일제강점기에 만들어진 말임을 명심해야 한다. 그런데 아직도 우리가 통일신라라는 말을 쓴다는 것은 식민사관을 내면화했기 때문이다.

알다시피 신라가 합병한 지역은 기껏 해야 황해도까지였고, 옛 고구려의 영토 대부분은 발해로 계승되었다. 고려 이후 신라 중심의 사관을 받아들이면서 또 하나의 삶의 영토였던 만주는 영영 사라지게 되었다. 신라와 발해의 반목은 민족사의 비극이다. 실제로는 골 깊은 분단인데 그것을 통일신라로 표현한 것은 남한 중심의 신라주의에 지나지 않는다. 분단을 통일이라 바꾼 것은 '4대강 죽이기'를 '4대강 살리기'로 포장한 이명박 정권의 프레임 바꾸기 전략과 동일한 말장난이다. 하지만 치명적이다.

물론 신라인과 신라의 후손들은 고려와 조선에서도 지배권력을 유지하며 백제와 고구려를 멸망시킨 신라의 성공을 일관되게 찬양하였다. 하지만 그들도 신라가 세 나라를 하나의 나라로 만들었다고 미화했을지언정 통일신라라는 명칭을 쓰진 않았다. 일제에 의해 한국의 역사를 한반도로 축소하기 위한 왜곡이 영남주의와 만나 통일신라라는 말이 굳어지고 번창하게 된 것이다. 거기 발해는 없다. 통일신라라는 말이 발해를 타자화해 버렸다. 그런데 해방이 되고도 아직 통일신라라는 명칭을 쓰는 건 역사에 대한 무감각을 드러내는 것이다.

## 역사와 책임

좀 더 들어가 보자. 여기서 내가 지적하고 싶은 것은 남한이 일본과 북한과의 극복하기 어려운 원한감정을 갖게 된 배경이다. 알다시피 백제의 입장이나 고구려의 입장에서 남신라는 민족을 배신하고 조국을 멸망시킨 나라다.

백제는 고구려에게 빼앗긴 한강유역의 고토를 회복하기 위해 신라와 연합해 고토를 회복하지만 곧 신라의 배신으로 고토를 신라에게 빼앗기고 왕도 죽음을 당한다. 그로부터 백제와 신라는 이웃나라이면서 원한 감정을 점점 키우게 된다. 그러다가 신라가 당나라와 연합해 백제를 공격하여 멸망시키자 증오가 극에 달한다. 백제의 입장에서는 통일이 아니라 배신이며 침략이고 강탈이었다. 패망한 백제의 왕과 귀족들이 일본으로 망명하고, 그들이 일본에서 신라에 대한 복수의 칼을 갈게 된 것은 너무나 당연하다. 더구나 신라에 의해 멸망당한 가야계 망명 세력까지 있었다. 그들에게 신라는 신의를 저버린 이웃이고 민족의 배신자였다. 일찍이 신라에 의해 일본으로 쫓겨 간 왜와 가야 세력을 생각하면 백제 멸망 이후 한반도와 일본의 원한감정은 무엇보다도 신라에 책임이 큰 것으로 보인다. 하지만 신라세력은 반성하거나 화해의 노력을 기울여 본 적이 전혀 없다. 그 정도의 역사인식과 스케일을 가져보지 못했다.

대신 강대국인 중국을 섬기게 되었다. 중국은 이제이이(以夷制夷)의 든든한 우군을 거느리게 되었다. 이후 1500년 동안 한반도의 역사는 신라가 구축해 놓은 동북아 구도에서 한 번도 벗어나지 못했다. 즉 중국과는 종속적 관계를 유지하고 일본과 만주 등 주변의 이웃 민족과는 대척하는 관계이다. 기마민족의 특성을 완전히 버리고 농경민족으로 적응한 탓으로도 볼 수 있지만, 문화적 폐쇄성이 강화될수록 배타적민족주의가 강화되고, 국가와 민족은 약화될 수밖에 없었다.

고구려는 어떤가? 고구려는 나당연합군에 당한 뒤 백제처럼 지배계급이 대거 이주할 곳이 없었다. 오히려 반란을 방지하기 위해 4만여 호가 중앙아시아로 강제 이주 당한다. 4만 호면 가구당 5명씩 계산해도 20만 명이다. 최소 10만에서 30만 명이 이주한 것으로 추정된다. 그 때문인지 히말라야나 라오스 등의 소수부족 가운데 우리와 언어와 문화가 흡사한 부족이 보고되곤 한다. 하지만 고구려가 멸망한 지 30년도 안 되어 고구려의 옛 땅에서 고구려 유민과 말갈족은 힘을 합해 발해를 세우게 된다. 이들이 남신라와 반목했던 것은 남신라 자체의 발해에 대한 적대 정책 때문이기도 했지만, 신라가 고국을 멸망시키고 민족을 배반한 원수의 나라였기 때문이다. 남신라는 도무지 동족과 이웃국가에 대한 화친의 마음이 없었다. 역사문제를 풀 마음이 부재했다.

하지만 중국의 입장에서는 남신라 덕분으로 이제 동북아의 여러 세력을 통제할 수 있는 더할 나위 없이 좋은 체제가 되었다. 동이 계열의 민족이 이제 한반도와 만주와 일본의 세 나라로 갈라져 서로 원수지간으로 반목하면서 중국과만 각각 일대일로 상대를 하게 되니 조공관계에 의한 동북아 제국 시스템이 안정적으로 구축되었다. 중국의 이이제이(以夷制夷)라는 변방족 통치정책이 동이 계열 민족의 내면에 뿌리 깊게 정착된 것은 단연코 신라의 '공'이다.

이로써 여러 유목민의 연합국이었던 한(韓)의 세력은 특히 동북아에서 셋으로 갈라져 그 반목이 영구 고착화되었다.

남신라가 정말 통일을 열망했다면 이러한 원한을 풀기 위한 노력을 계속 기울여야 했지만 불행하게도 그런 일은 일어나지 않았다. 이후 이를 계승한 고려와 조선이 남신라를 정통으로 한 사관을 계승하고 내면화하며 만주와 일본에 있는 동족의 국가들을 야만과 원수로 바라본 일은 지금 우리가 가진 '한국'이라는 이름과는 참으로 어울리지 않는 태도이다. 덕분에 반도국은 철저히 중국에 종속되는 사대주의 국가로 전락하였고, 남쪽의 일본과 북쪽의 만주족은 철저히 왜놈, 오랑캐로 천시하여 멀어지게 하였다. 그 결과 조선은 중국에 대한 사대에만 매몰되고 세계사적 감각을 완전히 상실하여 야만족이라며 천시하던 일본과 청나라로부터 침공을 당하게 된다.

역사적 과오는 애초 남신라에 더 많았던 것이다. 남신라는 역사적으로 동북아시아 절반에 원한을 키운 장본인이기 때문에 먼저 반성하고 사죄하고 진짜 통일을 위해 노력해야 할 책임이 있었지만 그것을 완전히 외면했다.

### 역사세습

하지만 어떤가? 고구려와 백제의 역사책과 유물은 철저히 파괴하고, 우리에게 남은 것이라고는 신라의 후손들이 그들의 역사를 미화하기 위해 쓴 『삼국사기』와 『삼국유사』가 있을 뿐이다. 이로 인해 남신라에 대한 신화와 역사가 완벽히 만들어지게 되었다. 신라의 백제와 고구려 침공이 외세와 연합한 침략전쟁이고 철저한 파괴와 동족상잔의 비극이었기 때문에 삼국의 역사는 애초 정당하거나 화해롭게 기록될 수 없었다. 일방적으로 기술되고 왜곡되었다. 동북아는 신라에서 비롯된 1500년 원한과 증오를 세습하고 있다.

일본의 반성을 촉구하는 것도 중요하겠지만, 우리도 일본과 만주에 대한 남신라의 사죄와, 베트남에 대한 한국의 사죄가 있었는지 반성해야 한다.

우리가 진짜 한국이라는 이름을 떳떳하게 쓰려면 타자도 대등하게 하나로 포용할 수 있어야 한다. 하지만 우리는 아직도 우리의 과오를 정당화하고 미화하기 바쁘다. 이웃을 야만시하고 타자화했기 때문에 스스로 타자화될 수밖에 없었던 업보를 계승하고 있다.

역사에 대한 반성과 성찰 없이 한국은 통일신라와 마찬가지로 외세 의존적인 역사에서 벗어날 수 없다. 그것의 핵심인 영남은 더욱 더 그렇다. 하지만 보라. 아직도 성씨의 고향이라며 신라의 유산을 종교적 성씨 숭배로 계승해 고수하고 있다.

통일신라는 없었다. (10/12/월)

# 영남지역주의에 대한 고찰

## 45%의 맹종

일본에서는 헌법 9조를 어기고 유사시 해외 파병을 가능케 하는 안보법이 통과되고, 한국에서는 박근혜 대통령의 의지로 국사 과목의 국정교과서 체제로의 전환을 시도하고 있다. 이러한 역사 회귀에 대해 반대여론이 압도적일 줄 알았더니 국민의 45% 이상이나 찬성하여 찬성과 반대의 비율이 비슷하다는 결과가 발표되어 다시 놀랐다. 세월호든 메르스든 어떠한 사태가 와도 박정희의 딸인 박근혜 대통령의 절대지지층 35%는 불변했다. 최악의 사태에도 변함없는 지지를 보며 박근혜 대통령은 자신감을 갖고 점점 오만해지기 시작했다.

결국 아버지의 명예를 높이고 자신의 퇴임 후까지 정치적 영향력을 유지하려는 욕심을 드러냈다. 아버지의 공안통치를 모방하기 시작했다. 정기적으로 빨갱이 담론을 꺼내 야당과 국민을 길들이고, 극우 보수를 결집시키는 것이다. 새누리당 내에서도 비박 계열 안에 소위 합리적 보수진영이 있지만 박근혜 대통령에 대한 절대지지층이 확실한 이상, 개선 없는 회귀 곧 극우 보수 노선에 대한 절대복종 체제로 일관하고 있다.

세월호와 메르스의 위기에도 변치 않는 절대지지층에 자신감을 회복한 대통령은 이제 국정원 공작을 동원하지 않아도 빨갱이 콤플렉스를 자극해 보수결집을 유도하고 정권 연장을 할 수 있다고 확신하는 것 같다. 하지만 그것이 동족에 대한 원한과 증오를 영구화하여 반통일을 고착화하고 패망을 자초하는 길이라는 것을 모르고 있다. 그녀에게는 조선일보 류의 주류언론과 어버이연합과 극우 기독교, 그리고 일간베스트와 같은 자발적 행동대원들도 있다. 그리고 TK를 중심으로 한 영남 지역주의와 파시즘적 박정희 숭배에 빠진 노년층이 있다.

며칠 전엔 검인정 제도하의 국사 교과서가 주체사상을 가르친다는 새누리당의 플래카드가 걸리고, '빨갱이 교과서'라는 자극적 선동이 들리고, 어버이연합 노인들은 야당의 국정교과서 반대 서명운동 현장에 나타나 난동까지 벌였다. 여전히 박근혜를 중심으로 한 극우보수의 정권연장 기도노력에 호응하는 45%의 맹목적 국민을 보면서, 조디 포스터가 주연으로 나온 영화〈양들의 침묵〉이 떠올랐다. 유년기의 성폭력에 대한 트라우마에 고통 받으며 트라우마가 떠오를 때마다 사유와 감정이 마비된 채 발작적으로 반응하는 주인공의 모습과 한국인들은 너무나 닮아 있다. 극우 기득권 세력은 보수 결집에 의한 정권유지에 혈안이 되어, 트라우마를 치유할 생각은커녕 그것을 지속적으로 관리하고 자극해 이용할 생각만 하고 있다. 이산가족이고, 위안부 할머니고, 통일이고, 전쟁이고 그들에겐 상관없다. 우리에게 전쟁과 몰락이라는 끔찍한 21세기를 남기려고 한다.

## 영남주의의 탄생

영남에 살면서 영남의 지역주의가 극우보수주의에 의해 이용당하면서 반통일·반민족의 길로 내달리는 상황에 우려와 위기의식을 느끼며 나는 영남주의의 역사적 과정을 되짚어보고 성찰할 필요가 있다고 생각하게 되었다. 더구나 TK를 중심으로 한 영남 지역주의는 역사적으로 꾸준히 착취당하고 손해 입은 호남의 지역주의와는 비교할 수 없는 기득권적 가해자적 지역주의 모습을 보여주는 데 문제의 심각성이 있다. 이러한 공기 속에서 대구 일베는 성장하였고, 어버이연합이 등장하였다.

어차피 영남의 유구한 역사는 소위 남신라의 반민족적 '통일'에서 비롯되었다고 '통일신라는 없었다'는 글에서 언급한 바 있다. 말이 통일이지 그것은 민족에 대한 학살과 분열의 시작을 의미했다. 처음에는 왜와 가야의 망명 세력이 일본으로 가고, 다음으로 백제의 망명 세력이 일본으로 가고, 10~30만에 이르는 고구려 유민이 중앙아시아로 강제 이주 당해야 했다. 이후 신라의 뒤를 이은 고려와 조선은 만주를 중심으로 한 동이 계열의 민족국가와 일본을 완전히 이민족시하고 적대하여 반목과 분열을 영구화하였다. 김춘추는 신라만의 입장에서 볼 때 영웅이지만 동북아 동이민족을 영구히 분열시키고 전쟁상태로 빠뜨린 장본인이 된다.

지금까지 언급한 말들의 맥락 위에서, 고려시대에 집필된 『삼국사기』와 『삼국유사』의 역사서들은 영남을 중심으로 한 '반도사관'과 이데올로기를 드러내게 된다. 그 뒤 지금과 같은 영남 지역주의가 민족분열과 반통일의 극우 보수의 인큐베이터가 된 과정은 더욱 처절한 내분의 양상을 보이는 전례가 된다. 영남학파를 개창한 퇴계 이황과 임진왜란으로부터 시작된 조선 350년의 비극이 있고, 다음으로 일제 36년, 동족상잔 8년, 군부독재 37년의 역사가 있었다. 이황부터 시작하는 16~19세기 조선 350년을 압축해서 전근대(전통)기로 이름하고, 그 뒤에 오는 일제 36년부터 근대 독재 37년까지의 20세기를 근대로 이름하자.

조선왕조의 신비는 임진왜란 때 망해야 할 왕조가 망하지 않고 300년을 더 지속했다는 점이다. 이 점은 세계사에서 유래가 없는 미스테리다. 또한 이 점이 한국사의 가장 큰 비극이다. 정치적 에너지를 철저히 내적 권력 싸움에 소모하며 반도 민족은 내부 반목의 트라우마를 쌓아 갔다. 임진왜란, 병자호란, 수많은 사화와 당쟁, 세도정치와 집권층 부패, 민란, 동학농민혁명에 이르기까지 조선왕조는 응당 망해야 할 나라가 망하지 않으며 책임지지 않는 권력의 부패를 전형적으로 보여주었다. 왜 임진과 병자의 난리를 겪고도 왕조가 망하지 않았을까? 신비롭다. 어떻게 그럴 수 있었을까?

## 조선의 불행

조선이라는 나라의 특성을 살펴보자. 조선은 세계 최고의 이상국가다. 성리학적 이데올로기로 무장하고 문치 · 덕치의 체제를 만들려 노력하였다. 정치적으로 보면 중앙집권에 의한 관료제 사회였다. 왕의 전제 권력의 횡포를 막기 위해 삼사제도를 두고 권력에 대한 견제와 균형을 도모했으며, 경연을 통해 지도자의 도덕적 · 정치적 자질을 높이려 노력했다. 관료들은 과거제도를 통해 실력 있는 인재를 등용하려 하였다. 이렇게 해서 등장한 신진사대부들이 과거의 토호세력들을 대신해 새로운 국가를 만들어나갔다.

학문 면에서도 서경덕, 이황, 이이, 조식 등의 뛰어난 학자들이 잇달아 나왔다. 이런 훌륭한 학자들을 중심으로 학파가 형성되고 서원이 발달하게 되었다. 특히 서원의 보급과 발달에 끼친 이황의 영향은 엄청났다. 전국적인 인문 운동이 일었다. 영조 때에는 1000개의 서원이 있었을 정도다. 하지만 모든 것에는 빛과 그늘이 있다.

이제 그늘을 보자. 성리학이라는 학문과 과거제도라는 관료 선발 제도, 그리고 고등교육기관인 서원의 일반화는 바로 퇴계 사후 부작용을 드러내기 시작해, 조선을 뼛속부터 곪게 만들었다. 왜냐하면 지금 우리가 이해하고 있는 한국사회의 병폐, 즉 혈연, 지연, 학연의 폐해가 이때부터 고착화되기 시작했기 때문이다. 현대 한국사회의 적폐는 실상 임진왜란 직전부터 노골적으로 드러나기 시작한 중앙집권적 관료제도를 뒷받침하는 성리학-과거시험-서원의 체제에 연관되어 있다. 지금도 우리는 명문고와 명문대를 거쳐 사시 등 각종 시험을 통해 관료가 되고자 한다. 관료제도와 교육제도에 바탕을 둔 혈연-지연-학연의 카르텔은 지금까지도 그대로 존속하고 있다. 소위 영남 TK가 완성되기까지 이러한 맥락이 있었다. 멀리는 신라가 씨앗을 뿌리고, 퇴계라는 걸출한 인물이 등장하면서 전형이 창출되고, 이후 서원 중심의 산림정치와 관료정치가 고정화되면서 당파싸움으로 국가의 에너지가 소진되고, 임진왜란과 병자호란을 겪게 된다.

하지만 왕과 집권자 누구도 전쟁에 대한 책임을 지지 않았다. 그렇다. 5% 집권층 모두가 연루된 탓에 아무도 책임을 지지 않았다. 오히려 민생과 국가의 미래가 아니라 예송논쟁 같은 시시콜콜한 공론을 일삼으며 권력투쟁을 위한 당쟁 자체가 정치행위가 되어 버렸다. 노골적으로 표방했던 사대 근린외교는 결국 소중화주의로 정점을 찍고, 주체성을 완전히 상실하고 중화민족에 대한 숭배와 자기 민족의 비하와 이웃 민족에 대한 차별의식을 영구 고착화하게 되었다. 거듭 전쟁이 벌어지고 거듭 당쟁이 되풀이되지만 세계에서 가장 튼튼하게 짜여졌던 중앙집권적 관료제도와 위계사회 피라미드는 견고했다. 성리학-과거시험-서원은 혈연-지연-학연으로 일체화된 토호세력을 점점 강화하게 되었다. 결국 19세기 안동김씨, 풍양조씨로 대표되는 영남 세도가문의 세도정치에 이르면 이러한 모든 모순과 부정성이 폭발하여 패망으로 치닫게 된다.

물론 영남의 책임만은 아니다. 분명 임진왜란의 책임에는 동인과 서인의 붕당 상황 자체에 문제가 있었다. 하지만 전쟁을 미리부터 경고하고 준비한 이이를 따르는 서인에 비하면 이들과 대립하며 조선의 패배를 자초한 퇴계의 영남학파인 동인의 책임이 컸다. 물론 인조반정기에 이르면 더 이상 영남과 기호, 즉 동인과 서인을 나누는 것이 무의미할 정도로 서인도 현실감각을 상실한 무리가 되었고, 현실감각이 있었던 광해군과 북인의 권력을 찬탈하여 다시 병자호란과 정유재란을 자초하게 된다. 역시 책임은 누구도 지지 않았다. 사대주의에 빠져 일본과 만주의 형제국가를 천시하고 성리학적 도그마와 공리공론에만 빠져 현실감각을 상실해 연달아 나라를 전란에 휩싸이게 한 것 자체만으로 조선은 열두 번도 더 망해야 할 나라였다. 하지만 건재했다. 오히려 효종은 남한 독재정부의 빨갱이 몰이처럼 청에 대한 적개심으로 내부 결집을 이룰 수 있었다.

임진과 병자를 겪으면서도 백성들이 혁명을 일으키지 못한 것은 그만큼 중앙집권적 관료제도와 지방의 성리학-과거시험-서원의 닫힌 고리 안에 모든 것이 갇혀 어떤 건강한 싹도 자랄 수 없을 만큼 조선이 폐쇄적으로 변한 탓이다. 성리학은 결국 중세의 종교처럼 개인을 검열하고 마녀재판으로 이단을 정리해 나갔다. 이렇게 조선은 자기를 가두고 자기의 무덤을 팠다.

### 영남주의의 변화

물론 퇴계의 인품과 학문은 동방의 주자로 부를 만큼 훌륭한 것이었다. 하지만 그로부터 성립된 영남학파가 학연-지연-혈연에 근거한 파당의 온상이 되고 당쟁에 의한 권력투쟁에 전념하면서 조선은 당리당략에 따른 대의명분만 횡행하는 나라가 되었다. 끔찍한 일이다. 정권 유지에만 매몰되어 역사의 격변기에 전혀 적응하지 못하고 오히려 내부 학살과 분열만 초래했다.

우리가 임진과 병자에 대한 책임을 묻고 혁명을 통해 역사를 청산할 수 있었더라면 우리 민족에게 이토록 강한 한과 분열증적 심리가 나타나지 않았을 것이다. 백의종군해 나라를 구한 이순신이 죽고, 백성과 나라를 패망에 이르게 한 선조와 집권층이 건재했던 것이야말로 대한민국을 지배한 친일파와 함께 우리 민족을 분열증에 빠지게 한 요인이다.

이와 비슷한 상황은 6·25 때도, 세월호 때도, 지금도 되풀이해서 일어나고 있다. 책임 있는 자들의 무책임함이 반도를 분열에 빠뜨렸다.

조선의 자랑스런 서원교육과 과거제도에 의한 관료제도가 오히려 사회를 경직되게 만들었다. 시작은 거창했으나 끝은 졸렬했다. 인조반정과 병자호란 이후 한계에 도달한 성리학은 대체되거나 폐기되어야 했지만 집권층의 성리학 고수는 조선의 현실을 비극으로 몰아넣었다. 역사가 더 이상 교훈이 되지 못했다. 조선은 벌써 임진왜란 직후부터 헬조선이었지만 이후 300년을 지속했다. 반목과 분열을 키우면서. 그렇게 우리는 무능하고 부패한 양반의 나라를 살았다. 어느 가문의 핏줄을 받고 무슨 학파(당파)에 속하는지가 중요했다. 백성과 나라는 실종되었다. 일제 강점기도 6·25도.

퇴계의 유산이 과연 얼마나 귀중한지 회의가 든다. 전통과 가문의 고향 영남의 유림들은 공보다 과가 많다. 그들은 언제나 중세적 도그마에 빠져 이단론에 민감했고 중세 마녀재판에 거듭 빠져들곤 했다. 수운 최제우 같은 이가 성리학을 뛰어넘을 수 있는 동학을 개창하자마자 '불온'(좌도난정)시되어 처형당한 것도 결국 퇴계로부터 이어진 영남 유림 때문이었다.

일찍이 선조 때부터 반란 등의 지목을 받게 되면 연좌에 의해 3족을 멸하는 형벌을 받기 일쑤였다. 절대권력 앞에 자기 검열은 필수였다. 조선의 학문이 기억에 남을 만큼 독창적인 것을 남기지 못한 것도 결국 도그마화한 성리학의 억압 때문이다. 조선 최고의 학자로 숭앙받는 퇴계는 주자를 구현했을지언정 극복한 사람은 아니다. 그의 인격과 도학자적 삶은 존경받을 만하지만 그의 이상주의는 조선 유학을 더욱 경직되게 만들었다.

물론 영남도 조식을 따르던 북인들은 의병장으로 대단한 활약을 펼쳤다. 일제강점기에는 이회영 가문처럼 독립운동을 하기 위해 모든 기득권을 포기한 유림도 있었다. 그들은 분명 사회적 책임을 다했다. 이러한 전통 또한 있었기에 일제강점기에 영남에서 유독 사회주의자와 아나키스트들이 많았다.

## 현대

하지만 이렇게 열정적이고 시대와 역사에 투신할 줄 알았던 건강한 영남인이 일제강점기를 이은 6 · 25 동족상잔의 비극을 거치면서 제거되고, 현실과 타협하고 굴종하며 살아남은 자들이 전통의 계승자를 자처하게 되었다. 작금의 영남 유림이 과연 올곧은 선비의 모습을 계승하고 있는지 아니면 조선의 폐습적 가치와 사유의 능력을 되풀이하고 있는지 자문할 필요가 있다.

더구나 근대 이승만의 친일파 정부와 박정희와 전두환의 영남군벌 독재를 겪으며 영남주의는 사유를 상실한 채 레드콤플렉스의 마니교적 이분법과 적대로 왜곡되었다.

18~19세기 세도정치와 삼정의 문란, 일제강점기, 그리고 6 · 25를 겪으며 극한의 생존조건에서 살아남는 것을 유일의 과제로 여겼던 민족에게 보릿고개를 극복한 근대화 신화는 모든 과오를 은폐하고 친일파와 영남 중심의 군부독재를 예찬케 하는 근거가 되었다. 이것은 분열증적이다. 동족상잔의 비극을 체험하고 그 트라우마 속에 평생을 살아온 이들에게 독재정부가 지속적으로 반민족적 증오심을 주입하고 권력 강화의 수단으로 이용했다는 것을 통찰해야 한다. 그래서 더 TK를 중심으로 한 영남은 극우 보수의 선동에 노출되어 있다.

이대로 계속 가서는 전쟁과 몰락 외에 길이 남아 있지 않다. 우리는 아직 조선을 탈피하지 못하고 있다. 혈연-지연-학연의 바탕 위에 짜여진 중앙집권적 관료제 속에서 권력 유지에 혈안이 된 자들에게 계속 농락당한다면 임진과 병자, 그리고 국권상실, 동족상잔이 결코 역사적 과거가 아니라 현재진행형이 될 것이다. (10/16/금)

# 조선과 교육 그리고 빨갱이

## 조선

조선이 500년이나 버틴 이유와 주변정세 변화에 취약했던 이유를 좀 더 따져보자.

조선은 지구상에서 희귀할 정도로 견고한 정체성을 형성한 국가임에 틀림없다. 왕을 중심으로 한 중앙집권적 관료제 사회였다. 서양이 중앙집권적 관료제와 학교교육을 통해 근대국가로 도약하게 되는 과정과 비교해도, 조선은 분명 동시대 그 어느 나라보다 정교한 정체와 교육제도를 갖춘 지식 중심 사회임에 틀림없다. 교육과 관료제도가 과거시험을 통해서 매우 긴밀하게 연결되어 있었다. 공부는 백성은 물론 관료와 왕까지 해야 하는 것이었다. 지방의 서원과 향교는 관리가 되기 위한 시험준비 기관이자 여론을 형성하는 역할도 하였다. 왕도 경연을 통해 공부를 게을리 할 수 없었다. 그렇게 선발된 관료가 서울에서 각 지방으로 다시 파견되어 중앙집권적 지배를 성공적으로 이끌었다. 퇴계는 유교적 이상국가를 꿈꾸며 서원운동에 앞장섰다.

하지만 이처럼 완벽한 유기적 국가 시스템을 개발한 조선이 오히려 경화되고 내분에 휩싸이고 꼼짝달싹 할 수 없는 피라미드 사회가 되었다는 것은 아이러니다.

## 힘과 도구

생명의 이야기로 돌아와 보자. 모든 생명은 힘(가능성)을 가지고 있다. 그리고 힘을 발휘(실현)함으로써 살아간다. 그것이 삶이다. 삶이 함이다. 삶의 노력은 스피노자 식의 힘씀(코나투스)이며, 니체 식의 힘에의 의지다. 힘은 생명이 자기를 환경 안에서 드러내고 지속하기 위해 하는 모든 노력이다.

그런데 인간은 힘을 잘 발휘하기 위해 도구를 사용한다. 도구적 인간이라고 하지 않는가? 도구는 우선 1차적으로 물리적 도구가 있다. 몽둥이, 도끼, 톱, 숟가락, 옷, 자전거 등이 모두 1차적 도구, 물리적 도구들이다. 맥루한은 인쇄술이나 텔레비전 등 다양한 매체인 미디어를 감각과 능력을 확장시켜준, 폭넓은 의미에서의 도구라 불렀다. 이러한 도구들이 힘을 배가시켜준다. 인간 역량을 강화해 준다. 당장 원자력과 원자폭탄을 생각해 보라. 과학과 기술을 통해 인간은 엄청난 파괴력을 가진 존재가 되었다.

인간은 이렇게 다양한 물리적 도구를 활용함으로써 환경 안에서 지금의 위치를 확보할 수 있었다. 하지만 힘의 차이가 점차 위계와 지배를 낳게 되었다.

인간은 필멸의 존재다. 물리적 쇠퇴, 즉 노쇠를 피할 수 없다. 때문에 인간은 2차적으로 비가시적 도구, 즉 제도(시스템)을 발명해 작동시킨다. 물론 제도도 역량을 동원하고 작동시킨다. 하지만 제도는 개체의 한계를 벗어나 영속을 보장케 한다. 각종 제도가 추상적 도구로서 등장한다. 신분제도, 위계제도, 입시제도, 문화, 관습, 종교, 지식, 언어, 교통, 스포츠 등을 통해 힘은 영속성을 갖게 된다. 사회적이고 문화적인 동물인 인간은 물리적 도구보다 추상적 도구를 점점 중시하게 된다. 각종 신분제도와 관습, 국가 등을 만들어가는 이유도 결국 자동 시스템을 만들어 위계―위계야말로 힘의 영속성을 보장한다―를 유지하려는 것이다.

우리가 문화라고 부르는 모든 것, 즉 가시적이거나 비가시적인 것 모두는 이러한 힘의 발휘와 지속을 목적으로 한다. 그런 점에서 나는 인간 또한 자연의 본성에서 벗어날 수 없다고 생각한다. 힘의 발휘와 지속을 중요한 본능의 소산이라고 인정하지만, 도구의 한계를 극복하기 위해 평화롭고 조화로운 방식을 고민해야 한다.

## 국가유기체

국가 유기체설은 권력 주체가 사회를 통해 힘을 보존하려는 욕망을 반영한다. 동서양을 막론하고 고대에는 국가를 신분제에 기반한 유기체로 묘사하였다. 지금도 국가를 하나의 유기체로 사유하는 사람들이 많다.

인도문명에서는 인간을 브라만, 크샤트리아, 바이샤, 수드라의 네 계급으로 구분하고 각 계급에 맞는 역할을 정했다. 플라톤은 이상국가에서 인민을 통치자와 전사와 평민으로 나누고 그들을 각각 머리 몸 다리에 비유하였다. 공자를 중심으로 한 유교는 임금과 신하와 백성의 위계와 역할을 정명사상을 통해 강조하였다. 이들 동서 문명 국가관의 공통점을 보면 유기체인 신체를 모델로 하고 있다.

전체의 건강을 위해 부분은 부분의 역할을 충실히 담당해야 한다. 그러고 보면 현대 기업에 이르기까지 많은 조직이 이러한 모델을 반영하고 있다. 즉 사회체는 인체를 모델로 하고, 인간은 사회체를 위해 복종할 것을 요구받는다. 하지만 여기에는 권력의 지배 욕망이 생생하게 작동한다. 바로 머리는 하나고 머리의 지시를 받아 수족이 움직인다는 가정이다. 그런 점에서 민족국가라는 레비아탄 모델은 근대의 발명품이 아니라 국가가 등장하면서부터 사유되어 온 것이다. 사실 국가의 인체 모델이라는 것도 엄밀한 의미로 보면 권력기계인 로봇 모델에 불과하다. 민주국가와 관료제라고 예외일까? 예외가 될 수 없다. 국가는 영구한 권력 기계일 뿐이다.

국가 시스템을 지배하는 힘은 명령을 내리는 머리에 있다. 머리의 모양에 따라 아리스토텔레스는 정체를 권력의 주체를 중심으로 왕의 전제정치, 귀족의 과두정치, 시민의 민주정치, 선동가의 참주정치로 나누었다. 이러한 정체들은 권력이 변화하고 이동하는 양상에 따라 변화할 여지를 안고 있다. 하지만 더 중요한 것은 권력의 주도권 변화에도 불구하고 거대국가체의 항상성을 유지할 수 있게 하는, 즉 국가 자체의 힘을 유지할 시스템을 만드는 것이 권력의 주된 관심이다.

그래서 거대국가와 근대국가는 하나같이 국토와 인민을 효율적으로 관리하고 통치하는 시스템을 만들었다. 관료제다. 관료제는 물리적 폭력으로 통치하는 군대와 비교하면 완곡한 통치 방법이다. 더불어 관료 선발에 중요한 것이 사고방식, 곧 이데올로기였다. 자신의 이데올로기를 만들기 전까지 국가는 종교를 통해 사회를 통합하고 지배하려 했다. 종교야말로 내면으로부터 자발적으로 복종케 하는 이데올로기이기 때문이다.

## 관료제

관료제는 국가가 자신의 힘을 국토 내지 국민에 직접적으로 발휘하기 위해 구축한 통치 시스템이다. 종교는 국가에 소속된 인민의 세계관을 통일하고 유지하는 기능을 한다. 기독교, 불교, 유교, 브라만교 등이 모두 이에 해당한다. 교육은 기본적으로 국가와 종교 사이에 위치한다. 교육은 종교적이고 국가적이다. 교육적 방식이 세련되게 다듬어지고 정착되면서 종교와 국가의 융합이 완성된다.

국가는 고대국가 단계부터 국가 이데올로기를 종교에 의존했다. 하지만 근대국가 단계가 되면 국가주의 이념 체계를 내면화하는 교육에 의존하게 된다. 교육을 통해 국가이데올로기를 주입하고 복종적 인민을 주조할 수 있게 된다. 이 과정에서 교육을 담당한 학교와 시험을 통한 관료제의 결합은 국가의 최고 발명품이다. 지식인은 물론 평민에 이르기까지 지식에 의한 자발적 복종이 깊이 내면화되기 때문이다.

시험을 위해서는 국가가 제시하는 지식체계의 정답을 습득해야 한다. 그이야기는 정답 외의 지식은 무의미하거나 오답이 된다는 말이기도 하다. 요즘 정부가 국사과를 국정교과서 체제로 돌리려는 이유도 이런 까닭이다.

지식의 독점에 의해 통치는 완성된다. 중세의 신학이 그랬던 것처럼 조선시대에는 성리학이 그랬다. 따라서 국가 이데올로기에는 은연중 마니교적 선악이분법이 개입되기 마련이다. 결국 국가 이데올로기에 의해 길러진 국민은 자신이 권력에 자발적으로 복종한다는 사실을 모르는 채 복종하게 된다. 교회와 학교, 또 텔레비전도 같은 기능을 수행한다.

인민은 관료가 되기 위해 경쟁하여 국가의 통치기계에 참여한다. 권력의 수족이 되는 것이다. 이렇게 함으로써 국가가 개인들의 권력욕을 관료제라는 위계 안에 흡수하고 그들을 이용해 인민을 순기능적으로 통치하게 된다. 즉 국가는 교육과 시험제도를 통해 영원히 인민을 국민으로 주조하고 국가 내 존재로 한정시키는 권력을 행사하게 된다. 때문에 국가에 대항할 사유와 힘이 국민 안에서 발생할 가능성은 적어지게 되고 국민은 순기능적 인간이 된다. 국가는 인민의 자기 정치력을 거세하고 관료제라는 위계질서 안에서 위계권력을 행사할 힘을 특권적으로 분배한다. 이것이 근대국가기계의 작동 원리다.

이러한 위계조직들은 근본적으로 국가의 노골적 폭력기계인 군대와 차이가 없다. 관공서나 기업, 학교 등도 이러한 군대의 위계조직을 원형으로 가지고 있다. 인민은 '미디어가 메시지'라는 맥루한의 지적처럼 형식 자체가 권력지배 관철이라는 것을 눈치 채지 못한다. 미디어는 권력을 은폐하며 동시에 드러내며 작동한다. 우리는 한 번도 카스트에서 벗어난 적이 없다. 존재 자체가 위계적이라는 것도 자각하고 있지 못하다.

## 조선

조선이라는 나라가 그토록 오래 유지될 수 있었던 이유는 학교와 관료제의 완벽한 결합에서 찾아야 할 것이다. 바로 향교와 서원이라는 교육제도와 과거시험에 의한 관료제다. 최고의 관념철학과 수양론을 가진 성리학 교리의 절대적(종교적) 내면화와 시험이라는 선발제도, 관료라는 위계 성취에 의해 조선사회는 유지되었다. 시대가 변함에 따라 농경사회의 지역적 토착성이 서원과 강하게 결부되면서 혈연-지연-학연 복합체의 당파가 형성되어 조선왕조를 화려하게 장식한 당쟁사가 펼쳐지고 지역주의가 강해지기 시작했다.

왕조의 정권 유지 차원에서 보면 관료가 되기 위한 경쟁과 관료의 위계를 다툰 당쟁이 오히려 체제 유지에 순기능적이었음을 발견하게 된다. 성리학도 훌륭한 학문이고, 서원이라는 교육제도도 훌륭한 제도이다. 과거제도도 기회 균등과 능력 중심의 임용이라는 점에서 탁월하다. 하지만 성리학(종교)-서원(학교)-과거제도(관료제)의 결합은 시간의 흐름에 따라 순기능보다 역기능을 더 드러내기 시작했다. 아무리 사표가 될 만한 선비가 나와도 시스템과 이데올로기의 구속을 뛰어넘는 것이 불가능했다.

동학농민혁명의 비극적 결말을 떠올려보자. 토벌대를 조직해 일본군과 협력해 혁명군을 토벌한 당시 유림들의 한계는 너무나 명확하다. 『백범일지』에는 황해도 해주에서 동학군의 대장이었던 상민청년 백범과 백범이 이끌던 혁명군을 토벌하기 위한 토벌대 선봉에 선 양반소년 안중근의 일화가 나온다. 동학군은 곳곳에서 일본군과 연합한 유림들의 토벌대에 의해 괴멸되었다. 성리학으로 무장한 유림들에게 동학농민혁명은 사회의 위계를 뒤흔드는 이단이며 반란군에 지나지 않았다. 높은 학식으로 무장한 유림들이 선악이분법 속에 갇혀 위계사회의 질서를 흔드는 인민의 권리 선언을 정직하게 마주할 수 없었다.

## 성찰

지금은 어떤가? 정권은 국사과를 국정교과서로 가르쳐야 한다고 밀어붙인다. 많은 국민이 아직도 빨갱이 공산주의자를 때려잡고 이 땅에서 몰아내야 한다고 생각한다. 친일파와 독재정권을 비판하면 극우적 마인드에 고착된 집권층과 보수언론이 바로 종북빨갱이라고 매도한다.

내가 TK를 중심으로 한 영남의 지역주의를 우려하고 비판하는 것은 이들이 사로잡힌 마니교적 이분법이 기득권 지배자와 가해자의 논리를 대변하기 때문이다. 제정신을 가진 인간이나 사회라면 당연히 피해자를 이해하고 용서와 화해의 길을 가도록 부단히 노력해야 한다. 하지만 보라. 광주학살의 희생자를 조롱하는 일베와 세월호 희생자의 유가족들을 비난하는 어버이연합은 사람으로서 응당 지녀야 할 공감과 사유 대신 마녀재판의 선동에 사로잡혀 있다. 이들을 지배하는 것은 무지라기보다 마니교적 편견이다. 근현대사를 관통해 되풀이되고 있는 오류를 벗어나기 위해서는 끝없이 노력해야 한다.

현상이 아니라 배경을 볼 줄 알아야 한다. 역사적 맥락을 살펴보고 사회의 작동원리도 들여다보아야 한다. 판단과 행위에 조급하지 말자. 느끼고 이해하고 사유하는 과정을 생략하지 말자. 그렇지 않다면 우리는 학교와 텔레비전 등 각종 미디어의 세뇌에서 결코 벗어날 수 없다. 우리는 습관의 노예고

조건반사적으로 반응한다. 머리는 가지고 있지만 공부하고 사유하는 사람이 많지 않아 안타깝다. 확실한 것이 거짓일 때도 많다. 섣부른 애국심이야말로 위태롭다.

동학군 토벌이 애국이라고 생각했던 유림 토벌대는 동학군 자체가 진정 애국을 위해 떨쳐 일어난 사람들이라는 것을 왜 몰랐을까? 자신들의 완고한 편견 때문에 그들을 반란군으로만 보았다. 길이 다르다고 악이라 규정하지 말자. 우리의 미욱함을 쉼 없이 살피고 서로 이해하고 대화하고 하나가 될 수 있는 길을 찾는 것만이 사람의 길이다. (10/17/토)

# 역사가 아니라 통사다

　요즘 금강산 이산가족 상봉 장면을 보니 65년 만에 상봉한 이들의 사연에 피눈물이 난다. 98세의 할아버지가 할머니가 된 북녘의 딸을 만나고, 93세 할머니는 꿈에 그리던 북녘의 아들을 만났지만 치매로 알아보지 못하였다. 전쟁이 일어난 지 벌써 65년이 되어 가고 있다. 천만 이산가족이 있었던 나라에서 아직도 통일을 하지 못하고 있다는 것은 충격적인 일이다. 천만이나 되는 이산가족이 있었다면 그들이 한마음으로 들고 일어나기만 해도 통일이 되었겠다. 이 땅의 국민들은 너무도 착하고 무력했다. 복종에 길들어 번호표를 받고 기약 없는 날들을 기다리다가 죽기 전에 겨우 만나보기만 하면 소원이 없다고 할 정도가 되었다. 툭 하면 빨갱이니 간첩이니 하고 잡아 가두니 통일을 제대로 얘기해 볼 도리가 없었다.

　한편 박근혜 대통령과 김무성 대표와 같은 친일파와 독재자의 자손이 나라를 통치하며 제 입맛에 맞게 국사 교과서를 손보겠다는 요즈음에는 우리들의 무지와 무기력이 한스러울 따름이다. 소위 그들이 말하는 영광의 역사란 기실 기회주의적 기득권자의 역사가 아닌가? 맞는 말이다. 지금까지의 인류 역사란 승자의 기록이었다. 인류사 자체가 학살과 비극으로 점철되었다. 배타적 자기중심주의의 동어반복과 자기도취는 있을지언정 타자에 대한 이해와 성찰이 부재했다.

　이즈음에 나 자신을 반성하게 된다. 나는 분명 우리 역사를 통한과 굴절의 역사로 인식한다. 하지만 절절한 갈피를 다 알지 못한다.

천만 이산가족 문제조차 해결 못하는 나라에 무슨 영광이 있고 업적이 있겠는가? 오히려 통한과 굴절을 집요하게 파헤쳐 개인과 사회의 지침이 되도록 하는 게 더 중요하다. 이러한 역사 속에서는 성공담이 아니라 실패담에서 오히려 배울 것이 많다. 여운영, 김구를 암살하고 대통령이 된 이승만이나 장준하를 암살하게 한 박정희나 박헌영을 처형하고 수령이 된 김일성이나 마찬가지다. 한쪽은 미국과 일본에 빌붙고, 한쪽은 소련과 중공에 빌붙어 정권을 잡고, 독립운동을 했던 수많은 민족주의자들을 처단한 것이 아닌가? 이 땅에 성공한 자들이야말로 이 땅의 사람들을 착취하고 지배한 자들이다.

근세 이 땅에서 몇백만의 사람들이 이름도 남기지 못하고 스러져 간 것을 기억한다면, 우리는 영광의 역사가 아니라 치욕의 역사를 쓰고 기억해야 한다. 대한민국을 비판하면 빨갱이 운운하는 이런 인식으로는 정말 자멸의 길밖에 없다. 위안부 할머니 등 일제 강점기의 피해자와 이산가족 등 분단 피해자 문제를 아직도 제대로 해결하지 못한 것만으로도 이미 충분히 남북은 비정상국가이다. 박은식의 『한국통사』의 제목처럼 우리에게 역사는 정말 뼈아픈 것이다. 제대로 기록하여 그 안에서 정의와 참을 추구했던 이들의 실패와 희생자들을 똑똑히 기억하고 기려야 한다. 그래야 같은 잘못을 저지르지 않게 된다.

어쩔 수 없다. 더 치열하게 역사공부를 다시 해야겠다. '한국 놈'이 지금까지 너무 서양물만 마셨다. 통한의 땅에서 살고 고민하고 노력한 이들을 면밀히 짚어 봐야겠다. 진실에 토대를 두는 것만이 거짓의 역사를 뒤집을 수 있는 힘이 된다. (10/25/일)

# 수능과 세월호

## 세월호의 의미

하루 종일 비가 내렸다. 어제는 수능일이었다. 세월호에서 살아남아 수능 시험을 본 학생들과 시험을 보지 못하고 하늘나라에 간 친구들을 대조해 언론들은 다시 한 번 애도의 기사를 내보냈다. 안타깝고, 한편 씁쓸했다.

같이 할 수 없는 희생자들에 대한 안타까움은 백번 이해가 간다. 하지만 별도로 세월호의 본질에 대한 통찰과 해결에 있어서 우리는 얼마나 진전했는가? 우리의 현주소는 여전히 한국의 소년과 청년들을 죽이고 있는 수능이라는 거대한 제도에 매몰되어 있지 않은가? 오히려 이 고통의 입사의례를 세월호 희생자들이 함께하지 못함을 애도하고 있지 않은가? 물론 '죽은 정승보다 산 거지가 낫다'는 속담처럼 아무리 힘들더라도 살아 있는 게 낫다는 데는 동의하겠다. 살아남은 자들의 추모하는 마음도 이해가 간다. 하지만 세월호의 진실과 더불어 상징적 의미를 우리는 더 치열하게 되물어야 할 것 같다.

물론 우리의 소원처럼 세월호의 진실규명과 처벌이 반드시 필요하다. 하지만 그것으로 해결되겠는가? 진실규명 자체가 험난한 상황에서 다른 무엇을 생각할 겨를이 없는 것은 사실이다. 그러나 우리는 진실규명과 처벌 외에 더 해결해야 할 과제가 또한 있다. 왜냐하면 국민 대부분에게 세월호가 곧 대한민국호였기 때문이다.

세월호 침몰은 우리를 공황상태에 몰아넣을 만큼 충격적이었다. 왜 그토록 큰 충격을 받았을까? 처음 우리는 세월호 침몰과 희생자의 숫자에 충격을 받았다. 하지만 곧 너무나 어처구니없는 희생이라는 데 다시 충격을 받았다. 충분히 구출되거나 탈출할 시간이 있었음에도 선장과 항해사 등이 구조를 기다리라는 안내방송을 하고 자기들만 탈출하였다는 사실에 경악했다. 더구나 해경까지 구출할 시간이 충분히 있었는데도 이렇다 할 구출 시도를 하지 않고 침몰을 방조했다는 것이 충격이었다. 그 후 연이은 책임 회피, 전가, 조작 등 우리 사회의 병폐가 되풀이되자 경악과 좌절을 넘어 혐오가 분노가 뒤따랐다. 헬조선이었다.

세월호가 곧 대한민국호, 아니 헬조선호였다. 성수대교나 삼풍백화점은 아무것도 아니었다. 사회의 구조적 위기가 더 심화되었다. 또한 이것은 역사적 데자뷰를 일으켰다. 400년 전 한양을 버리고 달아난 선조 일당과, 60년 전 한강다리를 폭파하고 서울을 버리고 달아나며 국민에겐 안심하라고 녹음된 거짓방송을 한 이승만 일당과 무책임한 박근혜 대통령과 세월호 선장은 너무나 닮아 있었다. 그리고 꼬리에 꼬리를 물고 이어지는 책임의 회피! 전가! 도무지 이 나라는 책임을 지는 자가 없었다. 그 때문에 세월호는 진실규명과 책임자 처벌이 지상과제가 되었다. 유가족과 국민은 너무나 지쳤다. 우리도 여전히 세월호에 타고 있다. 바로 우리 자신이 여전히 헬조선이라는 배에.

## 우리들의 세월호

수능이라는 입시 지옥선을 함께 타지 못하는 희생 학생들에 대한 애도를 보며, 나는 세월호가 단지 세월호에 갇혀 버리고 마는 것이 아닌가 염려된다. 교육제도를 근본적으로 왜곡시키는 수능제도를 통해 소위 청년들이 타려고 하는 좋은 대학, 좋은 직장이라는 배는 과연 어떤 것인가? 갤리선같이 조폭적 우두머리들이 명령을 내리고 노예처럼 복종하는 또 다른 세월호가 아닌가? 한국사회 최고의 직장인 삼성만해도 그렇지 않은가? 그야말로 우리 사회 자체가 수많은 갤리선들이 둥둥 떠다니는 '헬바다' 아닌가? 우리는 여전히 이 시대의 수많은 갤리선에 사로잡혀 있다. 아니 어쩌면 그것은 항구를 잊고 정박을 모르는 바다 가운데의 멍텅구리배인지도 모른다.

물론 진실규명과 처벌은 반드시 필요하다. 하지만 우리 자신은 어떤가? 세월호의 희생자들이 우리들에게 주는 메시지를 잊지 말아야 한다. 세월호는 말한다. 믿을 선장도 국가도 없다고. 학교와 직장과 국가가 우리를 구원해줄 것이라는 기대를 버리고 각자가 또 서로 힘을 합해 살 길을 찾아야 한다고. 각자가 자신의 직관과 판단에 의해 생명을 지켜야 한다. 그렇다. 우리가 우리 자신을 구출해야 한다.

세월호가 우리 사회의 희생양이 되었다는 점에서 세월호는 예수의 십자가와 너무도 닮아 있다. 세월호는 우리 삶과 역사의 이정표가 되었다. 기독교인들은 예수가 우리의 죄를 짊어지고 십자가에 못 박혀 대신 죽었다고 한다. 예수가 죄 없는 희생양이 됨으로써 우리의 죄를 대속하였다고 한다. 물론 나는 대속에 대해서는 좀 다른 의견을 가지고 있다. 하지만 무죄한 예수의 죽음에 대한 살아남은 자들의 채무의식이 바르게 살아가는 삶의 근거가 된다. 과연 희생양으로 죽은 예수에 대해 살아남은 자들은 어떠해야 할까? 대속되었으니 예수를 애도하며 흥청망청 살면 되는가? 아니면 예수의 십자가처럼 세상을 위해 희생양이 되는 예수의 길을 따라가야 할까? 그럴 수도 있겠다.

## 새로운 약속

하지만 예수의 진짜 메시지를 생각해보자. 우리가 어제의 그름을 알았다면, 우리는 오늘 고쳐 살아야 한다. 그것이 예수 십자가의 의미가 아닐까? 예수가 말한 것처럼 각자가 자기 십자가를 짊어져야 한다. 십자가란 무엇인가?

바로 세상으로부터의 버림받음이며 고난이다. 세상에 복종하고 세상과 타협하는 것이 아니다. 세상의 냉대와 따돌림을 각오하고 바른 길을 가는 것이다. 거짓을 버리고 나 자신 뿐 아니라 헐벗은 사람, 가난한 사람, 굶주린 사람을 모두 구할 수 있는 방주를 지어 저 헬바다에 띄워야 한다. 나 자신이 등불이 되고, 나 자신이 빛과 소금이 되는 길이다. 이것이 십자가가 된 세월호의 메시지가 아니겠는가? 우리는 우리 자신을 구원할 새로운 배를 만들어야 한다. 갤리선에서 내려, 시대의 어둠을 응시하며 방주를 짓고 방주를 띄워야 한다. 선장과 국가 같은 남의 명령이 아니라, 나 자신의 결단에 의지해야 한다.

150년 전 대구감영에서 수운 최제우 선생이 처형된 뒤 벌어진 일을 상기해보자. '높이 날고 멀리 뛰어라'라는 선생의 유훈을 새기며 해월 최시형 선생은 그야말로 힘껏 날고 뛰어 이 땅의 방방곡곡에 수많은 포와 접의 선들을 만들어 갔다. 간난신고한 도망의 길이 새로운 삶의 길이 되었다. 이렇게 전국에 퍼진 포접이야말로 평등한 만인을 태울 지상천국의 방주가 될 터였다. 그리고 30년 뒤 보은에서 진실규명과 명예회복을 요구하는 교조신원운동이 전개되었다. 이듬해 급기야 낡은 조선을 갈아치우고 민족을 구원하기 위한 총기포 명령을 내린다. 비록 그것이 일본군의 압도적 무기로 좌절되었지만, 수운의 처형은 예수의 십자가처럼 새로운 삶의 방주를 지어 어둠의 바다에 띄우는 일로 이어졌다.

나는 세월호가 우리 시대의 십자가라고 생각한다. 시간이 없다. 우리 자신이 탄 배가 심하게 요동치고 있다. 검은 파도가 쉼 없이 몰아치고 있다.

하지만 불감의 시대인가? 여전히 아이들은 낡고 오래되어 유령선 같이 변한 학교로 군대로 직장으로 국가로 터벅터벅 탑승하고 있다. 여전히 오늘도 그 배에. (11/13/금)

# 테러와 언론

## 타락한 언론

광화문 물대포 테러와 파리 테러가 동시에 발생했다. 하지만 주류언론은 앞의 테러에 대해서는 가해자인 국가가 아니라 피해자인 시민을 비난하고, 뒤의 테러는 시민이 아닌 IS를 비난했다. 똑같이 정의감이 불타는 듯했지만 냉담하고 건조했다. 언론이 옹호하는 질서는 지배권력의 질서이고 언론이 옹호하는 정의는 기득권의 정의였다.

도대체 언론이 얼마나 썩어야 지금같이 맹목적 선동과 세뇌장치로 기능하게 되는 걸까? 글을 저렇게 가슴 없이 머리로만 써대며 어떻게 기자 생활을 할 수 있을까? 기자라면 응당 인간의 존엄성과 인권에 대한 섬세한 감수성과 공감능력이 있어야 할 텐데, 기자라면 응당 지배권력과 기득권자가 아니라 피해자와 약자의 편에 설 수 있어야 할 텐데, 이들은 도무지 자신들이 무슨 글을 써대는지도 모르고 쓰는 것 같다. 사주의 명령 때문에 어쩔 수 없이 썼다면 차라리 좋겠다. 하지만 언론사의 논조를 내면화한 관성이 느껴진다.

언론은 억눌린 자들의 대변자이어야 한다. 마르크스나 간디나 마르코스처럼 언론 자체를 사상과 혁명의 방법으로 실천한 사람도 있었다. 말이야말로 무기이기 때문이다.

나는 불안하다. 테러의 시대에 이해와 사랑 대신 증오와 폭력 양산에 기여하는 언론의 무책임한 태도가. 이대로라면 우리나라를 비롯해 각국은 극우파들이 장악하고 3차 대전이라도 일으킬 듯싶다.

## 광화문 물대포 테러

광화문 물대포 테러의 핵심은 경찰이 국가의 정책에 반대하는 데모를 한다는 이유로 집회를 금지하고 차벽을 쌓는 등 과잉대응을 하면서 옹성과 공방전을 연출했다는 것이다. 표현의 자유도 집회의 자유도 허용하지 않는 민주주의는 없다. 주체측도 좀 더 약은 전략을 구사하지 못하고 정면돌파를 시도하며 공성전의 프레임에 갇히고 말았다. 경찰은 이미 이명박 정권 시절의 공성전에 대한 경험이 있는데다 박근혜 정권의 극우 편향적 시류를 등에 업고 이런 진압작전에 확신과 자신감을 가졌다.

아니나 다를까 물대포 테러에 희생되어 보성 농민 백남기 선생이 중태에 빠지는 사건이 발생했다. 민주주의를 수호해야 할 여론은 경찰의 기대대로 정부가 원하는 대로 작동했다. 일제히 목소리를 높여 불법 폭력 시위에 조명을 맞춰 피해자인 시민에게 공격을 가했다. 언론은 언론이 아니었다. 정부기관이었다. 썩은 언론사와 썩은 언론인들의 권력 대변이야말로 극악한 사회 범죄다. 기레기(기자쓰레기)라는 말이 오히려 무색하다.

## 파리 테러

파리 테러 또한 마찬가지다. 사실 이슬람국가를 표방하는 IS 문제의 근본 원인은 서방에 있다. IS의 극단적인 테러리즘을 마냥 비난만 하기도 어려운 이유다. 19, 20세기를 관통하는 서양 제국주의 역사도 있지만, 석유자원을 둘러싼 패권을 유지하기 위해 자행한 미국과 서방의 정치적 경제적 개입이 이들 국가의 모순을 심화시켜 왔다. 알카에다의 9.11테러 이후 미국과 유럽 등의 패권국들은 테러와의 전쟁에 돌입하며 불에 기름을 끼얹었다. 빈 라덴의 예언대로 더 강한 테러조직들이 파생되었고, 테러의 양상도 더 심해졌다.

그뿐인가? 러시아와 중국 등 패권국들은 자국의 독립을 열망하는 소수민족들을 테러 집단으로 매도하며 탄압하고 있다. 테러의 진짜 원인을 찾고 처방을 위해 노력해야 함에도 불구하고 10년이 넘도록 미국과 서방은 문제를 심화 확대시켜 왔다. 그리고 급기야 대단위 난민과 테러가 점차 결부되어 가고 있다. 이것이 IS의 진짜 의도일지는 모르나 새로운 도미노가 시작되고 있다는 느낌이 든다. 결국 파리 테러는 9·11이 심화된 결과물이자 새로운 확대이기에 단순히 애도와 테러와의 전쟁만으로 끝낼 수 없는 일이 되고 말았다.

나는 지금도 선명히 기억한다. 2001년 9월 11일 아침 내가 다니던 고등학교의 교실마다에 들리던 환호성을. 얄미운 짓만 일삼는 미국에 대해 이미 거부감을 가지고 있었던 학생들의 눈앞에 미국의 상징인 거대한 빌딩이 무너지는 장면은 희생자를 생각하기 전에 당장 통쾌한 복수로 보였다. 빈 라덴의 전략이 적중했다. 그 후 전쟁터는 3세계에만 고정되지 않게 되었다. 극우파와 인종주의자들의 난민에 대한 인종에 대한 종교에 대한 차별과 폭력이 거세질수록 테러와 피의 보복이 1세계 한복판을 파고들게 되었다. 유럽은 그리고 세계는 이미 돌이킬 수 없는 시험에 들었다.

### 언론의 책임

언론의 책임이 그래서 더욱 중요하다. 문제의 본질을 밝혀 시민이 바른 이해에 도달하고, 정부가 오류에 빠지지 않도록 사명감을 갖고 기사들을 써야 한다. 애도와 유감 속에 어처구니없는 것들이 용인되고 유포되지 않을까 염려된다. (11/19/목)

# YS와의 작별

## YS의 죽음

드디어 DJ(김대중)에 이어 YS(김영삼)도 세상을 떠났다. 집권 여당의 소위 민주 대통령인 탓에 보수언론도 일제히 유난한 애도와 호들갑을 떨고 있다. 공교롭게도 민주화운동에 앞장섰던 민주정권의 대통령들이 모두 세상을 떠난 셈이다. 우리에게 과연 제대로 된 민주주의와 민주정권이 있었는가 자문해보면 아쉽기 이를 데 없다. 물론 인간 개인의 죽음에 대해서는 애도를 표한다. 하지만 맹목적 찬양과 미화가 미풍양속이 되어서는 안 된다고 생각한다.

양산에 살다보니 김영삼 전대통령의 죽음을 애도하는 플래카드를 보게 된다. 새누리당이 민주주의의 영웅(?)이라며 추모하는 내용을 보면 씁쓸하다. 이것이 부산 경남의 정서일 것이다. 더불어 부산의 고등학생들이 단체로 추모하는 장면을 보며 지역 보스정치의 진면목을 확인하는 기분이 든다.

## 87년의 좌절과 87체제

나는 일찍이 DJ도 YS도 민주 영웅으로 생각해본 적 없다. 그것은 내 뇌리에 1987년이 너무도 심하게 각인이 되어 있기 때문이다. 그때 나는 고등학교 1학년 학생이었다. 1987년 6월 항쟁을 통해 거리로 쏟아져 나온 대학생과 시민들의 시위에 결국 군사정권이 대통령 직선제를 받아들이게 되었다. 하지만 민주진영은 후보로 DJ와 YS가 함께 나와 갈라졌다. 당연히 후보단일화 요구가 거셌다. 지금도 생생히 기억한다. 민중후보 백기완 선생이 대학로 유세에서 목이 터져라 두 후보에게 단일화하라고 외치던 장면이다. 하지만 두 보스는 국민의 열망을 배신했다. 4·19 이후 근 한 세대 만에 찾아온 평화적 민주혁명의 기회를 날려 버렸다. 결국 전두환의 후계자였던 노태우가 대통령이 되고 말았다. 역사상 이처럼 안타깝고 비통한 일이 없었다. 보스 정치의 비참한 결과였다. 광주항쟁과 수많은 학생, 노동자, 시민의 희생을 생각할 때 두 사람은 그날 역사 앞의 대역죄인이 되었다. 하지만 지역주의가 이를 덮어버렸다.

이후 무슨 일이 벌어졌는가? 소위 이들과 함께 부활한 JP(김종필)와 더불어 3김 시대가 시작되었다. 민주진영은 이제 YS의 영남파와 DJ의 호남파로 양분되었다. 국민은 국민의 열망을 저버린 보스들을 날려버리고 대동단결해야 할 판에 영호남의 지역주의 골로 빨려들어 갔다. 대학에 갔을 때 나는 충격을 받았다. 소위 운동권 선배들이 '김대중 선생님, 김대중 선생님'하며 꼬박 존칭을 해대는 모습이 몹시 거북했다. 전반적으로 우린 보스정치의 행태 자체를 뛰어넘을 수준이 아직 아니었다.

다음 선거가 오기 전 권력욕이 유난히 강한 YS는 노태우와 손을 잡아 완전히 영남 중심의 보수당 대표가 되었다. 변절이었다. 그 결과 1992년 대통령 선거에서 호남의 DJ를 중심으로 한 민주진영을 누르고 대통령이 되었다. 이제 영남의 민주화 운동 세력은 극우보수당에 합해지게 되었다. 이재오, 김문수, 원희룡 같은 인사들이 맞서 싸우던 독재정권의 당에 안기게 된 이유는 보스정치의 보스인 YS의 야합에 의해 자연스럽게 마련된 수순이었다. 바야흐로 보스정치를 청산하지 못한 한국정치사의 진흙탕은 영호남 지역주의에 볼모 잡힌 똥통으로 처박히고 말았다.

YS가 한판 잔치를 벌이고 1997년 IMF가 찾아왔다. 절호의 찬스지만 영남을 중심으로 한 보수권력을 깨기에 DJ는 힘이 딸렸다. DJ의 선택은 충남을 거점으로 하는 JP(김종필)와 손을 잡는 것이었다. 그런데 YS가 전두환 신군부 세력의 당과 손잡았듯, DJ가 하필 박정희 구군부의 실세였던 JP와 손을 잡으니, 가관이었다. 야합과 지역화의 골이 더욱 깊어졌다.

### 87체제의 세습

그 뒤로 지금에 이르기까지 영호남 지역주의가 진보와 보수의 대립구도에 덧씌워졌다. 한국정치는 지역주의에 근거한 전반적 보수화로 귀결되었다. YS와 DJ는 세상을 떠났지만 두 보스가 선물한 한국정치의 똥통에서 한국의 정치인과 국민이 과연 언제 헤어 나올 수 있을지 아직 의문이다. 덕분에 민노당이나 정의당 같은 진짜 진보정당들이 내내 피해를 입었다. 보수를 대표하는 영남과 진보를 대표하는 호남의 대립구도의 판을 깨기가 쉽지 않았기 때문이다. 국가보안법에 의한 공안통치와 언론 권력의 지배에 길들여진 탓에 좌파가 제대로 된 담론을 펴기도 어려운 상황이었다. 역사 청산도 완료할 수 없었다. 첩첩산중이었다.

심지어 작년에는 어엿한 정당인 통진당까지 빨갱이당으로 몰아 해산한 지경에서야 좌파다운 좌파를 거론할 여지조차 없다. 정의당 같은 진보당이 경직된 우편향과 지역성을 극복하는 일은 참으로 어려워 보인다. 우편향과 지역성을 극복하지 않으면 한국정치의 미래는 없다. 생태는커녕 노동과 통일조차 제대로 논의할 수 없는 상황 아닌가? 하지만 지금 노동과 통일 문제를 해결하지 못한다면 한국은 정말 가망이 없는 나라가 될 것이다. 나는 새정치연합이 깨져야 한다고 생각한다. 지역구도에 발목 잡힌 진보는 결코 진보가 될 수 없기 때문이다. 차라리 지역적 거점을 삼으려면 팔도사람들이 뒤섞여 사는 서울경기에 맞춰야 한다.

DJ도 YS도 모두 떠났지만, 박정희처럼 그들도 결코 떠나지 않았다. 오히려 수많은 사생아들을 남겼다. 극우와 진보와 보수의 보스를 우리는 정말 떠나보내야 한다. 그래야 우리나라와 민족이 살 수 있다. 이제는 작별하자. 그것이야말로 참된 애도다.

하지만 나는 슬프다. DJ와 YS는커녕 아직 박정희의 망령, 이승만의 망령이 우리 주위를 배회하고 있기 때문이다. (11/26/목)

# 그놈의 대학

### 필수가 된 대학

오늘은 예전 내가 있었던 학교의 졸업식 날이다. 얼마 전 이번에 졸업하는 학생으로부터 졸업식에 초대를 받았다. 하지만 주말에 일을 해야 하기 때문에 나는 갈 수 없다고 했다. 그 친구와 이런저런 이야기를 하다가 전화를 끊었다.

전화를 끊으며 내 입에서는 '그놈의 대학'이라는 말이 나왔다. 누구는 붙었다고 안도하고, 누구는 떨어졌다고 절망하고, 누구는 재수를 하고, 누구는 삼수를 한다. 대학이 물론 공부하는 곳은 아니다. 진짜 자기 공부를 해본 사람은 알 것이다. 공부란 정말 대학을 가는 것과 상관 없이 할 수 있는 것이기 때문이다. 아니, 오히려 대학이 자기의 진짜 공부를 못하고 소위 제도권에서 용인하는 학과에 갇히도록 하는 역할을 한다. 그런데 대학을 왜 가는가? 그거야 간단하다. 대학이 필수라고 생각하기 때문이다. 우리 사회의 첫 번째 황금고리이기 때문이다.

### 정상사회의 황금고리

대학, 군대, 직장, 가족은 근현대사회를 유지하는 황금고리다. 물론 내 입장에서 이 네 고리는 사람의 참된 삶을 구속하는 '악의 고리'다. 이 황금고리가 개인에게 끊임없이 폭력을 행사하는 근원이 되기 때문이다.

당장 설과 추석 같은 명절만 보자. 대학에 떨어지거나, 실업자이거나, 노처녀이거나, 이혼남이거나 하면 가족행사를 기피하게 된다. 안부와 덕담도 그렇지만 말 없는 시선이 더 부담스럽다. 그래서 소위 정상사회의 정상인에 끼지 못한 재수생, 실업자, 노처녀, 이혼남은 자신이 자신을 처벌하며 고독과 우울을 견디거나 아니면 도피성 해외여행을 떠나기도 한다.

각자 안에 판검사들이 있다. 검사가 소송을 걸고 판사가 재판을 한다. 유죄는 소송과 함께 이미 확정된다. 죄수가 되어 감옥에 갇히면 간수가 되어 죄수를 감시한다. 이게 무의식중에 자기 안에서 저절로 벌어지니 빠져나갈 도리가 없다. 온통 부대끼는 것이 사람이고 들리고 보이는 것이 정상성 확인 안부니 비교를 안 하려야 안 할 수 없다. 이 불행은 누구의 탓인가? 가족도 동문도 사회적 폭력의 도구가 되어 버린다. 서로가 서로를 견제하며 일탈을 방지한다. 관습이 이렇게 무섭다.

## 아비투스 혹은 관습

공자를 추종했던 조선의 유학자들은 가례를 신성시했다. 관혼상제의 네 가지 의례는 사회를 유교적으로 통치하고 유지하는 핵심 고리 역할을 했다. 사실 우리가 알고 있는 미풍양속이란 사회적 힘을 통제하고 힘에 의해 질서를 유지하는 의례의 일종인 경우가 많다. 위계에 철저한 유교는 더 그렇다. 지금도 혼례와 상례와 제례는 형식이 달라졌을 뿐이지 굳건히 지속되고 있다. 성인식(입사식)에 해당하는 관례는 어떤가? 언뜻 보면 관례는 희미해진 것 같다. 하지만 대학, 군대, 직장 등으로 엄청 비대해진 것이나 마찬가지다. 소위 톡톡한 입사식으로 변했다. 우리 사회에서 성인이 되기 위해서는 6+6+4년의 교육, 2년의 군대, 그리고 취직과 직장생활의 톡톡한 비용을 지불해야 한다. 국민이 된다는 것, 시민이 된다는 것, 이것은 정말 장난이 아니다. 그런데 이 엄청난 시련, 이 엄청난 비정상성이 정상으로 받아들여지고 있다. 녹록치 않은 위계조직을 거치면서 사도마조히즘적 희열을 터득하게 된다.

부르디외는 권력과 자발적 복종 문제를 이러한 관습적 행위의 습성을 통해 고찰하였는데, 그 중심 개념이 바로 아비투스다. 아비투스는 영어로 habit(버릇, 습관)에 해당하는 말이지만 사회학적으로 쓰이기 때문에 그 운용 폭은 더 넓고 다양하다. 백화점에서 물건을 사는 행위나 학교를 다니는 행위, 교회에 가는 행위 등 우리들의 일상에서 벌어지는 많은 행위들이 아비투스에 해당한다. 그 안에서 우리는 상징자본을 획득하고, 상징자본에 의해 상징권력을 행사하고, 또 상징폭력의 희생이 되기도 한다. 자본주의사회의 유행과 상표의 작동방식이 그렇고, 서열화된 대학의 간판과 가방끈의 길이가 그렇다. 이런 모든 것이 개인의 내면에서 자동적으로 작동한다. 그래서 내가 자기 안에 판검사도 있고 죄수도 있고 간수도 있다고 하는 것이다. 검열부터 처벌까지 요람에서 무덤까지 철저히 내면화되어 자발적으로 이루어진다. 누구도 자유로울 수 없다.

### 관습의 타파

그러니 이를 어쩌란 말인가? 그놈의 대학이 이놈의 대학이고, 그놈이 이놈이 된 이 마당에 대학을 욕해야 할까, 대학 때문에 상처받는 나를 욕해야 할까?

헛된 것을 혁파할 수 없으니 괴로움만 쌓인다. 대학이고 관혼상제고 다 번거롭다. 한번 태어났으니 거짓 속에 허우적거리고 발목 잡힐 것이 무엇인가? 내게 중요하고 내가 가야 할 길이 있다면 그것이야말로 축복받을 일 아닌가? 내 안의 판검사와 죄수 간수를 모조리 몰아내야 한다. 무엇이든 그다음에야 할 수 있다.

그래서 나는 대학을 가든 말든, 결혼을 하든 말든, 직장을 잡든 말든, 군대를 가든 말든 내 안의 판검사와 죄수 간수가 없다면 뭐든 제가 선택해 기꺼이 하라고 말하고 싶다. 매순간 마음에 구김없는 것이 가장 좋다. 삶은 계산할 수 없는 것이다.

### 새롭게 놀기

사람들은 묻는다. 현실적인 대책이 뭐냐고. 나는 되묻는다. 뭐가 진짜 현실이냐고. 우리는 마치 가상의 게임장에 뛰어들어 정신없이 뛰어다니는 이상한 나라의 엘리스의 체스 말과 같다. 권력이 작동하는 사회적 게임이자 황금고리인 대학, 군대, 직장, 가족 또한 이 사회의 완고한 체스게임이다. 놀이의 법칙은 간단하다. 규칙을 따르면 된다. 하지만 놀이가 싫으면 놀이에 참여하지 않고 새로운 놀이를 만들어 하면 된다. 왕따의 두려움이 문제다. 큰 놀이판에서 떨어져 혼자 혹은 몇몇이 놀 용기가 나지 않는다. 그래서 비굴함을 무릅쓰고 놀이에 끼어들려고 매달린다. 아이나 어른이나 마찬가지다.

혼자 할 용기가 없으면 둘이 셋이 하면 된다. 조금만 견뎌라. 공부 공동체를 만들고, 우정의 공동체를 만들고, 살림의 공동체를 만들면 된다. 우리를 억압하는 판검사와 죄수 간수에 걸려들지 않도록 주의하면 된다.

그렇다. 원래 객관적 현실이란 없다. 오히려 현실이 나에 의해 만들어진다. 자유롭고 싶거든 현실을 바꿔라. 나를 구속하는 가짜현실을 버리고 내가 믿는 진짜 현실을 만들어 가라. 빛이 있으라 하면 빛이 나타난다. (12/27/일)

# 토착과 언론

## 말과 힘

말은 힘(권력)이다. 말 많은 사람이나 나 같이 글을 쓰는 사람은 힘(권력)에의 의지가 많은 편이다. 그래서 성인으로 불리는 부처, 소크라테스, 예수가 글을 남기지 않은 것이다. 노자도 글을 극도로 아껴 썼다. 반면 플라톤과 공자의 방대한 저술과 그 어록에 담긴 정치에 대한 관심은 글과 힘(권력)의 관계를 잘 드러내준다.

말의 특성은 말의 지시적 속성에 기인한다. 원시인들이 말을 일종의 주술로 인식한 것은 말의 지시적 힘이 사물을 호명함으로써 지배한다고 생각했기 때문이다. 이러한 지시성에서 비롯된 주술성이 물신화를 낳는 것은 너무나 자연스럽다. 즉 말해진 것은 존재하는 것이 되고, 인간은 그것의 영향을 받을 수밖에 없다.

권력자들이 담론을 지배하려고 노력하는 만큼 혁명가들은 새로운 담론을 만들려고 노력한다. 담론이 프레임을 결정하고 세계를 형성하기 때문이다. 지배든 항거든 힘이 작용하는 양상은 마찬가지다. 말을 한다는 것은 일종의 주술걸기인 셈이다. 담론이든 언론이든 본질적으로 이러한 주술걸기와 힘의 게임에서 자유로울 수 없다. 그래서 담론과 언론에 담긴 권력의 의지를 적극적으로 간파하고 견제할 수 있어야 한다.

## 지역과 토호

나는 최근 10년 동안 전주에 4년, 예천에 3년을 살았고 양산에 2년째 살고 있다. 군복무 기간과 외국여행을 한 1년을 빼면 30년 넘게 서울에 살았다. 처음 서울을 떠나 살게 된 것이 대학을 졸업하고 전주에서 교사생활을 시작하면서였다. 지역 고유의 풍토를 경험한다는 것은 엄청 축복된 일이었다. 하지만 갑갑했다. 지방에 내려와 처음으로 혈연·지연·학연의 실체를 경험하며 나는 문화충격을 받았다. 소위 서울의 알려진 대학을 나왔다는 것 외에 나는 영화 〈내부자들〉식으로 얘기하면 족보 없는 놈이었다. 전주에서는 특히 학연이 심하게 다가왔다. 전주고, 남성고 등 지역의 명문고를 중심으로 한 인맥이 정치, 경제, 언론의 견고한 끈을 장악하고 있었다. 외부인의 눈으로 볼 때는 한없이 모순되고 갑갑한 일이었다.

그리고 귀촌을 하여 예천에 살게 되니 혈연·지연·학연 중에 이번에는 혈연이 엄청 강하게 다가왔다. 성씨의 고향으로 불리는 경북 안동 옆이었기 때문이다. 지역의 정치, 경제, 언론이 온통 혈연·지연·학연의 끈에 의해 견고하게 작동하고 있었다. 소위 토호세력을 실감할 수 있었다. 그리고 이런 지역토호를 기반으로 해서 서울이 다시 혈연·지연·학연의 각축장이 된다. 마치 지방 사림을 근거로 중앙에서 각축을 벌인 조선의 붕당정치처럼. 혈연·지연·학연으로 뒷받침된 학벌사회의 뿌리는 깊고 심각하다. 이는 우리 사회를 합리성과 거리가 먼 전근대적 집단주의에 가두는 결과를 만들고 있다.

그래서 그런지 지역에서 오래 살아온 사람이 아닌 나에게 지역신문이란 지역역사에 대한 특별한 관심이 없다면 전혀 흥미를 가질 수 없는 것이었다. 은행이나 면사무소 같은 곳에 갈 때 한 번씩 보는 것일 뿐. 혈연·지역·학연의 끈과 그물이 없는 나에게 그들의 그물에 걸리는 뉴스란 오히려 무의미한 뉴스였다. 혈연·지연·학연의 내부자가 아니기 때문이다. 지역신문의 지역뉴스란 하늘 아래 새로울 것 없는 보수주의 외 무엇이겠는가? 내가 이런 말을 하는 이유는 지역언론이 가진 대개의 관심이 바로 혈연·지연·학연의 소식이기 때문이다. 아니면 혈연·지연·학연에 의해 작동되는 정치, 경제 등의 사업 홍보 정도였다. 그러니 지역신문을 본다는 것은 동어반복의 거울 세계를 들여다보며 혈연·지연·학연의 자기를 확인하는 작업이 된다. 끈이 없는 사람으로서 지역신문을 보는 것이야말로 몰취미한 일이다.

이렇다 할 극우와 보수 성향이 아니더라도 지역신문은 이미 보수적일 수밖에 없다. 거의 보수기관지 수준이라고 말해도 틀린 말이 아니다. 사주와 기자 그리고 독자의 혈연·지연·학연의 틀을 넘어서기 어렵기 때문이다. 이런 구조 안에서 지역신문은 지역의 권력이 관철되는 언론공간이고, 새로운 담론이 형성될 수 없다. 지역언론의 독자들도 혈연·지연·학연의 내부자들이 된다.

물론 지역에 따라 이러한 한계를 깬 진정한 지역언론도 있다.

## 천성산 해맞이

새해를 전후해 내겐 지역과 언론에 대해 생각해볼 계기가 있었다. 12월 들어 경남의 한 도의원이 천성산이 내륙에서 가장 먼저 일출하는 곳이라고 하면서 전국적으로 홍보하며 관광화해야 한다고 바람을 잡았다. 양산시에서는 습지복원지역인 정상을 개방해 수백 대의 차량이 들어오는 대규모 해맞이 행사를 계획하고 있었다. 그리고 21일 보도자료를 통해 이걸 대외에 공표하였다. 정상에서 무료로 라면을 끓여주고 밴드공연과 풍물공연, 소지행사 등 여러 가지 행사를 기획했다. 텔레비전 방송도 이것을 뉴스화해서 내보냈다.

위기의식을 느낀 나는 시의 모순된 정책과 이것이 생태계에 미치는 영향,

그리고 천성산의 가치를 살리는 참된 해맞이에 대해 글을 썼다. 하지만 발표할 곳이 없었다. 지역신문이고 인터넷 뉴스고, 텔레비전 방송이고 온통 천성산 해맞이 홍보만 가득했다. 제보와 투고를 해도 되지를 않았다. 다행히 지역신문 두 곳에서 신문에 실을 수 있다는 이야기를 듣고 천만다행이라고 기뻐했다. 이렇게라도 시민과 시청에 기사가 전달되기를 바랐다. 하지만 한 곳은 분량이 길다고 해서 A4 한 페이지로 줄여야 했고, 다른 한 곳은 사주의 반대로 실을 수 없게 되었다. 결국 반 토막으로 줄인 기고문에는 시의 천성산 해맞이 행사에 대한 비판만 싣게 되었다. 내가 진짜 하고 싶었던 이야기는 비판 뒤에 참된 해맞이 행사를 제대로 하는 방법이었지만 제한된 지면에 당장 급한 얘기밖에 할 수 없었다. 결국 내원사 게시판에 올리는 것으로 만족할 수밖에 없었다.

해맞이 행사가 끝났다. 그리고 며칠 뒤 지역신문에는 성공적인 해맞이 행사 사진과 지역민의 인터뷰 기사가 보였다. 씁쓸했다. 결국 신문도 보고 싶은 것만 보고 말하고 싶은 것만 말하는구나 싶었다. 그리고 이것이 혈연·지연·학연에 갇힌 지역언론의 한계구나 하는 생각이 들었다.


언론의 사명

하지만 다시! 그것은 참된 언론이 아니다. 지역 홍보지일 뿐이다.

지역 토호의 형성과 작동방식에 대해서는 따로 언급할 필요가 없을 것이다. 현재 진행되고 있는 야당의 분열에 이어 호남에서 벌어지는 안철수, 천정배 등의 창당과 영남 여당의 친박, 진박, 비박의 경합은 이런 지역토호와 보수주의의 작동 시스템을 배경으로 벌어지고 있다. 그런 점에서 지역성에 근거를 둔 보수와 진보의 구분은 무의미해 보인다. 보수와 진보가 모두 살기 위해서 지역보수에서 벗어나야 한다.

내가 지역언론을 동어반복의 거울 내지 홍보지라고까지 폄하하는 이유는 단순하다. 그것이 토호의 이해를 반영하고 토호가 근거한 정치, 경제, 언론의 지역 헤게모니를 유지하고 강화하는 혈연·지연·학연의 시스템에 의해 작동하기 때문이다. 그러니 지역언론의 독자는 장년과 노년층의 남성으로 이뤄질 수밖에 없다. 비록 지역의 노년화가 심화되었더라도 지역민을 그들로만 규정하는 것은 누가 봐도 문제가 있다. 지역에는 청년, 여성, 어린이 그리고 외국인 노동자와 시집온 베트남 출신 부인 등 다양한 사람들이 산다. 장년과 노년의 남성이 전부가 아니다. 더구나 지역에는 국책사업, 관광, 개발만 있는 것이 아니다. 노동, 생태, 인권 등 다양한 문제도 산적해 있다. 지역의 정치 경제가 건강해지려면 지역언론이 당연히 비판기능을 담당하고 모순과 갈등도 제대로 다뤄야 한다.

하지만 거울의 방 안에는 나밖에 살지 않는다. 갈등이 존재할 수 없다. 나 아닌 남은 이미 말을 빼앗겼기 때문에 존재해도 존재하지 않는 대상이 되어버렸다. 그들은 외친다. 우리가 남이가? 내부자들끼리는 절대 타자의 소외를 눈치 챌 수 없다.

노동자와 이주민들이 등장하지 않는 신문은 결코 신문이 아니다. 여성과 청소년이 등장하지 않는 신문도 결코 신문이 아니다. 모순과 갈등을 다루지 않는 언론은 언론이 아니다. 왜냐하면 사회에서 억압받고 차별받는 약자와 소수자 문제야말로 사회가 해결해야 할 중심과제이기 때문이다. 진정한 언론인은 억압과 차별에 반대하고 약자와 소수자를 대변하는 혁명가일 수밖에 없다. 또한 혁명가는 적극적으로 언론활동을 할 수밖에 없다. 마르크스, 레닌, 간디를 보라. 19~20세기 제작된 수많은 팸플릿과 노동자신문들을 보라. 언론이야말로 혁명은 물론 사상과 이데올로기가 탄생하는 장소였다. 언론이 곧 혁명의 무기였다.

## 뿌리박기와 말

자본의 저주는 뿌리끊기로부터 시작되었다. 마르크스가 자본의 시초축적을 설명하면서 설명한 인클로저는 세계 도처에서 벌어진 일이다. 또 거듭거듭 벌어지고 있다. 자본주의가 시작되고 작동하기 위해서는 땅을 빼앗기고 땅으로부터 쫓겨나 저임금노동자로 전락한 인간이 먼저 만들어져야 하기 때문이다. 인간이 자급자족할 수 있는 땅의 권리를 빼앗음으로써 자본은 축적하고 지배할 수 있다.

때문에 자본의 문제를 근본적으로 해결하기 위해서는 땅의 권리를 만인에게 되돌릴 수 있어야 한다. 땅에 뿌리박기를 할 수 있어야 한다. 땅에 근거한 토착과 공생은 현안에 대한 최소한의 원칙적 해결방안이 될 뿐 아니라, 건강한 사회를 만들기 위한 토양이 된다. 토착과 공생의 공동체가 지역을 거점으로 확대되지 않는다면 자본주의의 폭주를 막을 방법이 없다. 내가 토착과 뿌리를 강조하는 이유가 여기에 있다.

처음 나는 말이 힘이라고 했다. 담론과 언론은 말이 사회적으로 힘을 발휘하는 방식일 것이다. 사회적 거점을 확보하고 자신을 등록하려면 자신의 말이 들릴 수 있게 해야 한다. 하지만 담론과 언론이 이미 기존 헤게모니 세력에 의해 장악되어 있다. 따라서 뿌리박기는 토착을 위해서라도 자신의 문제를 스스로 제기하며 담론을 형성하는 일을 외면할 수 없다.

사회에서 말은 자신을 표현하는 가장 강력한 수단이다. 때문에 그럴 담론이 없고 그럴 언론이 없다면 만들어 나가야 한다. 랑시에르가 말했듯 민주주의란 선거제도가 아니라 바로 이런 문제의 제기이고 공중에 자기를 등록하는 일이기 때문이다. 각자에게 말할 평등한 권리를 주는 것, 자기가 자기의 소리를 내는 것에서 참된 민주주의가 시작한다.

뿌리박기에는 더불어 말이 필요하다. 공자가 아무리 덕을 앞세우고 모범을 보였더라도 수없이 말하고 글을 쓰지 않았다면 어찌 그의 생각이 퍼졌겠는가? 성인들이 전해지는 것도 결국 그들의 사후 그들이 남긴 말이 기록되었기 때문이다. 담론을 형성하지 않은 채 사회적으로 소통하고 오래 지속하기는 불가능하다. 때문에 토착운동도 언론운동과 분리할 수 없다.

남에게 주술을 걸어 지배하기 위한 말도 있지만 주술을 풀고 자유를 실현하기 위한 말도 있다. 토호가 아니라 토착을 위해. 주술을 푸는 주문으로. 그러므로 말하라! (1/10/일)

# 신영복 선생

신영복 선생이 어제 돌아가셨다. 선생은 무기수로 감옥에서 20년을 보내고 바로 지금 내 나이 무렵에 세상에 나오셨다. 그리고 30년을 세상 사람들과 소통하다가 떠나셨다. 놀라운 것은 선생에게서 분노와 원망 따위나 그 어떤 나쁜 말도 들어보지 못했다는 것이다. 선생은 늘 잔잔한 말투와 점잖은 미소 속에서 통찰력 있는 사유를 비유를 들어 쉽게 설명하였다.

내가 선생의 책을 처음 접한 것이 아마 91년이었을 것 같다. 야학의 한 학생에게서 『감옥으로부터의 사색』을 선물로 받았다. 겨울 감방에서는 서로의 체온이 힘이 되어 주지만 여름 감방에서는 서로의 존재 자체가 엄청난 고통이 되어 선생은 여름보다 겨울을 선호했다. 목수의 집짓기 그림을 통해 사유하는 사람과 일하는 사람의 차이를 발견하고 세상을 보는 시각을 180도 바꾸게 되었다. 신문지 크기의 햇볕 한 장에도 삶의 행복을 느꼈다.

무엇보다 큰 선생의 장점은 사람에 대한 차별과 선입견이 없다는 점일 것이다. 모든 사람을 이해하고자 노력했으며 감옥에서 주어진 시간을 절망하기보다 차가운 벽에 기대어 사람과 세상을 이해하는 성찰의 시간으로 활용하였다. 정말 배우고자 하는 사람은 그 무엇도 가로막을 수 없다는 듯. 삶에서 중요한 것은 환경이 아니라 선택과 결단임을 몸소 증명하였다. 그렇게 20년이 지나자 따뜻한 관계의 철학이 무르익었다.

신영복 선생은 나를 세 번 놀라게 했다. 처음엔 글을 통해 접한 따뜻한 성찰의 힘이었다. 두 번째는 신영복체로 알려진, 한 사람의 인격과 사상이 완벽히 조화를 이룬 글씨였다. 그리고 세 번째가 그림이었다. 선생은 그림을 통해 자신이 통찰한 지혜를 사람들이 쉽게 이해할 수 있도록 하였다. 세상을 바라보는 통찰과 인정이 담긴 그림이었다.

내가 좋아하는 것 중에 '더불어숲'의 그림과 글씨가 있다. 둥그런 소나무 숲이 하나로 어울려 있는 모습이다. 선생은 어떤 목적과 결과를 중시하지 않고 더불어 함께 하는 관계 안에서 사람살이의 궁극을 발견하였던 것 같다. 정말 숲에서 나는 각자가 최선을 다하며 서로 어울려 살아가는 모습을 본다. 그리고 그것 자체가 최선임을 발견한다. 숲은 잘 하고 못하고 비교하지 않는다. 더불어 살아간다는 것 자체로 아름답고 보람되다.

선생을 보며 나는 참된 성찰의 힘과 공부의 의미를 발견한다. 공부는 배우는 것이 아니라 결심하고 하는 것이라고. 사람과 세상을 보고, 듣고, 이해하고, 생각하고, 거기서 깨닫고, 깨달은 것을 자신의 삶에 적용하고, 사람들과 더불어 나누는 것이라고. 글과 글씨와 그림에서 그런 선생의 마음과 삶과 철학을 동시에 읽는다.

돌아보니 군부독재를 겪으며 한국사회는 역설적으로 감옥문학이라는 엄청난 자산을 갖게 된 것 같다. 김지하, 신영복, 김남주, 서준식, 황대권 선생 등이 그렇다. 오늘은 흐리고 눈이 내린다.

항상 깊고 따스하게 세상을 바라보고 또 세상에 말을 건네셨던 선생님의 명복을 빈다. (1/16)

# 의자 뺏기

우리가 사는 사회를 흔히 의자 뺏기 게임에 비유한다. 의자 뺏기 게임은 희소 자원에 대한 쟁탈 경쟁과 도태 원리에 의해 진행된다. 방 안에 놓인 의자는 늘 참가자보다 부족하다. 참가자들은 열심히 돌다가 신호가 떨어짐과 동시에 의자 차지하기 경쟁을 한다. 그 상황에서 다칠 수도 있다. 결국 의자를 차지하지 못한 사람은 '죽어야' 한다. 그러나 악몽은 끝나지 않는다. 살아남은 자들을 대상으로 다시 의자를 하나 더 빼고 의자 뺏기 게임은 계속된다. 의자 뺏기 게임의 최종 생존자 1명이 남을 때까지. 마지막 남은 한 개의 의자를 차지하는 사람만 살아남는다.

유일한 생존자를 제외한 나머지 모두가 사라진다고 생각해보라. 지켜볼 사람이 사라진 단 한 명의 생존이 과연 무슨 의미가 있겠는가? 처음에 도태된 사람은 단지 한 명뿐이었다. 하지만 한 사람을 제외한 모두가 죽어야 하는 게임이다. 그러니 상식을 가진 사람이라면 이런 미친 게임을 현실에서는 결코 하지 않을 것이다. 게임이라는 특수공간이니 놀자고 할 뿐이다. 하지만 잊은 게 있다. 게임이 현실의 그림자이고 연습이라는 사실!

현실에서 만약 10명의 사람이 9개의 의자가 놓인 방안에 있다면 10명의 사람은 모두에게 좋은 방법을 찾으려고 노력할 것이다. 9개의 의자를 모두 붙여 벤치를 만들면 10명도 앉을 수 있다. 어렵지 않은 일이다. 분명 양보하거나 불편을 감수하는 사람이 나올 것이다. 팔걸이의자라면 어떨까? 노약자에게 양보하는 사람이 있을 것이다. 적어도 목숨을 내건 생존게임이 되지는 않을 것이다. 어쩌면 서로의 눈치를 보며 쭈뼛쭈뼛 자리를 하나씩 차지할지도 모른다. 혹 누군가가 앞으로 나와 불평등보다는 평등이 좋으니 모든 의자를 뒤로 물리고 다 함께 바닥에 앉자고 제안할지도 모른다. 현실에는 이렇게 다양한 경우가 발생할 수 있다.

그러나 의자 뺏기 게임은 1인 1의자의 생존게임 규칙이 법적 권력으로 작동한다. 인간의 창의와 상상을 무색케 한다.

그렇다면 다시 현실로 돌아와 보자. 우리의 현실이 다양한 가능성을 만들고 있는가? 1인 1의자의 의자 뺏기 게임을 닮아가고 있는 것은 아닌가? 자본주의사회가 그렇다. 점점더 많은 것들이 의자뺏기 게임이 되어 가고 있다. 여럿이 앉는 전철이나 벤치도 엉덩이 모양을 넣거나 팔걸이를 설치해 한 사람만 앉게 하는 경향이 있다.

전철 안 풍경이 20~30년 전만 해도 많이 달랐다. 지금처럼 7명이 앉을 수 있는 긴 자리에 8~9명이 앉는 것이 예사였다. 요즘 전철에서 7명 자리에 7명 이상이 앉는 경우는 아예 없다. 하지만 요즘도 시골버스는 장날 같은 때면 그렇게 끼어 앉는 모습을 자주 본다. 할머니들은 한 사람 앉을 자리에 둘이 기꺼이 끼어 앉는다. 3세계를 여행하며 느끼는 당혹감 중 하나는 아주 비좁은 의자에도 끼어 앉기가 너무나 자연스럽다는 것이다. 우리가 얼마나 개인화된 문화에서 사는지 곧 실감하게 된다.

우리나라 공원의 벤치나 전철의 의자들은 점점 팔걸이와 턱을 설치해 행려자를 내쫓는 경향이 늘고 있다. 나는 기억한다. 예전 구멍가게들은 가게 앞에 평상을 곧잘 내놓았다. 낮에 아주머니들은 거기 앉아 부업을 하거나 수다를 떨었다. 노인들은 장기를 두었고, 길 가던 사람도 쉬다 가곤 했다. 하지만 그런 평상문화도 이제 거의 사라졌다. 의자에 담긴 문화도 이렇게 많은 변화를 겪고 있다. 당장 이러한 의자문화의 변화만 보아도 사회를 지배하는 원리를 알 수 있다.

법정스님이 불일암에 처음 가 장작개비로 만든 의자는 유명하다. 어느덧 무소유의 상징이 되었다. 통나무로 뚝딱뚝딱 만든 투박한 의자가 스님의 맑은 가난의 상징으로 다가온다. 의자는 사회를 반영하기도 하고 삶의 철학을 반영하기도 한다.

베트남의 산악부족 주거 지역을 트레킹할 때였다. 몽족의 집안에서 만난 토막의자가 참으로 인상적이었다. 마치 목욕탕에서 쓰는 의자처럼 크기가 작은 나무로 만든, 우리나라 목침같이 작은 토막의자였다. 몽족의 가옥은 집안이 흙바닥이고 집 안에서 불을 피워 생활하는데, 그 토막의자를 불가에 앉을 때 사용하곤 하였다. 엉덩이를 겨우 걸칠 정도였기 때문에 의자가 공간을 거의 차지하지 않았다. 그런 의자는 배타적으로 독점하기 위해 만든 것이 아니라 아무나 옮기면서 사용할 수 있는 것이었다. 하지만 소파나 흔들의자처럼 개인을 위한 호화롭고 편안하기 이를 데 없는 의자가 요즘에는 수두룩하다.

물론 내 철학에 맞는 것은 지배하거나 독점하지 않으면서 같이 혹은 누구나 사용할 수 있는 의자다. 다양한 용도와 다양한 모양의 의자가 공존하는 사회가 좋은 사회라고 믿는다. (1/17/일)

# 국제시장

## 국제시장에서

모처럼 쉬는 날 부산 보수동 헌책방 골목을 다녀왔다. 전철을 타고 자갈치역에 내렸다. 그런데 놀라워라. 자갈치역부터 보수동 헌책방 골목 가는 길이 온통 시장이다. 자갈치시장은 워낙 유명해 나도 오래전부터 알고 있었다. 하지만 역에서 보수동 책방 중간엔 깡통시장과 국제시장이 자리하고 있었다. 아직도 활기찬 재래시장을 구경하며 올라가는데 중앙의 시장거리를 중심으로 좌청룡 우백호로 두른 산자락이 눈에 들어왔다. 온통 주택 밀집 지역이다. 장관이다. 부산 특유의 활력과 힘이 여기서 나오는구나 하는 생각이 들었다. 21세기가 됐음에도 북적이는 시장과 서민의 정서는 단연 부산을 따라갈 수 없을 것 같다. 서울만 해도 유명한 재래시장은 벌써 어르신들과 여행자들이 찾는 곳으로 변해 버렸기 때문이다. 국제시장과 깡통시장을 둘러보며 나는 그 동안 천성산에서 지내며 쌓였던 커다란 의문이 풀리는 느낌을 받았다.

## 의문들

작년과 재작년을 천성산에서 보내면서 사실 나는 영남의 지역보수주의에 대해 점점 거부감이 강해졌다. 박근혜 대통령이 집권하면서 박정희 신화화가 가속화되고 어버이연합, 엄마부대, 일간베스트 등 지역편견과 극우보수주의로 무장한 집단의 노골적 행동들이 부쩍 강화되었다. 더구나 세월호와 메르스 등 국가재난사태에도 꿈쩍없는 35%의 절대지지에 자신감을 얻은 대통령이 국사 교과서 국정화, 굴욕적 위안부 협상 등으로 친일파와 독재정권의 미화작업에 매진하는 모습을 보면서 역사의 커다란 위기의식까지 느꼈다. 상식을 무시하는 것이 아니라 모독하며, 역사를 거꾸로 돌리고 있었다. 그런데도 최소 35%의 맹목적 지지는 변하지 않았다.

한편 천성산에서 만난 많은 등산객과 레저인들은 지나친 가족이기주의의 모습을 보였다. 담배를 피우는 것은 물론 함부로 취사와 야영을 하고, 쓰레기를 버리고, 산악자전거와 산악오토바이가 못 타게 해도 거친 말을 써 가며 막무가내로 헤집고 다니는 모습을 보며 거부감이 커져만 갔다. 더구나 타지인이라고 나를 무시하는 발언을 듣는 경험을 한 뒤로는 지역에 대해 유난히 강한 자부심과 우월감을 표출하는 모습이 건건 거슬렸다. 이와 더불어 범어사나 통도사의 계곡 바위들에 빼곡이 새겨진 이름들을 보며 어째 이렇게 영남지역은 이기적으로 자기와 가족 이름 석 자를 자연바위에 함부로 새겨 넣는 문화가 생겼을까 의아했다. 다른 지역에서는 보지 못하던 장면이었다. 이름과 가족에 대한 유난한 집착이 내게는 보수적 유교주의가 남긴 폐해로 보였다.

과거와 현재를 통틀어 영남의 독특한 역사와 거기에서 비롯된 사유와 문화를 이해할 필요가 있다고 생각하게 되었다. 그러면서 나는 작년에 신라와 영남학파의 역사적 위상을 재평가하게 되었다. 남한의 화합과 반도의 통일과 동북아의 평화를 위해서라도 영남의 지역보수주의를 분석하고 비판하고 해체할 필요가 있다고 생각하게 되었다. 영남의 지역주의가 약자가 아닌 강자 기득권과 극우보수주의와 연결되어 있기 때문이다.

영화 〈국제시장〉

국제시장과 깡통시장, 그리고 이곳을 둘러싼 산비탈 주택의 장엄한 모습을 보며 부산 특유의 생활력을 확인하는 것은 어렵지 않았다. 부산 하면 자갈치 아지매라고 하지 않은가? 그만큼 강한 생활력이 느껴졌다.

자갈치역을 나온 나는 미용실에 가서 머리를 먼저 깎았다. 그런데 미용실에 들어서자마자 주인아주머니가 묻는 말이 언제 머리를 감았냐는 것이었다. 그래 어제 저녁에 감았다고 했더니. 나보고 먼저 머리를 감으라고 한다. 불쾌했다. 머리 감은 지 채 10시간도 되지 않고 냄새가 나는 것도 아닌데 머리도 깎기 전에 머리를 감으라고 하는 이야기는 처음 들어봤다. 아무튼 새로운 경험에 대한 호기심을 지닌 채, 머리를 감고 머리를 깎았다. 다소 무뚝뚝하고 거친 느낌이었다. 부산남자들이 무뚝뚝하다더니 부산의 분위기가 그런가보다 하며 시장통을 걸었다.

작년에 히트 친 〈국제시장〉(2014) 속 주인공의 삶과 얼마 전에 인터뷰한 지역 어르신의 인생 이야기는 서로 너무나 닮아 있었다. 그 시대의 전형적 인생이었다. 이것이 내가 품었던 의문 특히 현대사적 의문에 대한 답변이 된다는 생각이 들었다.

내게 이야기를 들려주신 어르신도 영화 〈국제시장〉의 주인공처럼, 전쟁통에 소년가장으로 가족을 먹여 살려야 했다. 어르신은 거지노릇부터 시작해 안 해 본 일이 없었다. 부끄러운 일을 하기도 했다. 생존과 책임을 위해 지독히 노력해 형제와 자식들을 길렀다. 할아버지의 인생살이 이야기를 전부 들을 순 없었다—당신 가슴이 미어져 눈물을 흘리시는 탓에 차마 얘기를 다 끄집어 낼 수 없었다. 하지만 은연중에 삶에 대한 자부심을 갖고 있음도 느낄 수 있었다. 신상이 노출되는 것을 꺼리시는 탓에 여기에 이야기를 자세히 옮기지 않겠다. 아무튼 할아버지의 이야기를 들으면서 〈국제시장〉 주인공 할

아버지의 이야기를 듣는 것 같아 나는 무척 놀랐다.

　드라마 〈응답하라, 1988〉을 보며 놀란 것도 비슷했다. 드라마 속 장소와 주인공이 바로 나의 경우와 너무 비슷했기 때문이다. 1988년 내가 살던 곳이 바로 드라마의 배경인 쌍문동 정의여고 후문의 골목이고 그 당시 나도 고2 드라마 속 주인공들과 같은 나이였다. 나 자신이 근대화 과정에 태어나 자란 세대의 전형이라는 걸 드라마를 보며 새삼 자각했다. 그렇게 나와 〈응답하라, 1988〉처럼, 어르신과 〈국제시장〉도 시대의 전형이었던 것이다. 일제 강점기와 전쟁을 겪고 근대화를 일으킨 세대와 근대화 속에 태어나 자란 세대의 차이가 있었다.

　〈국제시장〉의 주인공 꼰대할아버지는 흥남철수 때 부두에서 아버지와 여동생을 놓치고 부산으로 피난 와 어머니와 동생들의 생계를 짊어진 소년가장 노릇을 해야 했다. 전쟁이 끝나고 국제시장의 상점에서 일하다가 파독광부로 가기도 하고, 베트남전 때는 돈을 벌기 위해 베트남에 가기도 한다. 그야말로 한국 근대사의 굵직한 사건을 겪으며 가족을 위해 헌신한 가장의 전형을 보여주었다. 영화는 꼰대로 비난받는 어르신 세대에 대한 변호 같았다.

　영화의 가장 큰 단점은 자기 행동에 대한 감성적 미화와 자부심만 있고 성찰이 없다는 것이었다. 독재정권에 대한 비판의식이 없는 것은 차치하고, 흥남부두에서 무기를 내려놓고 사람을 구출하는 은혜로운 미국의 휴머니즘을 베트남전에서 자신이 똑같이 반복하는 에피소드는 역사에 대한 몹시 거북한 미화장면이었다. 다소 강한 극우 보수 취향의 향수를 담고 있었다. '우리가 너희를 이렇게 먹여 살렸으니 우리를 욕하지 말라' 이렇게 설득하는 것 같았다. 파독광부가 된 주인공이 무너진 갱도에서 극적으로 구출되는 장면은 후세대에게 자신의 모든 과오까지 합리화할 수 있는 희생물로서 받아들이도록 강요하는 것 같았다.

그럼에도 불구하고 이 영화는 강한 휴머니즘을 품고 있는 장점이 있다. 한국사의 비극인, 이데올로기를 매개로 한 역사적 모순을 무시한 채 영화를 보면, 이 영화도 나름 감동적이고 스펙터클 한 휴먼드라마로 평가할 수 있다. 그래도 역시 영화가 불편했다. 성찰보다는 향수를 자극하는 영화로서, 미화와 합리화의 욕구에 의해 만들어졌기 때문이다. 물론 나도 지난 세대의 고난과 고뇌에 대해서는 감사와 연민을 느낀다. 하지만 역사에 대한 냉철한 비판의식이 생략된다면, 문화도 위험한 권력의 프로파간다로 전락할 가능성이 많다.

영화 속 주인공이 지키고 싶었던 가족과, 가족을 위해서는 무엇이든 가리지 않고 할 수 있다는 무모한 책임감에 대해 우리는 다시 생각해 봐야 한다. 국제시장의 꼰대 할아버지와 자갈치시장의 억척어멈은 고난을 견딘 우리 민족의 강한 생존력과 생명력을 보여주지만 한편 개인과 가족의 생존에 대한 이기적 집착에 근거한 보수주의 정서를 대변한다는 점을 잊지 말자. 부산이 창출한 역사의 전형에 대해 우리는 비판적으로 계승해야 한다.


보수동 헌책방

보수동 헌책방은 다양하게 진화하고 있었다. 단지 옛날의 헌책방 풍경에 머무르지 않고, 헌책 카페 등 새롭고 다양한 시도를 하고 있었다. 하지만 헌책방 골목이 기대만큼 활기차 보이지는 않았다. 시대의 흐름은 어쩔 수 없다.

헌책방 골목을 포함해 국제시장, 깡통시장, 자갈치시장 그리고 판잣집 촌이었을 보수산과 영도 일대의 산비탈이 통틀어 6·25의 고난에 내몰리고 쫓겨 온 피난민들의 치열한 삶을 이명처럼 간직한 장소다. 이곳 자체가 현대사의 퇴적암 지대이자 공명통이다. 전쟁통에 이곳에는 각종 고물과 헌책들이 쏟아져 나왔을 것이고, 헌책방을 뒤지며 어르신처럼 또 주인공처럼 주경야독한 소년가장들도 있었을 것이다.

헌책방 골목에서 책 몇 권을 고른 뒤 나는 돼지국밥집에서 국밥 한 그릇을 먹고, 돌아왔다. 6·25와 소년가장의 이야기는 한국 근대화의 오욕과 함께 하였기에 위대하지만 한편으로 한없이 무력한 소시민의 추억담이 되기도 한다. 하지만 이제 우리는 그런 위안의 역사를 극복해야 한다.

유독 산에서 어묵탕과 라면 끓여먹기를 좋아하는 지역 등산객의 가족애와, '우리가 남이가?' 하던 의리의 근거를 나는 국제시장에서 만나는 듯 했다.

(2/3/수)

# 신성가족 신성동맹

## 신성가족

불행하게도 신성가족과 신성동맹은 서양사에만 나오는 에피소드가 아니다. 한반도를 수령의 역사에 처박은 유사종교적 권력구조가 바로 신성가족이고 신성동맹을 형성하기 때문이다. 무엇이 신성인가? 전지전능하고 무소불위하여 그 절대성을 의심할 수 없는 존재가 신이고 그의 능력이 신성이다. 감히 의심하는 자 천벌을 면치 못한다. 그러므로 절대 신은 절대 비합리한 절대 권력이다. 북조선이 옛 소련의 인형 같은 오뚝이 삼대 김씨 신성가족을 백두혈통이라 자랑하며 눈물콧물 다 짜내며 찬양할 때, 남조선은 히틀러를 닮은 반인반신의 박씨 신성가족이 등장하여 마녀재판식으로 신성모독을 처단하고 자천자등하였다. 이제 반도도 천황가 치하 열도의 아류가 될 판이다.

사실 따지고 보면 조선 거리에 넘치는 '김이박'이 일찍이 삼대 신성가족이었다. 조선 이씨 신성가족이 몰락하자 김씨 신성가족과 박씨 신성가족이 등극한 것은 너무나 자연스러운 일일지 모른다. 왜냐하면 하늘에 돌 던지면 김이박 중 하나는 맞을 게 틀림없을 정도니 말이다, 세 성씨는 남조선의 지배세력이었다. 그렇지 않은가? 김씨 박씨야말로 남조선 신라의 지배세력 아니었던가? 이씨 쿠데타로 망하며 발본색원 당한 왕씨만 억울할 뿐이다. 하지만 왕권을 이양하고 살아남은 신라세력인 박혁거세의 박씨와 김알지의 김씨야말로 다시 천손 부흥하여 이어지고 있으니 조선의 이씨 신성가족은 비할 바 아니다. 북조선의 김씨 신성가족과 남조선의 박씨 신성가족의 뿌리도 퀴퀴한 냄새가 나도록 유구하다. 물론 나는 반도의 주류 성씨에 대해 모독하려는 것이 아니다. 다만 구습 신습의 신성가족을 여태 무슨 자랑으로 여기며 족보를 따지는 족속들을 비판하는 것이다. 신성가족의 신성을 입에 올리는 순간 이미 신성 통치가 행해지고, 신성종교의 주술에 걸려든다.

그러니 신성가족의 뿌리를 파헤치고 근본을 해체하는 것이야말로 민족의 숙명 과제다. 북은 김씨의 동상을, 남은 박씨의 동상을 엎어 깨뜨려야 한다. 안 그러면 정말 친일파 기회주의자의 정체성을 숨기고 미국의 꼭두각시로 남조선을 통치한 박씨를 근대화의 아버지로 추앙하고, 종미 기회주의자의 정체성을 숨기고 건국의 아버지로 등극하려는 이씨의 망령을 신성화하려는 일이 벌어지고 말 것이다. 권력에 눈이 멀어 제 민족을 기꺼이 희생양으로 삼을 줄 알았던 이씨와 박씨의 과단성이야말로 역사와 백성에 대한 모독이 아닌가? 없는 신이라면 차라리 낫겠다. 죽어 신이 된 열도 신성가족의 저주를 우리들은 천년이 넘게 이웃나라에 두고 치떨며 겪었다.

## 신성숭배

돌이켜보면 나도 한때는 신성숭배에 동참하여 눈물을 흘리기도 하였다. 바로 초등학교 2학년 겨울 10 · 26 때다. 박씨가 여자를 끼고 술파티를 하다 수하의 총에 맞아 쓰러졌을 때, 정말 하루아침에 국부를 잃은 슬픔에 빠졌다. 아침 뉴스를 접한 나는 한없이 슬프고 두려웠다. 이제 나라가 망하려나 보다 생각하며 학교에 갔다. 홍콩의 괴물이 선박에서 탈출해 서울에 잠입했다는 당시의 유언비어보다 더 무섭고 절망적이었다. 그토록 위대한 민족의 지도자께서 돌아가셨으니 당연한 일이다. 매일 아침 저녁 뉴스에 나와 민생을 돌보시던 구세주 대통령이 돌아가셨으니 나라가 망하는 것은 시간 문제라고 여기는 것이 당연했다. 9살 아이의 자동반응이 유신종교의 세뇌 결과였다는 것을 안 것은 훨씬 후의 일이었다.

북조선 김씨 왕조 1대 성부가 죽었을 때 판문점에서 군생활 하던 나는 북조선군인들이 피눈물을 흘리는 모습을 보며 그들의 심정을 충분히 이해할 수 있었다. 나도 국민학교 2학년 때 이씨 조선의 고종 죽음에 통곡하던 조선 백성들처럼 하늘이 무너지고 땅이 꺼지는 고통을 이미 체험했기 때문이다. 이래서 한민족인가? 남북이 모두 신성통치를 받고 있으니.

아, 그리고 도무지 한마디 한마디 공허하기 짝이 없는 말을, 정말 자신이 무슨 말을 하는지조차 모르면서 말을 하는 박씨의 딸이 대통령이 되는 것을 지켜보며, 남조선 신성가족의 실체를 뼈저리게 거듭 확인하게 되었다. 죽음에 대해 동정할 게 아니었다. 끝난 게 아니었다. 라캉이 옳다. 부재가 요란하다. 프로이트가 적중했다. 암살당한 1대 박씨가 신으로 거듭났다. 신성가족은 해체되지 않았다. 오히려 건재했다. 신성동맹이 있었다. 신성동맹이 신성종교를 생생하게 유지하며 신성가족을 복구했다. 혈통의 신성가족이 복귀하기까지 우리는 이것을 미처 의식하지 못했다.

하기야 미국의 프레이저 보고서를 알고서야 나도 박정희 근대화의 신화를 완전히 깰 수 있었으니, 아침저녁 종교 의례처럼 수령과 대통령의 순시와 일상을 접하며 인성을 형성해 온, 남조선 북조선의 신민들이야 오죽하겠는가? 정말 이 땅에서 제 명대로 살아남은 사람들은 신성동맹의 세뇌에 의해 거개가 반민족 반통일 세력일 수밖에 없다. 우리의 생존 자체가 굴종과 맹종의 신성의식과 신성동맹에 의해 세뇌되었기 때문이다. 신사참배자들인 우리도 공범이다. 그래서 오늘 온몸을 던져 박씨 신을 옹위하는 어르신들의 진실성을 나는 의심하지 않는다. 돈 몇 푼 따위로 몸 던질 어르신들이 아니다. 뇌수와 골수까지 선성동맹의 혈맹이 된 탓이라 하지 않을 수 없다.

## 신성동맹

때문에 우리는 김씨 박씨의 신성가족뿐 아니라 그들을 빙자해 신민을 겁탈하고 수탈한 신성동맹자들 모두를 끝까지 물고 늘어져야 한다. 검찰과 중앙정보부의 잔악한 고문과 조작사건들은 말할 것도 없고, 판사, 검사, 군경, 재벌, 교수, 언론인, 교육자 등 동맹자로서 신성국가를 지탱해 온 우리 사회의 비겁한 지도층들의 장엄한(?) 이력을 황동의 소녀상보다 법원 앞에, 광화문 앞에, 국회 앞에,《조선일보》앞에, KBS 앞에, MBC 앞에 세워야 한다. 굴종과 왜곡의 부끄러운 역사를 만천하에 공개해야 한다. 우리에게 부끄러움과 뉘우침의 순간을 기꺼이 허락해야 한다. 애초 관용 따위는 필요 없었다. 그런데 우리 사회를 지배하고 있는 이토록 두텁고 탄탄한 혈맹을 모두 어쩌란 말인가? 신민이 분열증에 걸려 사고를 못하거나 잠들었으니 어쩔 수 없다.

이대로는 결코 적폐 청산을 할 수 없다. 진실이 채 드러나기도 전에 벌써 화해하고 용서하지 않았는가? 그것이야말로 신민의 안일이었다. 청산을 하려면 낱낱의 진실이 필요하고, 화해를 하려면 고백과 사죄가 필요하다. 그런데 우리에게 진실이 온전히 드러난 적이 있는가? 진솔한 고백이 있었던 적이 있는가? 사죄를 했던 적이 있는가? 그러므로 우리 역사에 화해 따위는 아직 필요없다. 오직 진실에 의한 판단이 필요할 뿐이다. 다른 처벌은 필요없다. 진실자체가 처벌이 되게 해야 한다. 하지만 보라. 아직도 신성가족 수호를 위한 은폐와 음모의 거짓이 모든 것을 뒤덮고 있다.

일제강점기 때도 그랬고 지금도 그렇다-물론 이씨 왕조 때도 그랬다. 그때는 워낙 암울했으니 어쩔 수 없었다고? 그것이야말로 구차한 변명이다. 애국을 외치며 친일은 용서해도 빨갱이는 용서할 수 없다던 이씨와 박씨야말로 매판적 반민족 기회주의자였지만, 결국 진실이 승리해 본 적 없는 나라에서는 그들의 신성권력과 신성동맹만이 승승장구하였다. 이 땅에는 일찍이 친일이 친미고 친미가 애국이었다. 그러니 제 정신으로는 도무지 살 수 없다. 반민족적 기회주의은 반공애국 앞에 아무것도 아니다.

## 신성파괴

얼떨결에 총 맞아 죽은 박씨는 억세게 운이 좋았다. 반민족 친일 앞잡이로 살다가, 다시 남로당 간첩으로 수백 명의 동료를 팔아먹고, 다시 쿠데타에 성공해 독재정권을 수립하고, 수많은 민간인을 간첩으로 몰아 죽이고, 그리고 그러고도 근대화의 영웅이자 국부로서 거듭날 수 있었으니 정말 억세게 운이 좋은 남자였다. 남조선을 정신분열적 신민의 나라로 만들고 그토록 꿈꾸던 신이 될 수 있었으니 말이다. 민족을 지키고도 이씨 신성가족을 위해 자결해야했던 이순신에 비하면 얼마나 운이 좋은가? 더구나 그의 딸까지 아비의 신성동맹체를 물려받아 신성 여왕이 되어 신성 종교를 강화하고 있으니 이 민족은 사유가 마비되었음이 틀림없다.

남과 북의 조선이 이토록 미개하니 헬조선이라는 말도 자연스럽다. 왜냐하면 헬(지옥)이야말로 신의 심판에 의해 버려진 자들을 위해 만들어진 곳이기 때문이다. 아니 위해서가 아니라 버려진 자들의 고혈을 짜기 위해 죽음조차 유예된 장소가 바로 헬(지옥)이기 때문이다. 하지만 이것은 악몽이다. 그 어떤 신성가족도 없다. 애초 인간 치고 신성할 게 없다. 좀비처럼 신성의 집단 최면에 걸려 집단 악몽을 꿀 뿐이다. 남조선 북조선은 이제 꿈을 깨야 한다. 어떤 신성 가족도, 신성 종교도, 신성동맹도 인정하지 말아야 한다. 철저히. 신성한 것들을 파내고 무너뜨려야 한다. (2/9/화)

# 대통령의 꿈, 절대권력의 무서움

## 대의제의 한계

'모든 권력은 부패한다. 절대권력은 절대 부패한다'는 말을 나는 진리로 받아들인다. 대의제에 기반한 정당정치에도 분명 결함이 존재한다. 최장집 교수의 말처럼 지역주의와 혈연·학연·지연의 연줄에 얽매인 엘리트들의 정당정치는 일종의 과두정치의 예일 뿐이지, 결코 대의제 민주주의가 될 수 없다. 대중으로부터 권력이 나오지 않고, 대중을 정치적 수단으로 동원하기 때문이다. 더구나 남한 사회는 남북 대치로 인해 제대로된 정치담론을 형성할 수 없는 구조를 지금까지 유지하고 있다. 종북 좌빨이라는 말에서 알 수 있듯이 우리 사회에서 진보는 언제나 독재권력의 탄압 대상이었다. 합리적이고 건강한 민주주의가 정착하려면 동서 지역주의와 더불어 남북 분단모순이 해결되어야 한다.

정당정치의 건강함을 위해서라면 진보정당에 해당하는 정의당, 녹색당, 노동당 같은 군소당이 지지를 받았으면 좋겠다. 하지만 남한이 처한 현실은 지금까지 최악을 피하는 차선의 강구에 급급해 민중이 언제나 자충수에 가까운 타협의 길을 강요받아 왔다. 이제는 소주며 맥주며 막걸리며 물이며 마구 섞어 휘저어 놓은 꼴이 되고 말았다. 이번 선거(2016년 4월 13일 지방선거)도 역시 최악을 막기 위한 차선에의 강요에 또 다시 직면하게 되었다.

## 박근혜 대통령

박근혜 대통령이 당선되었을 때 나는 대통령을 극우 보수 진영의 가케무사(꼭두각시)라고만 생각했다. 그런데 오판이었다. 권력 게임에 이토록 능숙한 줄 몰랐다. 그 아버지에 그 딸이었다. 최고 권력 곁에서 직접 보며 습득한 독재권력의 기법을 유감없이 발휘했다. 국정원을 튼튼히 지키면서 통진당을 해산시키고, 집권 초기 통일대박론―그야말로 통일을 장사로 생각하는 천박한 표현이다―과 일본에 대한 단호한 표현 등으로 연막을 피운 뒤, 중반에 들면서 당내 견제세력인 유승민 대표를 찍어내고, 국사 교과서 국정화를 관철하고, 위안부 문제를 임의로 합의하고, 북풍을 일으켜 한반도 위기를 고조시키는 등 그야말로 장기 독재권력 체제 구축을 위한 포석을 진행하는 것을 보며 혀를 내두를 수밖에 없었다. 김기춘과 국정원을 활용하는 것은 아버지와 똑같았다. 냉전체제를 세습한 이토록 노련한 정치꾼이 있었던가? 창조경제도 그야말로 공허한 코스프레지만 당근과 채찍처럼 아버지가 사용했던 경제와 반공의 대국민 수사학으로 손색이 없었다.

대통령의 절대지지층은 최악의 경우 35%지만 40%로 봐야 한다. 거기에 유동층 20%는 북풍을 조성하면 비록 예전 같은 효과는 덜하더라도 한국 언론의 무비판적 추종의 결과 적어도 10%까지는 확실히 확보하고 있다고 봐야 할 것이다. 그렇다면 아무리 야당이 똘똘 뭉쳐도 압승은 불가능하고 50%를 넘는 것을 과제로 삼을 수밖에 없다.

## 모방의 역사

얄밉지만 김종인 대표의 정치 바둑도 녹록치 않다. 결국 그의 지적처럼 지금 한국정치가 직면한 위기는 일본의 극우보수세력인 자민당의 장기독재와 같은 형국이 한국에서 구축되는 결정적인 시점이라는 것이다. 대통령이 철저히 모방하고 목표하는 것이 자민당 장기독재 체제를 구축하는 것이라는 것은 이즈음 확실해 보인다. 한때는 그것이 대통령 1인의 꿈인 줄 알았다. 하지만 우리 사회 지배계급이 보여주는 노골적 과시와 자신감, 그리고 서울시 교육청의 친일인명사전 보급에 대해 사립학교교장단이 교육권 침해 운운하는 성명을 발표하는 것을 볼 때, 이 나라를 지배하는 극우 보수 집단의 헤게모니와 그들의 체제 장악력이 섬뜩하게 다가왔다. 신문과 TV 방송 등을 통해 여론을 장악한 극우 보수 집단의 권력을 극복하는 것이 현재로서는 정말 꿈같이 멀게 느껴진다. 절망스럽다.

대통령이 아버지 박정희를 그토록 절절히 또 깊이 계승한 줄은 미처 몰랐다. 그저 노인네들의 동정에 따른 잠깐의 집권이겠지 하는 식으로 안일하게 생각하고, 지금 남한 역사에서 벌어지고 있는 이 사건의 막중함을 자각하지 못했던 것이다. 아버지 박정희가 일본 제국주의를 내면으로부터 숭상하고 군부 쿠데타와 유신을 모방함으로써 남한에서 군국주의 일본제국의 모습을 재현했던 것처럼, 현 대통령은 군국주의 세력의 자민당이 일당 장기독재를 하며 일본을 마음대로 주무를 수 있는 체제를 수립한 것을 모방해 남한에 그대로 실현하고자 한다. 사실 그것만이 아버지의 명예를 지키는 길인 것은 분명하다. 아베 수상과 박근혜 대통령의 사명과 실천은 동일하다. 일제 파시즘, 이것이야말로 그들이 계승한 정신이다. 동북아의 재앙이다.

우리 역사에는 일찍이 최고 권력자에 대한 부관참시나 삼족을 멸하는 따위의 형벌이 없었다. 그러한 형벌은 모두 백성을 대상으로 행해졌다. 오직 권력을 지키기 위해 부관참시와 삼족을 멸하는 형벌이 수시로 자행되었다. 하지만 역사가 바로 서기 위해서는 독재권력에 대해 부관참시가 필요하다. 이런 심판이야말로 부패하는 권력의 번성을 차단하기 위한 방책이 된다. 역사적 심판은 무섭도록 단호한 도덕적 기준에 의해 적용되어야 한다. 그렇지 않으면 우리는 반드시 파멸적 재앙에 이를 것이다.

## 야합을 넘어

나는 야합의 정치를 혐오한다. 하지만 권력욕에 사로잡힌 분열은 더 혐오한다. 1987년 민중항쟁의 결과로 얻어낸 대통령 직선제 상황은 역사 속에서 거듭 반추되어야 한다. 그때, 건국 이래 민주선거로 역사청산을 실현할 최초의 기회가 주어졌다. 구사일생으로 찾아온 독재와 친일 역사 청산 기회였다. 하지만 당시 야당 대통령 후보였던 김영삼 씨와 김대중 씨는 후보단일화를 거부했다. 결국 신군부의 노태우 씨가 당선됨으로써 민주투사였던 김영삼 씨와 김대중 씨는 민중과 역사의 대역죄인이 되고 말았다. 그들의 분열이야말로 민중과 역사에 대한 배신이었다.

그 뒤 이 땅의 중도파의 행로는 야합과 타협의 연속이었다. 신군부였던 노태우 대통령과 야합함으로써 대통령이 된 김영삼 대통령과 그에 이어 구군부였던 김종필씨와 타협함으로써 대통령이 된 김대중 대통령은 이 땅의 진보를 지역주의에 기반한 보스정치로 오염시키고 물들인 장본인이었다. 경남의 보수화와 지역주의는 박정희와 전두환의 영남군벌 정치에 이은 김영삼 대통령의 야합 책임이 결정적이었다. 때문에 이들은 역사에 대한 진실규명이 채 끝나기도 전에, 그리하여 사죄가 미처 이뤄지기도 전에, 용서와 화해를 선언해 버렸다. 적폐 청산의 사명보다 권력의 맛에 취해 버렸다. 우리에게 필요한 것은 용서와 화해가 아니다. 여전히 진실이고, 진실에 근거한 사죄와 처벌, 그리고 냉철한 평가다.

그렇게 기회를 날리자 반동이 도래했다. 2008년 이명박 정권과 뉴라이트의 등장과 함께 은폐와 미화가 체계적으로 또 노골적으로 강화되기 시작했다. 이제 남은 길은 역사에 대한 부관참시밖에 없을 듯하다. 그것이 아니라면 이 땅에서 눈조차 감지 못하고 죽은 수백만 영령의 한을 어떻게 씻고, 미래 세대에게 무엇을 기약할 수 있겠는가? 우리는 끊어야 할 것을 끊지 못한 채 야합에 야합을 거듭하며 모든 판단의 기준을 잃어버렸다. 때문에 이제 역사적 과오와의 단절을 부관참시의 각오를 가지고라도 실행해야 한다.

친일 극우 정당 장기집권 체제 수립의 성패를 좌우하는 현실정치의 선거가 얼마 남지 않았다. 하지만 대통령의 노련한 수를 받아치고 역공을 펼치기에 야당과 백성은 아직 너무 미숙해 보인다. 한마디로 모든 야당과 반독재세력이 머리를 맞대고 논의해도 될 듯 말 듯 하다.

지금 우리의 목표는 권력 창출이 아니라 독재 체재 장기화의 방지다. 무엇을 위해? 자유와 평등을 위해.

## 절대권력의 무서움

절대권력의 무서움은 폭력이 아니라 미소에 있다.

왜 우리는 권력 창출이 아니라 절대권력 방지를 목표로 해야 하는가? 왜 우리는 가장 강한 절대권력에 우선 대항해야 하는가? 왜냐하면 절대권력의 절대폭력이 물리력이 아니라 미소와 상징에서 발현되기 때문이다. 피라미드 정점의 방구 하나가 나비효과가 되어 피라미드 전체를 뒤흔들고 무너뜨린다. 절대권력이 존재하는 사회는 그만큼 취약하다. 박근혜 대통령을 둘러싸고 벌어지는 작금의 친박, 진박, 원박, 신박, 구박, 짤박, 옹박 등 각종 박들이 무성한 것은 절대권력 앞에 충성경쟁을 하며 권력을 누리고자 하기 때문이다. 절대권력의 절대부패 과정을 보여주는 장면일 뿐이다.

이승만 대통령이 김구 선생을 살해했을 리 없다. 그냥 서북청년단장과 차를 마시며 김구 선생이 불편하다거나 '그러면 안 되시지' 정도로 말을 하면 되었다. 오히려 안두희가 김구 선생을 암살하자 혼냈을지 모른다. 박정희 대통령이 장준하 선생을 암살했을 리 없다. 그저 중앙정보부장과 차를 한 잔 하며 장준하 선생이 불편하다고 말을 했을 것이다. 그리고 며칠 뒤 신문에서 장준하 선생의 죽음을 보고 중앙정보부장에게 호통을 쳤을지 모른다. 절대권력은 절대 폭력을 직접 지시하지 않는다. 오직 미소로 피해자를 위로할 뿐이다. 위계조직과 언론이 알아서 작동할 뿐이다.

박근혜 대통령도 유승민 의원을 직접 지목하지 않았다. 다만 배신의 정치는 심판받아야 한다고 노기 띤 목소리로 말했을 뿐이다. 그러자 도처에서 자진 충성파가 나타나 사후 처리를 하기 시작했다. 박근혜 대통령이 통진당의 이정희 의원을 쫓아내라고 말했겠는가? 국정원과 검찰과 법원이 알아서 했을 뿐이다. 대통령은 그럴 의도가 없다. 다만 불편한 기색을 내비쳤을 뿐이다.

최근 몇 년 사이 국정원 직원의 자살사건을 접하면서 나는 국가기관이 작동하는 방식이 어쩌면 이렇게도 조직폭력배와 닮았는지 실감하고 두려움을 느꼈다. 21세기까지 무노조 원칙을 고수하는 삼성을 비롯해 한국사회를 장악한 재벌들이라고 다르지 않다. 그들은 하나같이 최고의 교양과 너그러움을 갖추고 있다. 다만 약간의 불편함을 느낄 뿐이다.

그렇다. 문제는 그들의 불편함일 것이다. 그 불편함을 제거하기 위해 상시 대기 중인 권력기계의 심복들이 자동으로 움직인다. 법원, 군대, 경찰, 방송, 언론, 대학, 학교, 병원 등 절대권력이 자리한 곳은 어디서나 절대권력을 뒷받침하는 시스템이 자동으로 작동한다. 권력을 지탱하는 것은 위계사회의 자동화 시스템이다.

절대권력이 지배하는 사회에서 말해지지 않는 명령은 명령이 아니지만, 말해지지 않는 명령이야말로 바로 절대적 명령이다. 그러므로 우리는 절대권력에 대해 집요하게 폭로하고 심판하고, 감히 말해지지 않는 것을 말해야 한다. (3/5/토)

# 소녀상을 위해
- 박정희와 정옥순 그리고 바수밀다

## 소녀상

지난 가을 박근혜 대통령은 국사 교과서의 국정화를 관철하고, 일본과의 위안부 문제 합의를 일방적으로 성사시켰다. 국민의 반대는 아랑곳하지 않고 역사를 바로세우고 일본과의 우호 관계를 위해서라고 했다. 어떤 역사이고 어떤 우호인지 심히 의심스럽지 않을 수 없었다.

사실 고백하지만 나는 그녀가 독재자의 딸이긴 하지만 최소한 여성으로서 위안부 할머니들에 대한 공감은 갖고 있으리라 생각했다. 그렇지만 공감이 남녀의 문제는 아니었다. 대통령과는 상관없는 일이었다. 어떻게 같은 여자로서 위안부 문제를 그렇게 외면할 수 있을까? 더구나 이것은 국가 차원의 문제이고 역사문제이기도 하지 않은가? 덕분에 일본대사관 앞 소녀상을 지키기 위해 대학생과 시민들은 겨울 내내 노숙하며 영하 10도, 20도로 내려가는 맹추위를 견뎌야 했다. 경찰은 구호도 노래도 텐트도 허용하지 않았다. 일관되게 시민을 적으로 대하는 공권력의 모습을 보여주었다.

덕분에 나도 소녀상을 예수의 십자가처럼 우리 민족은 물론 동북아의 상처이자 희망의 상징으로 다시 거듭 받아들이게 되었다. 추운 겨울 소녀상이 새롭게 부활하고 있었다. 추운 날씨에도 소녀상을 지켜준 이 땅의 수많은 소년소녀와 청년들에게 감사한다. 그들이 소녀상의 머리에 씌운 털모자, 목에

두른 목도리, 손에 끼워준 장갑 그리고 그들의 뜨거운 마음이야말로 우리가 희망찬 미래를 기대할 수 있는 씨앗이 아닐까 한다. 이들 모두의 사랑에 의해 소녀상이 더 뜨겁고 강렬하게 다시 태어나고 있었다. 바로 이곳에서 모든 것이 다시 시작되어야 한다.

## 박정희

한편 박근혜 대통령은 내게 엄청난 과제를 던져주었다. 대통령의 집요함을 나는 어떤 식으로든 이해해야만 했다. 왜 대통령은 이토록 친일 역사미화 문제와 굴욕을 감수한 위안부 문제 합의에 집착하는가? 도대체 무엇이 있기에 과반수 국민의 반대에 아랑곳하지 않을까? 그리고 왜 영남과 극우기독교와 노인들은 저토록 반민족적인 대통령을 맹목적으로 지지할까? 또한 국정원을 비롯한 국가기관, 언론, 학자, 기업 등은 왜 그렇게 자발적으로 과잉 충성할까? 그럴 때 소녀상 맞은편에 떠오르는 상이 하나 있었다. 바로 딸에 의해 세워지고 있는 박정희의 거대한 동상이다. 이승만과 맥아더쯤 이 땅에서 박정희에 비하면 아무것도 아니다. 그저 좌청룡 우백호에 지나지 않는다. 박정희야말로 이 땅에서 실질적이고 절대적인 권력을 장악했으며, 친일파와 극우의 구심점이자 태두였기 때문이다.

그런데 일제와 친일파의 가장 치명적인 부분이 바로 위안부 할머니로 불리는 살아 있는 성노예의 희생자들이다. 일제 패망 70년이 지나도록 청산하지 못한 역사 때문에 우리는 아직 일제 파시즘의 망령에서 벗어나지 못하고 있다. 친일파 지배자들과 그 후손은 자신들을 미화하기 급급하다. 그들이 바로 자랑스런 역사이며 바른 역사라고.

사람들은 말한다. 박정희는 과보다 공이 많다고. 그가 독립군을 때려잡던 만주 관동군에 자원입대한 장교 출신이어도, 군내 남로당 군사총책의 고위 간첩이었다가 탄로나자 조직과 조직원 모두를 자백해 수백 명이 처형당하게 하고 저 혼자 살아남았어도, 4.19혁명과 장면 정부의 혼란 중에 김종필을 중심으로 한 육사 8기의 쿠데타를 등에 업고 어부지리로 정권을 탈취해도, 나라와 백성을 팔아먹는 한일 굴욕 외교로 자신의 정치적 경제적 기반을 다지고, '71년 대통령 선거에서 김대중을 겨우 이긴 뒤 하나회 등 영남군벌을 키우고 호남을 차별하며 지역주의를 조장하고 유신헌법을 통해 남한 사회에 파시즘 장기독재체제를 구축하고 영구집권을 획책하며 한국 사회의 모든 구조를 왜곡시킨 장본인이어도. 그래도 보릿고개를 건진 구세주란다. 산업화시킨 장본인이라고 한다.

사실 나도 미국의 '프레이저 보고서'를 보기 전까지 그래도 70년대 산업화의 공은 있지 않은가 생각했다. 하지만 '프레이저 보고서'를 접한 이후 박정희는 무엇으로도 구제받을 수 없는 100% 죄인으로 결론을 내릴 수밖에 없었다. 한국의 경제개발 프로젝트는 미국의 동북아 전략에 의해 진행된 것에 지나지 않았다. 장면정부 때 이미 한미경제기술원조협정이 채결되고, 경제개발 5개년 계획이 수립되어 수출주도형 산업발전 전략이 마련되어 있었다. 다만 박정희가 탈취해 그때 거기 있었을 뿐이다. 박정희는 독재자답게 여기저기 나타나 지휘하는 폼을 잡고 사진을 찍고 권력의 하녀가 된 언론을 통해 국민을 세뇌시켰을 뿐이다. 그는 당시 조선일보 사장을 밤의 대통령이라고 높이 평가했다. 그만큼 주류언론이 국민의 눈과 귀를 가려 권력에 복종했기 때문이다.

그에게는 항상 반대 짝이 있다. 안중근의 혈서와 박정희의 혈서를 보라. 민족을 위해 단지하고 이등박문을 처단한 안중근 참모중장의 혈서가 있다. 정반대로 일본 파시즘의 일원이 되기 위해 '멸사봉공 견마지로를 다하겠다'고 혈서를 쓰고 자진해서 만주군관학교에 들어간 뒤 관동군 장교가 되어 독립군을 때려잡고 양민을 학살하는 일에 충실했던 골수 파시스트 박정희의 혈서가 있다. 1931년 만주사변 이후부터 설치 운영된 위안부가 박정희부대라고 왜 없었겠고, 박정희라고 조선인 위안부를 왜 몰랐겠는가? 잔혹한 생체실험으로 유명한 100부대와 731부대도 몰랐을 리 없다. 그는 뼛속 깊이 일본인이 되고자 했고, 조선에서 태어난 열등감을 극복하기 위해 일본인보다 더 일본에 충성한 짝퉁 일본인이었다. 소녀상과 박정희 동상은 그래서 피해자와 가해자의 대조를 이룬다. 일본의 극우보수가 그토록 위안부를 매도하는 것은 사실 장교와 사병 모두 공범이기 때문이다. 그런데 당시에 자발적으로 일본장교가 된 조선인들에게 민족애 따위를 기대하는 것이 말이 되는가?

징집되어 일본 군대에 끌려갔다가 탈출해 광복군이 되어 돌아와 군부독재에 맞섰던 장준하 선생을 생각해 보자. 자발적 지원에 의한 관동군 장교가 된 박정희와 너무도 대조적이지 않은가? 이승만이 김구 선생을 제거하였듯, 박정희가 장준하 선생을 제거하게 되는 것은 역사적 필연에 가깝다. 우리나라는 결코 인물이 없는 나라가 아니다. 인물이 나타나면 하나하나 또 집단으로 암살하고 제거했을 뿐이다. 아기장수설화가 나올 수밖에 없는 사회였다.

이런 박정희에게 민족주의 따위를 기대하는 것은 어불성설이다. 오히려 그는 일관되게 성공과 권력을 추구한 야심가에 지나지 않는다. 그가 가장 모델로 삶고 추앙한 것이 바로 1930~1945년 패망까지 일본을 장악했던 일제 군국주의의 파시즘이라는 점을 잊어서는 안 된다. 그는 쿠데타나 국민교육헌장, 유신헌법 등 무엇 하나 일제 파시즘을 모방하지 않은 것이 없었다. 그야말로 박정희는 진정 일본 파시즘이 이 땅에 피워낸 꽃이었다. 그래도 박정희가 자랑스러운가?

전범이었던 아베 총리의 외할아버지인 기시 노부스케와 박정희와의 관계는 바로 만주를 중심으로 활동한 일제 파시즘의 동지라는 데 있다. 그의 손자인 아베 총리와 딸인 박근혜 대통령이 70년 만의 해후를 성사시킨 것은 그야말로 역사적인 일이다. 한국과 일본이 파시즘으로 내밀하게 연결된 모습을 단적으로 드러낸 사건이다. 그들이 공통의 아킬레스건인 위안부 할머니들을 희생양으로 삼은 것은 당연하다면 당연한 역사의 아이러니다. 결국 대동아공영의 일제 파시즘이 동북아에 굳건히 건재함을 대내외로 과시하는 데 성공하였다.

그런데도 박정희의 동상을 세우고 박정희를 찬양하는 영남사람들과 노인들은 무엇인가? 그저 역사의 공범이 되었을 뿐이다. 독재권력에 의해 통제되는 학교와 신문과 텔레비전에 맹목적으로 노출되어 무비판적으로 받아들이고 복종한 것을 그들의 잘못이라고 할 수 있겠는가? 그렇다. 사정은 알지만 그렇다고 맹목의 지지와 복종에 대해 무책임할 수는 없다. 한나 아렌트가 책임 없음을 강변하는 전범 아이히만에게 무사유의 책임을 묻는 것과 같다. 반성도 성찰도 할 수 없음이 바로 유죄다. 역사적 공범이 된 죄가 바로 암처럼 민족을 병들게 했다. 양심도 정의도 팔아버린 공범이 그래서 무서운 것이다.

그렇기 때문에 더욱 더 우리와 일본 나아가 중국을 포함하는 동북아의 역사는 엄격하게 진실을 캐고 심판하고 청산해야 한다. 현실적으로 쉬운 일이 아니다. 오히려 앞으로도 질곡의 역사를 걷게 될 확률이 더 많다. 패배를 모르며 승승장구한 권력이 그것을 가만 놔둘 리 없기 때문이다. 잠든 국민이 스스로 깨어나는 것도 쉽지 않다. 권력자들은 국민이 잠에서 깨어나지 않도록 모든 수단을 동원할 것이다. 종북빨갱이 몰이도 그 중 하나다. 허위가 지배하는 시대에 진실을 외치기란 참으로 어렵다. 하지만 더욱 중요하고 더욱 더 절실하다.

## 정옥순

얼마 전 '뉴스타파'에서 이토 다카시 씨가 98년 북에서 인터뷰한 정옥순 할머니의 증언이 담긴 〈북녘 할머니의 증언〉 영상을 공개했다. 이 글을 읽는 사람이라면 꼭 보기 바란다. 영상을 보며 하염없이 눈물을 흘렸다. 동시에 분노를 참을 수 없었다. 정옥순 할머니의 증언과 그것을 증명하는 몸의 상처는 지옥 그 자체였다. 정옥순 할머니는 살아나올 수 없는 지옥에서 살아나온 지옥의 증인이었다. 그곳은 모든 것이 상상을 초월하는 잔혹한 소굴이었다. 세상의 모든 고문기구가 사용되고 잔학과 잔혹이 행해졌기 때문이다. 아우슈비츠가 차라리 인간적일 지경이었다. 나는 지옥도를 상상으로 그려진 것으로 알았다. 하지만 할머니에겐 그것이 살아 겪은 생생한 역사였다. 그리고 이것이야말로 친일파와 일제가 숨기고 싶어 하는 그들의 실체였던 것이다.

이토 다카시의 기록을 그대로 옮기겠다.

### 산 사람 삶아 강제로 먹이기도…

정옥순(鄭玉順) 씨의 기억은 매우 또렷했다.

그는 함경남도 풍산군 파발리(豊山郡 把撥里)에서 1920년 12월 28일 태어났다. 1933년 6월 3일 우물에서 물을 긷다가 제복을 입은 남자 3명에게 연행됐고, 끌려간 파발리 주재소에서 강간당했다. 저항하다가 눈을 세게 얻어맞아 이때부터 왼쪽 눈이 차츰 안 보이게 됐다. 그 뒤 10일이 지나 7~8명의 군인에 의해 트럭에 실려 혜산(惠山)에 있던 일본군 수비대에 연행됐다. 그곳에는 각지에서 끌려온 여성들이 많이 있었다.

정씨는 하루에 약 40명이나 되는 군인을 상대한 일도 있어 자궁출혈이 심했다. 그해 8월 27일, 칼을 찬 군인이 '군인 100명을 상대할 수 있는 자가 누군가' 하고 물었다. 그때 손을 들지 않은 15명의 여성은 다른 여성에 대한 본보기로 죽였다. 발가벗긴 여성을 군인이 머리와 발을 잡아 못 박은 판자 위에 굴렸다. 분수처럼 피가 솟고 살덩이가 못판에 너덜거렸다. 그때의 기분을 "하늘과 땅이 온통 뒤집어진 것 같았다"고 정씨는 표현했다.

그 다음 군인들은 못판 위에서 죽은 한 여성의 목을 쳐 떨어뜨렸다. 정씨와 다른 여성들이 울고 있는 것을 본 중대장은 "위안부들이 고기를 먹고 싶어 운다"고 했다. 군인들은 죽은 여성의 머리를 가마에 넣어 삶았다. 그리고 나무칼을 휘두르며 그들에게 억지로 마시도록 했다. 정씨는 그때 피살된 여성들의 이름을 손가락으로 꼽으며 한 사람 씩 짚어나갔다. 중도에서 헛갈리면 다시 처음부터 세어나갔는데 아무리 해도 한 사람의 이름이 떠오르지 않자 몹시 서운해했다. 그 수비대의 대대장은 '니시하라', 중대장은 '야마모토', 소대장은 '가네야마'였으며, 위안소 감독은 조선인 '박'이었다고 했다.

### 매독감염 숨겼다고 달군 철봉을 자궁에…

1933년 12월 1일에는 한 여성이 장교가 철봉을 자궁에 꽂아 죽어버렸다. 다음 해 2월 4일에는 매독에 걸린 사실을 신고하지 않아 장교에게 병을 옮겼다는 이유로 한 여성이 피살되었다. 일본군이 벌겋게 달군 철막대를 자궁에 넣었고 여자는 즉사했다. 뽑아낸 막대에는 검게 탄 살점이 달려 있었다. 너무나 지독한 일본군의 잔학행위에 관한 이야기를 계속 듣게 된 나는 완전히 넋이 나갔다. 질문도 못하고 한숨만 내뿜었다. 놀라운 이야기는 계속되었다. 혜산의 부대는 정씨를 포함한 여자들을 이끌고 중국으로 이동해 대만에서 가까운 곳에 얼마 동안 있다가 1935년 9월에 광둥(廣東)에 도착, 이듬해 6월 15일 정씨를 포함해 12명의 여성이 도망쳤는데 이틀 후 모두 붙잡히고 말았다. "맨 처음 도망치자고 제안한 자를 가르쳐주면 주모자 이외는 모두 살려주마"고 했으나 아무도 고해 바치지 않았다. 정씨는 철봉으로 머리를 세차게 얻어맞았다. 이

때의 상처는 지금도 남아 있다.

다음에는 물고문을 당했다. 고무 호스를 입에 넣고 물을 틀어댔다. 부풀어 오른 배 위에 판자를 올려놓고 군인들이 올라서서 널뛰기하듯 뛰었고, 입에서 물이 뿜어져 나왔다. 그런 일이 몇 번인가 되풀이되면서 기절하고 말았다. 그리고 더욱 잔인한 행위를 했다. 정씨와 여자들의 발목을 끈으로 묶어 거꾸로 매달아 놓고 바늘이 수두룩하게 박힌 검은 몽둥이를 들고 와 먹물을 바른 뒤 정씨와 다른 여성들의 입속에 몽둥이를 쑤셔 넣었다. 정씨는 앞니가 부러지고 격렬한 통증으로 기절했다. 문신은 온몸에 걸쳐 새겨졌다. 군인들은 처음부터 죽일 셈으로 여성들에게 문신했다.

마차에 실려 온 여성들을 들에 팽개치는 모습을 멀리서 보고 있던 중국인 남자가 일본인이 사라진 뒤, 숨이 남아 있던 여자 두 명을 옮겨 약 두 달간 간호해줬다. 그렇게 해서 정씨는 기적적으로 살아남았던 것이다. "그때 일을 생각하면 지금도 가슴이 찢어지는 것 같아요" 하며 의자에 앉아 있는 내 팔을 꽉 쥐며 울부짖듯 소리 질렀다. 눈앞에 있는 일본인이 자신을 극한까지 학대한 일본 병사와 겹쳐보였던 것인지도 모른다. 그녀는 문신한 자국을 보여줬다. 정씨가 손가락으로 뒤집어 보인 입술 안쪽엔 선명한 짙은 보라색 반점이 있었다.

좀 흐릿했지만, 혓바닥에도 푸르스름한 반점이 몇 군데 있었다. 수많은 바늘로 혀를 찔렀기 때문에 그 뒤로는 말하기도 곤란해졌으며 지금도 완전히 낫지는 않았다고 했다. 등 아래쪽은 척추를 따라 둥근 반점이 염주처럼 줄줄이 그려져 있었다. 가슴과 복부 문신을 보고 나도 모르게 소리를 지르고 말았다. 무엇을 그린 것인지 판별할 수는 없었지만 아이들 낙서 같은 무늬가 뚜렷이 남아 있었다. 일본 군인들은 정녕 그 잔인한 행위를 즐기면서 했음이 분명했다. 내선일체를 내세우며 지배하고 있던 조선에서 일본은 젊은 여성들을 납치해 버러지처럼 짓뭉갰다. 정씨의 몸에 깊숙이 새겨진 문신은 그 어떤 많은 애기를 듣는 것보다도 일본이 저지른 식민지 지배의 실태와 천황의 군대의 악랄한 본질을 명확히 보여주고 있었다.

잔혹하고 충격적이라도 피하지 말고, 이 내용을 직접 확인해 보기 바란다. 할머니의 고통을 마주하고 잊지 말아야 역사를 청산할 수 있기 때문이다. 잊지 말자. 당시에 성노예가 20만으로 추정된다. 증거인멸을 위해 살해해서 버려졌다가 할머니처럼 구사일생으로 살아남은 것은 그야말로 예외 중의 예외에 해당한다. 우리가 이것을 잊는다면 같은 일이 앞으로도 반복될 것이다.

## 동북아 파시즘

정옥순 할머니의 상흔과 체험담은 일제 파시즘의 잔혹성을 그대로 보여주는 예이다. 더불어 그들에 가담하고 그들을 모방함으로써 이 땅을 같은 방식으로 지배한 한국 파시즘의 원형이기도 하다. 고문기술자 이근안 같은 이들이 이런 배경에서 나타났던 것이다. 더구나 그런 파시즘에 길들여져 공범자가 된 우리 자신 또한 뼈아픈 반성과 비판을 감당해야 한다. 성노예로 살았던 위안부 할머니들의 사연이 이토록 늦게 알려진 이유와, 피해자인 이들을 우리 자신 또한 오히려 냉대하고 차별했다는 것을 잊지 말아야 한다.

나는 인류의 역사와 사회문제의 대부분이 권력 문제라고 생각한다. 경제, 정치, 군사, 교육, 종교, 예술 등 모든 영역에 권력이 개입되지 않거나 권력 수단 아닌 것이 없다. 많은 제도가 권력의 도구로 쓰이고, 많은 지식이 권력을 위한 이데올로기로 기능했다. 우리의 문명 자체가 권력에 의해 오래 길들여진 탓에 권력을 냉철히 비판하고 그것을 방지하기 위한 대안을 마련하는 것이 쉽지 않다. 한나 아렌트가 나치의 전범 아이히만을 분석한 글에서 표현했듯 권력에 의해 저질러지는 악은 오히려 평범할 정도로 우리 가까이 있다.

권력에 대해 지독하게 통찰하지 않으면 결코 권력을 극복할 수 없다.

정옥순 할머니의 체험은 동서양 그 어디를 막론하고 이만큼 끔찍한 경우가 없다. 독일의 나치즘과 홀로코스트는 차라리 양반에 해당한다. 각종 고문 도구와 고문 방법, 그리고 인간 신체에 대한 학대와 인육을 먹이는 카니발리즘까지 실로 상상할 수 없는 일들이 한 여인에게 행해졌다는 것을 기억할 필요가 있다. 그리고 죽여 버려진 정옥순 할머니가 유일하게 살아남은 생존자라는 점을 기억할 필요가 있다. 이것이 중일전쟁 초기, 즉 일본 파시즘이 본격적으로 시작하는 초기에 발생한 일이며, 이후 일본이 패전할 때까지 10년을 더 일본군 위안부에 대한 노골적인 성 착취와 사디즘적 잔혹을 즐겼음을 기억해야 한다. 그런데 그들에게 어떤 처벌도 없었고, 어떤 진장 조사도 없었다. 가해자들은 평범한 너무나 평범한 사람들로 돌아갔다. 일본과 한국에는 아직도 아이히만이 넘친다.

이탈리아 파시즘을 풍자한 파졸리니의 〈살로 소돔의 120일〉(1975)을 보라. 부패한 파시스트들이 펼치는 사도마조히즘의 카니발이야말로 그들의 본성을 정확히 폭로하고 있다. 억압된 성이 권력의 폭력과 결합해 극단적 변태성욕으로 드러난다. 더욱 끔찍한 것은 그들의 희생자조차 거기 연루되어 가해자가 되는 장면이다. 잔혹한 이 모든 것이 오직 최고권력의 변태적 재미를 위해 추구된다. 정옥순 할머니를 능욕한 일제의 장교와 사병들은 이보다 몇십 배 심하다는 것이 문제다. 그러고도 그들은 10년을 더 군인으로 살다가 옷을 벗었을 것이다. 그 사이 무슨 일이 얼마나 더 자행되었겠는가?

파시즘과 성의 왜곡 문제는 빌헬름 라이히에 의해 분석된 적이 있다. 일제가 중일전쟁부터 시작해 패전하기까지 15년이나 되는 기간 동안 체계적으로 운영한 위안부는 파시즘이 피지배 여성을 동물 사냥하고 고깃덩이처럼 능욕하고 이 모든 과정에 사병 등 모든 사람을 공범화하고 있다는 점에서 끔찍하고 전체적이다. 그 시대 군에 있었던 90% 이상의 사람은 공범자인 셈이다. 물론 전체는 아니겠으나 상당수의 내면을 파시즘적 자아와 변태성욕이 지배했을 것이다. 박정희가 어떤 술판을 벌였는지 우리는 잘 모른다. 하지만 잘 안다.

왜 또 어떻게 독일전범에 비해 일본전범은 터무니없이 관대한 처분을 받거나 아예 처분을 받지 않거나 오히려 권력을 고스라니 유지할 수 있었는가? 이것은 남한에서 반민족 친일파 세력이 권력을 유지하는 것과 같은 이유에서이다. 바로 미국의 필요 때문이다. 미국의 필요 때문에 독립운동가들은 빨갱이로 처형되어야 했고, 파시스트와 친일파들은 반공애국자가 될 수 있었다. 지금도 그렇지만 미국의 정치와 경제에 미치는 유태인의 영향력은 막강하다. 미국을 비롯한 유럽이 이슬람의 테러 대상이 되는 것도 이스라엘을 지지하며 아랍을 분열시키고 석유자원을 약탈해 왔기 때문이다. 독일전범들이 처벌받은 것은 미국의 영향력 있는 민족인 유태인을 건드렸기 때문이다.

하지만 일본은 달랐다. 유태인과는 아무 상관도 없으므로 미국의 세계전략 구상에 맞게 파시즘 세력도 동북아의 파트너로 자리 잡을 수 있었다. 그래서 맥아더는 일제 파시즘의 최고 책임자인 천황과 거래를 했고 그들을 미국의 꼭두각시로 삼아 중국과 소련을 견제하는 데 이용했다. 한국도 마찬가지였다. 권력에 눈이 먼 이승만과 친일파를 결합한 친미정권을 쉽게 창출 해 반공국가를 만들 수 있었다. 이것이 전후 동북아 파시즘이 반성을 하지 않고 그대로 권력을 유지할 수 있었던 이유다. 역사를 보라. 처벌받아야 할 자들이 군림하니 오히려 독립운동 세력과 민주화 세력이 탄압받고 희생되었다. 권력을 잡은 친일파와 파시스트에게 미국은 언제나 최대의 은인이었다. 미국과 일본에 대해 은인이라고 생각하는 사람들의 내면에 어떤 생각이 지배하고 있겠는가?

그런데 정옥순 할머니 같은 위안부 피해자들이 나타난 것이다. 그런 피해자가 어디 한 둘인가? 20만으로 추정되는 위안부는 다 어디로 갔단 말인가? 하기야 그에 버금가라면 서러울 정도로 희생된 보도연맹 희생자들이 어디 스스로를 증언할 수 있었겠는가? 관동군에 의해 학살된 조선인과 중국인들이 어디 스스로를 증언할 수 있었겠는가? 책임을 회피하기 위해 철저히 증거를 인멸한 탓에 기록물을 발견하기조차 어려운 형편에.

## 바수밀다

일본의 극우파와 정부 각료들은 일제의 성노에 피해자들에 대해 '자발적 창녀'라는 말로 모독을 하기도 했다. 그들의 말로는 돈을 벌기 위해 자발적으로 창녀가 되었다는 것이다. 왜 그들은 그토록 자신의 책임을 부인하고 상대방을 매도하기 급급한가? 그렇다고 국가폭력을 행사하는 군에서 군대와 함께 체계적으로 위안소를 운영하고 관리했다는 점을 부인할 수 있겠는가? 하지만 창녀 제도 자체가 이미 권력에 의한 성적 착취를 드러낸 말이다. 성을 매매한다는 것 자체가 남녀의 차별 관계를 전제로 하기 때문이다. 성매매는 기본적으로 인격과 성을 분리하는데, 우리나라처럼 음성화시킨 경우에는 더욱더 인권 침해의 여지가 있다. 양성화하든 음성화하든 정치적·경제적 불평등이 지배하는 사회에서 성이 권력으로부터 대상화되지 않을 길은 결코 없다.

일단 인격과 성의 분리가 이루어지면, 먼저 인격 없는 성이 물질적 대상으로 전락하여 각종 변태성욕의 대상으로 변한다. 더구나 권력에 의해 억압되고 왜곡된 자아는 물적 대상이 된 성을 통해 자신의 억눌린 욕구를 폭력적으로 발산하게 된다. 인격에게는 감히 못할 행동을 물적 대상이기에 함부로 할 수 있게 되는 것이다.

파시즘이 지배하는 사회에서 성적 착취와 폭력이 만연하는 것은 당연하다. 성의 대상화가 곧바로 인격의 대상화로 결부되기 때문이다. 거기에 권력자 동일화가 더해져 가장 잔혹한 방식으로 쾌락을 추구하게 된다. 사도매저키즘이 높은 강렬도로 추구된다. 힘의 통제와 분출이라는 점에서 성은 권력을 연상시키고 권력의 대리만족 수단이 된다. 폭력은 성과 권력을 매개한다. 성노예제야말로 파시즘의 치부인 셈이다.

이쯤에서 천성산으로 다시 돌아와 보자. 천성산 야담 설화에 바수밀다와 같은 여인이 천명의 사람을 상대해 모두 해탈하게 한다는 이야기가 있다. 바수밀다는 『화엄경』 '입법계품'의 선재동자가 만나는 23번째 스승에 해당한다. 직업이 창녀다. 하지만 어느 창녀와 달리 그녀는 중생를 구제하기 위한 방편으로 남자들을 상대한다. 남자들은 탐욕을 가지고 그녀를 만나러 오지만, 바수밀다는 그녀의 눈빛, 말, 향기 등 여러 가지 방법으로 그 사람에 맞게 그 사람을 감화시켜 해탈하게 한다.

김기덕 감독은 이 모티브를 가지고 〈사마리아〉(2004)라는 영화를 만들었다. 그런데 제목은 불교 설화가 아니라 신약에 나오는 '사마리아'다. 예수는 사회적으로 더럽혀진 여자로 지목받은 여인에게 다가가 물을 청한다. 둘의 공통점은 사회적으로 겉은 창녀이지만 인간 자체의 내면은 전혀 다른 성녀라는 것이다. 예수는 그녀의 겉이 아니라 본질을 보았다. 아무튼 이런 설정은 양날의 칼 같은 면이 있다.

영화 안에서 원조교제를 하는 여자주인공은 바수밀다와 같은 행동을 통해 사람을 구제할 수 있다는 희망을 가진다. 김기덕 감독은 한국사회 파시즘을 성과 폭력의 결합으로 폭로하곤 하였다. 그 과정에 여성을 성적으로 대상화하였다는 비판을 꾸준히 받았다. 그의 영화에서 여성은 폭력의 희생으로 대상화되기도 하지만 '사마리아'처럼 구원과 안식의 이상으로 그려지기도 한다. 양가적인 면을 다 가지고 있다. 가부장사회에 의해 만들어진 창녀와 성녀라는 상징적 모티브를 자주 사용했기 때문에 페미니스트들의 공격을 많이 받은 것도 사실이다. 아무튼 김기덕 감독만큼 파시즘과 성 문제를 근원에 깔고 작업하는 작가도 없다.

하지만 바수밀다는 역시 묘하다. 창녀이며 동시에 어머니가 투사되어 있다. 아마도 이것이 남성이 여성에 대해 갖는 환상일 것이다. 이런 모티브는 대승불교의 여러 에피소드에도 나온다. 일연의 『삼국유사』의 '노힐부득과 달달박박'이 득도한 이야기를 보면 관음보살이 미모의 여성으로 나타나 밤을 같이 보내고 그녀가 목욕한 물에 목욕함으로써 해탈하게 하는 이야기가 있다. 이런 맥락에서 자비의 화신인 천수천안 관음보살이 여성의 몸으로 나타나 천명의 중생을 제도하는 천성산의 야담도 발생했을 것이다. 이들 이야기에는 물론 대승불교의 승속을 초월한 구원정신이 담겨 있지만, 그 안에는 분명 가부장 사회의 남성 로망이 투사되어 있다고 생각된다.

좀 더 속된 방식으로 세속의 사랑을 표현했던 홍상수 감독의 〈여자는 남자의 미래다〉의 경우도 마찬가지다. 여성을 끊임없이 추구하는 남성은 구원과 해탈을 추구하는 자아와 치환이 가능하다. 여성은 남성 주체에 대한 구원 이미지로 대상화 된다. 하지만 홍상수 영화의 잦은 환멸처럼 우리의 현실은 환상의 불가능함에 다시 직면한다. 무엇이 환상인가? 성을 둘러싼 모든 것이 환상이다. 결국 김기덕 감독과 홍상수 감독의 영화에서도 여성의 대상화는 피할 수 없다. 파시즘적 권력사회에서 평등한 성적 담론이야말로 비현실적 이상이 될 수밖에 없다. 이것이 파시즘을 해결하지 못한 사회의 비극이다.

바수밀다는 분명 사회권력의 성적 희생자인 창녀가 역설적으로 끊임없이 여성을 추구하는 남성들의 구원이 될 수 있다는 성적 환상에 기반한다. 하지만 모든 인간 안에 내재한 숭고함을 표현하기도 한다. 그러나 우리에게 권력에 의한 억압과 차별이 없다면 과연 바수밀다가 있을 수 있겠는가? 바수밀다를 통해 희생자인 여성과 희생자인 남성이 만나 구원을 꿈꿀 수 있겠는가? 핵심은 바로 선택 가능성에 있을지 모른다. 내적 자유를 유지할 수 있었던 바수밀다는 만의 하나 혹 그럴 수 있을지 모른다고 해도, 선택의 가능성이 전혀 없이 오직 폭력에 의해 강제당한 성노예였다면 절대 그럴 수 없다. 즉 현실에서 바수밀다는 넌센스가 되고 만다.

소녀상으로 형상화된 위안부 할머니들 중 바수밀다를 꿈꾼 사람은 단 한 명도 없었을 것이다. 일본 우익의 자발적 창녀론조차 사회적 강제임을 잊지 말아야 한다. 대신 살기 위해서는 유체이탈이 필요했다. 가해자처럼 성과 인격을 분리하지 않으면 단 1분이라도 생존이 불가능했을 것이다. 수백 명 수천 명의 남자를 무감각하게 견디는 상황이 곧 지옥이었기 때문이다. 해탈이 남자들에게 탐욕의 로맨스는 될 수 있을지 모르지만 소녀들에겐 죽음을 의미했을 것이다. 타자의 죽음을 전제로 한 그것은 성관계가 아니라 바로 일상화된 살해의 범죄였다. 성노예는 인간을 살해한 성기계였다. 곧 인간이 비인간의 성기계가 되기 위해 사전에 살해되어야 했다. 남자들은 나이 어린 10대의 소녀를 바수밀다로 불렀을지 모르지만 소녀는 공포의 지옥 속에 자신을 수도 없이 죽여야 했다. 죽고 죽고 또 죽어야 했다. 누구를? 자신을. 파시즘 사회에서 죽어야 하는 것은 인간이다. 고통이 있는 한 해탈도 없다. 죽음을 미화해서는 안 된다. 아직 우리 사회에 바수밀다는 존재할 수 없다. 오직 버림받은 사마리아만이 존재한다. 하지만 사마리아는 무죄하다. 오히려 그녀에게 인간을 박탈한 파시즘적 권력의 살해만이 존재한다. 창녀 또한 그러할진대 일제의 총칼이 강제한 성노예는 말해 무엇하겠는가?

파시즘의 앞과 뒤에는 언제나 타자의 고통과 죽음이 있다. 세상에 존재하는 권력의 싹을 완전히 제거할 수 없다면 우리는 결코 파시즘으로부터 자유로울 수 없다. (3/13/일)

# 87체제

## 87체제의 한계

수요일 저녁엔 안동의 청년 협동조합인 바름협동조합에서 하는 동네대학 정치학교에 다녀왔다. 서울 녹색당에서 활동하는 허승규 씨가 바쁜 와중에도 내려와 진행해 주었다. 얘기를 하며 1987년 대선 당시 유세에 참가한 국민의 숫자가 총 500만이었다는 것에 참가자들이 놀란다. 격세지감이다. 그러고 보니 지금 20~30대는 내가 4.19를 경험하지 못한 것처럼 1987년에 대한 실감을 거의 갖고 있지 못하는 것 같았다.

87년 당시 나는 고1이었다. 다리가 부러져 목발을 짚고 민중후보 백기완 선생의 대학로 유세에 참가했던 기억이 있다. 선생은 그날 목이 쉬도록 후보단일화를 외쳤다. 내 다리는 피가 몰려 빨갛게 부어올랐다. 하지만 영호남 지역정치의 보스들(김영삼, 김대중)은 자기만이 대안이라고 서로 물러서지 않았다. 그때 대통령 선거 상황과 지금의 국회의원 선거 상황이 기시감처럼 겹쳐보인다. 또 그 나물에 그 밥이 될 것인가? 야권단일화 무산이 그렇다. 이렇게 역사는 반복되는구나 싶다.

한국정치란 언제나 바른 권력의 창출이 아니라 자유를 억압하는 절대권력의 방지를 제일의 목표로 해야 했다. 그래서 단결이 필요했다. 하지만 권력창출을 위한 헤게모니 다툼으로 번번이 분열과 좌절을 경험해야 했다. 한국 근현대사에서 그것은 너무나 치명적이었다. 임정의 분열, 신간회의 와해, 만주 독립군의 내분, 남북의 독재체제 구축, 친일파들의 남한 단독정부 수립, 박정희의 쿠데타, 87년의 좌절을 보면 절대권력과 맞서는 연합의 힘이 권력 집착으로 고비고비마다 너무나 쉽게 무너졌음을 발견한다. 한마디로 대동단결을 하지 못했다. 더구나 분열에 대한 성찰도 없었고 책임도 묻지 않았다. 아직도 우리는 도전받고 있다.

386의 한계는 87체제에 있다. 87체제는 1987년 대선으로 마련된 1노 3김의 체제로 규정된다. 박정희를 계승한 영남군벌 신군부의 계승자인 노태우 후보와, 김영삼, 김대중, 김종필(구군부)의 야당 세력인데, 문제는 3김 정치가 보스정치와 지역정치를 확정짓는 계기가 되었다는 것이다. 민중후보 백기완 선생만이 야권단일화를 위해 그야말로 민중의 열망을 실현하기 위해 나온 후보였다. 하지만 절대권력을 분쇄하고 역사를 청산하기 위한 선거에서 야권 분열은 결국 노태우 후보를 당선시키며 신군부의 권력 연장을 허용하고 말았다. 확실히 우리는 그 책임을 물어 3김과 철저히 단절해야 했다. 하지만 386의 정치적 역량은 3김의 분열적 87체제를 극복하지 못했고 오히려 거기에 수렴되고 말았다. 절대권력의 분쇄와 책임자 처벌의 두 가지 문제를 달성하지 못한 채 우리의 정치사는 보스와 지역과 야합의 수렁에 빠지고 말았다. 이것이 분열의 업보다.

## 총선의 과제

나는 이번 국회의원 선거의 목표도 여전히 동일하다고 생각한다. 불행하게도 우리 정치의 상황은 아직 바른 정치를 실현하기 위한 공약 경쟁이 아니다. 그것은 페어플레이의 장이 마련될 때의 일이다. 절대권력의 횡포가 눈앞에 펼쳐지는데 절대권력을 막기 위해 집중하여, 그것을 와해시키지 않은 상태에서는 미래를 기약할 수 없기 때문이다. 통진당의 해산을 보라. 박근혜 대통령의 소위 진박세력은 분명 이번 선거를 계기로 여당의 주요 실세로 등장할 것이고, 비록 비박의 유승민계가 무소속으로 나와 당선되더라도 결과적으로 다시 여당에 합류할 것임에 틀림없다.

반면 야권이 연합을 하지 않은 상태에서는 아무리 여당이 분열되어도 40% 정도의 지지를 차지하고 있는 여당을 결코 극복할 수 없는 것은 자명한 일이다. 문제는 박근혜 이후 진박이 비록 약화된다 하더라도 친일파와 박정희가 구축한 통치체제가 우리를 계속 지배한다는 것이다. 이것은 단순히 진박과 비박의 문제가 아니다.

나는 솔직히 남북문제, 노동문제, 녹색문제 등을 모두 담을 수 있는 정당으로서 정의당이 기준이 될 만하다고 생각한다. 정의당 정도가 한국에 자리 잡게 하는 것이 현실적 목표가 되어야 한다고 생각한다. 하지만 여전히 우리는 과거 선거 정국과 동일한 상황에 놓여 비슷한 반복을 하려 하고 있다. 불행하게도 이번 선거도 정책 대결로 선택받을 상황이 아니다. 왜냐하면 이미 최악의 정책으로도 집권하는 절대권력이 있고 그것을 심판하고 방지하는 것이 선결되어야 하기 때문이다. 하지만 여론과 각 정당은 이미 각자도생 전략을 기정사실화하고 있는 것 같다. 기묘한 일이다. 죽은 노 독재자의 망언이 명언이 될 줄이야 누가 알았겠는가?

"국민 여러분~ 뭉치면 살고, 흩어지면 죽습니다."

절대권력을 가진 독재자는 빨갱이를 막기 위해 자기를 중심으로 뭉치라고 말했지만, 사실 우리는 절대권력을 휘두르는 독재자를 막고 자유를 지키기 위해 뭉쳐야 했다. 첫째 독재자를 심판하기 위해, 둘째 책임자를 처벌하기 위해. 이것은 선거를 통해서, 그리고 선거가 끝나고도 지속되어야 할 일이었다. 정당 지지는 보존하며 무소속을 포함해 지역별 범야 후보 단일화를 실행해야 한다. (3/24/목)

# 선거와 권력

## 그들만의 리그

정치란 무엇인가? 공자는 『논어』에서 '정치라는 것은 바르게 하는 것이다(政者正也)'라고 말했다. 하지만 그런 이상과 당위가 지켜지는 정치란 현실에서 매우 찾아보기 힘들다. 오히려 정치는 권력의 권력에 의한 권력을 위한(of the power, by the power, for the power) 권력의 투쟁인 경우가 대부분이다. 그러므로 우리가 권력의 게임이 아닌 바른 정치를 실현하자면, 우선 부당한 권력에 대항하고, 정의를 위해 합의를 추구하며, 생활 속에 직접 정치를 실현해 가는 것을 목표로 해야 한다.

지금 우리나라는 국회의원 선거 기간이다. 얼마 전 일을 마치고 집에 들어온 나는 아무리 창문을 꼭꼭 걸어 잠가도 엄청난 크기로 요란하게 울리는 선거유세 확성기 소리에 치를 떨었다. 지역발전 운운하는 공허하기 짝이 없는 유세와 천박한 홍보 노래를 들으며 우리나라의 끔찍한 정치현실을 새삼 자각했다. 새누리당 일색인 지역적 특성 탓에 솔직히 기대감이 별로 없었다. 국회의원 선거 후보로 새누리당, 더불어민주당, 국민의당 세 명의 후보가 나왔지만, 예나 지금이나 지역 사람들은 그래도 경상도는 새누리당이 아니겠느냐는 식이다. 지역감정을 토대로 다분히 관성적이고 감정적인 선택을 한다. 현 정치에 드리워진 박정희의 영향력을 절실히 느낀다. 박정희를 우리가 철저히 심판하지 못한 탓이다. '박정희-경상도-산업화' 신화의 고리를 깨지 못한 것이 역사의 족쇄가 되고 있다. '빨갱이 만들기'를 이용한 반공주의로 '친일파-독재'가 미화되었다. 덕분에 경상도는 남한 사회에서 정치와 경제를 중심으로 한 지배 권력의 튼튼한 기반이자 지지 지역이 되었다. 유시민의 말처럼 '나라가 망해도 지지하는' 맹목적 충성파 35%는 차마 어찌 할 수 없는 존재가 되었다.

## 혈연+지연+학연의 기득권

한국사회의 지배권력 지지는 소위 인맥에 의해 지탱되는데 '혈연+지연+학연'의 결합구조로 단순화된다. 성씨의 고향인 경상도가 그 어느 곳보다 '혈연+지연+학연' 고착이 두드러진 것은 말할 것도 없다. 특히나 집성촌이 발달하고, 서원을 중심으로 한 유학의 전통이 면면히 이어 내려온 전통의 고향이 아닌가? 이런 보수성 위에, 박정희 집권 기간에 덧붙여진 경제적 · 정치적 기득권 권력의 장악과 혜택을 통해 지역의 정체성을 박정희의 극우 보수주의가 지배하게 되었다. 극우적 지역 보수주의가 한반도의 통일과 화합은 물론 바른 정치에 장애요소로 계속 영향력을 행사하고 있는 것이 가장 큰 문제다. 그야말로 남북과 동서의 지역주의에 갇혀 바르게 하는 정치로서 바른 민주주의를 실현하기 어려운 구조다. 그 때문에 경상도에서 정치 활동을 하는 사람들은 부득불 새누리당을 통해 활동하게 되고 박정희에 대한 충성 내지 무비판적 태도를 견지할 수밖에 없다. 단절에 의해 썩은 뿌리를 끊지 못한 채 타협과 오염을 되풀이하게 된다.

'혈연+지연+학연'의 기둥으로 세워진 권력은 교육, 언론, 기업(회사), 정부 등의 권력기관에 의해 권력의 지배적 이데올로기와 아비투스를 확대재생산하며 권력시스템을 작동시킨다. 제일 심각한 것이 현실의 언론권력이다. KBS, MBC 등의 공중파 방송과 조중동의 신문과 종편채널들은 이제 완전히 청와대와 재벌의 산하 기구같이 되어 버렸다. 보수권력이 원하는 대로 여론을 형성하고 유도한다. 국민이 보는 순간 세뇌되도록 작동한다. 언론이 이토록 노골적으로 타락하게 된 것은 소위 김대중, 노무현 정권 이후 여전히 정치·경제적 권력을 장악한 보수 세력이 느끼는 위기의식에서 비롯되었다. 소위 민주화에 대한 반동으로 극우 결집과 지배가 진행된 것이다. 민주적 담론 공간인 언론이 권력에 의해 조종됨으로써 정치는 물론 최소한의 합리적 대화 공간마저 실종될 위기의 상황에 직면해 있다. 기레기, 견찰, 검새, 헬조선이라는 말이 유행하는 것은 너무나 당연한 노릇이다.

학교는 원래부터 권력이 지배하는 위계사회의 적응을 목표로 하는 국가기관으로 만들어졌다. 지배이데올로기와 아비투스 재생산이 아동의 성장기에 집중되는 곳이다. 거기에 군대와 위계적 관료제도, 경제조직이 더해져 우리 사회는 중앙집중적 권력에 의해 통치되는 사회로 구조화되었다. 국가라는 레비아탄 자체가 절대권력들의 카르텔로 짜여진 하나의 거대한 권력기계다. 소위 한국사회에서 갑질이 공공연하게 횡행할 수 있는 이유는 권력을 견제할 수단이 없기 때문이다. 개인과 사회가 무너졌다. 언론의 책임이 가장 크다. 거의 모든 것이 권력에 의해 장악되었고, 권력에 대한 복종사회로 변하고 말았다. 그러니 무슨 민주주의고, 어디 민주주의인가?

## 책임정치를 위해

최근 나는 조선 중기 양반의 비율이 5%였다는 점을 들으며 새삼 놀랐다. 1910년 조사에 성씨를 가진 인구가 30%니 그때까지만 해도 양반의 비율이 낮았고, 조선 초기에는 1%에 지나지 않았다. 그렇다면 우리가 알고 있는 역사란 결국 1%의 역사가 아닌가? 많아도 5%를 넘을 수 없는 자들의 역사인 것이다. 한국사는 물론 대부분의 세계사란 극소수 지배자들의 자기선전물인 것이다. 나머지 99%는 무엇일까? 그들은 얼굴도 목소리도 없다. 대상화된 '놈'이고 '것들'이었을 뿐이다. 1%의 여가를 위해 99%의 노동과 희생은 얼마나 막대했던가? 1%의 사회적 책임은 얼마나 막중했던가? 하지만 그 1%는 얼마나 오만했고 얼마나 무책임했던가? 역사 자체가 곧 갑질의 역사 아닌가? 중요한 것은 1%로부터 권력과 역사와 사회를, 그리고 정치와 경제를 되찾아와야 한다는 것이다. 절대권력은 반드시 부패한다는 말은 만고의 진리다. 그러므로 모든 권력이 견제 받는 권력이어야 하고, 직접참여에 기반해야 한다.

우리의 상황은 어떤가? 정치, 경제, 언론 등 모든 것을 장악한 권력이 권력의 마음대로 모든 것을 조작할 수 있는 상황이다. 그래서 제대로 된 진보정당이 자리를 잡아야 하는 것이겠지만, 진보정당만으로는 역부족인 것도 자명하다. 진보를 내세우며 현실의 모순을 제대로 파악하지 못하고 분열을 일삼으며 권력을 위한 꼭두각시 춤을 추게 되는 꼴이 되어서는 안 된다. 진보는 뱀보다 날카롭고 여우보다 영악해야 한다.

우리는 생활 속에 소외된 주체의 직접참여 방식을 꾸준히 실험하고 확대해야 하며, 그것을 교육하고 언론 등을 통해 보편 상식으로 자리잡게 해야 한다. 나아가 정치화하고 경제화해야 하는 것은 말할 것도 없다. 공동체만으로 또 정당만으로 무엇이 이뤄지진 않을 것이다. 여전히 권력은 막강하고 관성을 멈추고 방향을 바꾸기 위해서는 엄청난 반작용이 필요하다.

투표장에 간다. 그리고 나는 나를 말한다. 권력이 우리 각자가 가진 건강한 힘을 함부로 부릴 수 없도록 권력에 힘을 보태주지 말자고. 그리고 우리의 힘으로 우선 작은 것부터 하나하나 바르게 하는 노력도 게을리 하지 말자고, 함께 살아가자고. 삶도 정치도 그렇게 끝이 없을 것이다. (4/6/수)

# 총선과 집단지성

## 총선과 집단지성

4.13 총선의 결과는 의외였다. 대부분의 매체처럼 나도 새누리당의 압승을 예상했다. 하지만 더불어민주당과 국민의당이 선승했다. 정의당과 녹색당이 기대에 못 미친 결과를 얻기도 했다. 결과에 안도감을 느꼈던 것은 역시 박근혜 대통령의 유신 회귀 정치에 어느 정도 제동을 걸 수 있게 되었다는 것이다. 집단지성의 위력을 느끼지 않을 수 없었다.

지방이 아닌 서울과 수도권을 중심으로 나타난 이런 현상을 보며 솔직히 나도 놀랐다. 권력이 장악한 언론의 경향에 반하는 집단의 의지가 표출되었기 때문이다. 집단지성이 이렇게 움직이는구나 싶었다. 과연 SNS의 새로운 미디어 환경 속에 나타난 집단지성의 모습을 실감하는 순간이었다. 그렇다면 서울과 수도권에서 발휘되고 있는 집단지성의 가능성에 대해 성찰할 좋은 기회라는 생각이 들었다. 왜냐하면 집단지성은 지나치게 낙관할 것도 또 비관할 것도 아닌 21세기 보편화된 SNS문화가 발달하면서 새롭게 조명 받는 대중의 힘이기 때문이다.

집단지성은 지성이라는 말에서 알 수 있듯이 합리적 사고와 판단, 그리고 행위를 개인의 차원에서가 아니라 공통의 차원에서 발휘하는 것을 의미한다. 특히 네그리와 마이클 하트가 다중지성이라는 말을 동원해 강조한 바 있다. 기존의 사회학에서 말하는 대중심리와 융의 원형무의식(집단무의식), 혹은 박은식의 민족혼과 다른 점은 미래사회의 정치적이고 사회혁명적인 차원에서 이야기하고 있다는 점이다. 우리가 모르는 사이에 우리는 네트워크를 통해 집단으로 소통하고 있다가 이번처럼 동시적으로 반응하는 것이다. 특히 주목해야 할 것이 SNS 환경이다. 권력의 명령에 의해 일사분란하게 작동하는 주류언론과 다른 계열에서 자발적 개인들의 상호소통의 장이 있다는 점이다. 거기서 생성된 상식이 주류언론의 소위 여론과 달랐다는 점이 중요하다. 이 점이 새로운 희망의 원천이 된다.

우리 사회에서는 2002 한일월드컵과 2008 촛불시위를 통해 21세기적 집단지성이 드러나기 시작했다. 하지만 집단지성이 과연 희망의 담론을 지속하고 실현할 만큼 자기의식적일 수 있는가에 대해서는 의문이었다. 후쿠시마 원전 사건, 세월호, 국사과 국정교과서, 위안부 합의 등 아쉬운 게 한 둘이 아니었다. 주류언론을 통해 본 여론은 희망을 사라지게 했다. 모든 것이 권력의 의지대로 되고 있었다. 이번 선거도 그럴 거라 생각했다. 이것이 집단지성의 한계일 거라 생각했다. 하지만 버섯같이 드러나지 않은 SNS 환경의 자생적 여론과 상식이 계속 작동하고 있었다.

기존의 여론조사에 문제가 있다는 것은 어느 정도 알려져 있었다. 핸드폰이 아닌 집 전화의 비율이 높은 여론조사 방식 때문에 주부와 노년층 중심으로 선호도를 반영한다는 것이다. 그래도 여론조사가 아닌가 하면서 여론조사에 눈과 귀를 기울인 것도 사실이다. 그렇게 반복된 여론조사의 발표에 익숙해지면서 나도 어느새 여론조사의 맹점과 그 맹점의 가능성을 잊고, 순치되어 있었다.

그래 박근혜 대통령에 대해 35~40%의 절대지지층을 감안할 때 야권이 분열되면 참패는 불을 보듯 뻔하다는 생각이 어느 정도 일반화되어 있었다. 하지만 역으로 이렇게 단순화된 상식에 기반해 서울과 수도권에서는 지역구의원과 지지정당을 다르게 투표하는 교차투표로 대통령과 여당을 견제할 수 있는 결과가 나타났다. 헬조선의 시대를 살아가는 20, 30대 청년층의 투표율이 높아진 것도 큰 요인이었다. 더불어 기존 중심야당에 대한 불만도 나타났다. 물론 운도 따랐다. 여당의 진박비박을 둘러싼 싸움과 공천 갈등이 그랬고, 국민의당 결성이 늦게 되면서 국민의당 후보들의 인지도가 더불어민주당에 비해 낮았다. 때문에 가능성 있는 후보를 어느 정도 쉽게 구분할 수 있었다. 하지만 그런 짐작이 어려웠던 일부 지역은 야권 분열에 따라 여당이 승리한 곳도 나올 수밖에 없었다. 지역적 편견에서 자유롭고 연령대가 비교적 낮은 서울과 수도권의 메갈로폴리스에서 자율적 집단지성의 위력이 비교적 두드러지게 나타났다.

## 새로운 가능성

덕분에 우리는 영호남의 지역주의에 기반한 권력게임에서 벗어날 수 있는 가능성을 처음 엿볼 수 있게 되었다. 영호남의 한계는 보수와 진보에 있지 않고 농촌이라는 지역적 특색에 기반하고 있다. 때문에 그것이 진보라고 해도 언제나 일정 정도 보수성 안에 머물게 된다. 더구나 한국처럼 영호남으로 양분된 뒤 다시 보스 중심으로 권력이 지배되는 상황에서 지역에서 벗어나기란 더더욱 힘들다. 권위적 위계로 고착된 남북의 모순구조가 영호남의 모순구조로 악화고착 된 상태다. 그것에 농촌지역이 가진 원래부터의 보수적 성격이 결합되고, 혈연-지연-학연의 다층적 결연이 지역구도 이탈을 방지하는 역할을 해 왔다.

고무적인 것은 이번 선거를 통해 더불어민주당이 농촌의 지역적 근거를 상실한 대신 서울과 수도권을 근거로 자립할 수 있는 단초를 마련한 점이다. 국민의당은 비례대표의 선전으로 지역정당의 올가미를 극복할 수 있는 발판과 실험의 기회를 얻게 되었다. 모든 정당이 그렇지만 정책정당의 기능을 제대로 발휘하느냐에 따라 두 정당은 머지않아 다시 한 번 진검승부를 하게 될 것이다. 하지만 특히 아쉬운 점은 진보정당인 정의당, 노동당, 녹색당 등이 약진하지 못한 점이다. 그리고 이것이 지금의 집단지성이 갖는 가능과 한계라는 생각이 든다. 왜냐하면 참된 정치는 권력게임에 참여하는 것이 아니라 주권을 발휘하고 실천하는 시민과 거기서 자라난 정책정당에 의해 건강해지기 때문이다.

### 민주주의의 과제

우리가 투표를 통해 주권을 발휘하고 실천한다고 하지만, 선거가 민주주의 꽃이 되게 하기 위해서는 몇 가지 전제가 필요하다. 바로 생각(사상)의 자유, 언론의 자유, 집회 및 결사의 자유다. 하지만 통진당의 해산을 통해 알 수 있듯이 우리 사회에서는 아직 생각의 자유가 허용되고 있지 않다. 빨갱이라는 말이 통용되고 위력을 발휘하는 한 생각의 자유는 없다. 둘째 우리 사회의 언론은 정치·경제적 권력자들에 의해 움직이고 있다. KBS, MBC 등의 공중파는 물론, 언론권력을 쥔 종편채널들이 완전히 앵무새처럼 보수우익을 선전하며 세뇌시키고 있다. 자유롭게 생각하고 말하고 토론할 수 없는 곳에서 민주주의니 주권이니 하는 말은 넌센스다. 더구나 이명박 정권 이후 집회의 자유에 대한 탄압의 강도가 노골적으로 강화된 상태다. 이렇게 머리와 입과 몸이 묶인 상황에서 시민은 투표용지에 도장 찍는 기계로 전락했다. 그럼에도 불구하고 이만큼의 성과를 낼 수 있었다는 것만도 대단하다. 새롭게 자리 잡은 SNS 기반 집단지성의 가능성을 입증한 사례라고 하겠다.

민주주의는 공공(公共)의 마당에서 하는 것이다. 아무리 사회가 사적(私的) 권력과 자본주의에 의해 지배되고 있어도, 민주주의 실현을 위한 공공의 마당을 확보해야 한다. 생각의 자유로운 마당, 언론의 자유로운 마당, 행동의 자유로운 마당을 확보하기 위해 꾸준히 실천해야 한다. 이것이야말로 제대로 된 민주주의의 전제이기 때문이다. 그럴 때 집단지성은 물밑이 아니라 물 위에 드러나 자각하고 성숙하고 협력해 민주적인 정치마당을 만들어 갈 수 있다. 정당이든 시민이든 공공의 마당을 확보하고, 공공의 마당에서 제대로 된 공공의 정치가 행해질 수 있도록 노력하는 것이야말로 변함없는 과제다.

투표를 했으니 끝난 것이 아니다. 투표를 했으니 이제 공은 정치인에게 넘어간 것이 아니다. 공은 여전히 광장에서 튀어야 한다. 우리에겐 여전히 민주주의의 마당이 필요하다. (4/15/금)

# 세월호 2주기에 부쳐

### 참회

2년 전 오늘 세월호가 침몰하였다. 하지만 아직도 세월호 진실규명의 요구와 애도가 끝나지 않고 있다. 나는 오늘 참회의 고백을 해야겠다.

당시 나는 세월호에 대한 애도가 너무 길다고 생각했다. 방송은 연일 유병언 일가의 책임으로 몰아붙였고, 전국적 애도 분위기를 일부러 조장하는 듯도 했다. 애도가 정권에 해로울 일이 없었기 때문이다. 그렇게 애도가 분노를 삭인다고 생각했다. 애도와 분노가 함께 정권에 대한 책임을 묻고 정권퇴진 운동으로 발전하지 못하자 무력감이 찾아왔다. 분노와 통찰 부족이라고 생각했다.

그리고 정부의 무책임과 책임 떠넘기기, 은폐가 이어졌다. 세월호 유가족의 진실규명을 위한 길고 긴 싸움이 시작되었다. 하지만 여당이 다수당이고 독재자에 대한 맹목적 지지를 보여주는 40%의 국민을 기반으로 한 박근혜 대통령이 버티는 한 현대사를 점철한 수많은 사건들처럼 진실규명은 불가능해 보였다.

세월호에 국정원이 개입된 정황과 통진당 해산, 채동욱 검찰총장 해임, 서울시 공무원 간첩 조작사건, 연이은 사찰 사건, 국정원 직원의 자살 사건 등은 국정원의 대선개입 사건 조사와 재판과 맞물려 유난스러운 일이었다. 박근혜 대통령의 통치 기간의 상당 부분을 국정원이 중심에 놓인 사건들이 차지하고 있었다. 국정원이 이렇게 대놓고 나라를 뒤흔드는데도 권력에 장악된 언론은 천하태평이었고, 국민은 무감각했다. 그저 욕하고 자조하는 게 일이었다. 세월호 이후 우리나라는 정말 헬조선이 되어 버렸다.

산골에 처박혀 사는 나는 현실과 다소 거리를 두며 살고 있다. 하지만 작년 가을 소스라치게 각성하는 계기가 있었다. 바로 교육부의 국사과 국정교과서 밀어붙이기와 외교부의 한일 위안부 협상 타결이었다. 친일파 후손으로 국사교과서를 국정화해 아버지의 명예를 지키겠다는 대통령의 의지는 완고했다.

나를 결정적으로 경악케 한 것은 위안부 할머니들을 무시한 채 정부가 맘대로 협상을 타결하고 할머니들과 국민에게 받아들이라고 강요하는 상황 자체였다. 1965년 한일국교 정상화 때의 박정희와 다를 게 하나도 없었다. 솔직히 나는 박근혜 대통령에 대해 위안부 문제만큼은 믿었다. 그래도 여성이 아닌가? 여성으로서 여성의 고통에 대해 저토록 무관심하리라고는 감히 상상을 못했다. 권력엔 남녀가 없었다. 나의 큰 실수였다. 박근혜 대통령은 아버지를 닮은 독재자지 결코 공감의 정치를 펴는 여성 대통령이 아니었다.

결국 나는 박근혜 대통령의 도움으로 위안부와 아버지 박정희와 친일파에 대해 더욱 공부해야 함을 뼈저리게 느끼게 되었다. 정말 우리나라가 제대로 된 길을 가려면 박정희를 철저히 파헤치고 심판해야 한다는 것을 절감했다. 박정희와 유신은 결코 지나간 시대가 아니다. 박근혜 대통령이야말로 친일파와 유신독재의 건재를 확인시켜주기 때문이다. 해방과 6 · 25 전후의 양민학살과 친일파 문제, 동학농민혁명과 임진왜란, 심지어 신라의 삼한통일까지 정말 과거에 종결된 역사란 하나도 없었다. 그리고 보니 위안부 할머니들이야말로 만주 관동군 장교로 독립군을 토벌하던 박정희와 직접 연관이 있었던 것이다. 대통령이야말로 아베와 마찬가지로 위안부 할머니들 문제를 해결 아닌 종결하고 싶어 하는 사람이었던 것이다.

하지만 이 모든 것을 밝히기 위해서는 여전히 역사적 사실과 진실이 필요하다. 역사의 사실과 진실을 통해 영광의 거짓 역사를 대신할 통한의 참 역사를 서술할 필요가 있다. 나는 사실과 진실을 구분한다. 사실은 최대한 객관적인 태도로 사건을 이해하고 서술하기 위해 필요하지만, 진실은 피해자의 입장에서 피해자가 겪은 역사의 은폐된 사실을 드러내기 위해 필요한다. 역사를 바로 세우기 위해서는 사실도 사실이지만 진실이 제대로 규명되어야 한다.

그러자 세월호를 바라본 내 태도에 커다란 문제가 있었음을 자각하게 되었다. 바로 진실규명이 얼마나 어려운 것이고 그것이 얼마나 중요한가 하는 문제다. 거짓의 영광의 역사를 드러내고 통한의 참 역사의 지렛대를 움직이기 위해서는 아르키메데스의 점인 진실이 필요하다. 민중의 아픔을 제대로 밝히고 그것을 토대로 역사적 평가가 이뤄져야만 비로소 삶다운 삶이 가능할 것이다. 세월호와 위안부 할머니들은 지금 우리 앞에 놓인 가장 중요한 문제 중 하나다. 그 반대편에 국정원과 박정희 친일파가 있는 것은 두 말 할 것도 없다.

제대로 애도한다는 것은 단순히 분노하는 것이 아니다. 진실을 드러내고 진실에 입각해 판단을 내리고 행동하는 것이다. 분노 대신 애도가 길었다고 생각한 내 생각은 잘못됐다. 제대로 된 진실규명조차 불가능했고 또 없었기 때문에 애초에 애도 자체가 불가능했다. 그러므로 우리로 하여금 참으로 애도할 수 있도록 해야 한다. 우리는 그들을 이대로는 떠나보낼 수 없다. 진실이 밝혀지지 않는 한. 그리고 진실에 의한 심판이 이뤄지지 않는 한. 그때가 되어야 비로소 애도가 가능할 것이다.

## 국정원

하지만 내 삶 전체를 통해 볼 때 진실을 알아내는 것이 가장 어렵고 심지어 불가능할 때가 많았다. 왜냐하면 언론과 정보를 장악한 것이 언제나 권력이었기 때문이다.

작년(2015)에 강기훈 씨가 유서대필사건으로 구속된 지 25년 만에 명예를 되찾았다. 1991년 당시 분신정국과 정권퇴진 운동으로 위기에 처한 노태우 정부는 운동권에 타격을 주기 위해 분신자살을 한 김기설 씨의 유서가 대필되었다고 사건을 조작함으로써 위기를 돌파했다. 정보를 독점한 정부의 일방적 발표 앞에 시민은 정확한 판단을 내릴 수 없었다. 많은 국민들이 정부의 발표를 믿고 강기훈 씨의 유죄를 믿었다.

1961년 박정희 파시즘정권을 강화하기 위해 김종필은 중앙정보부를 만들고 이후 중앙정보부는 각종 간첩단 사건 조작과 도청, 고문, 암살 등을 일삼아 왔다. 그러다 보니 정부의 발표는 어느 사이엔가 믿을 수 없는 것이 되어 버렸다. 그렇다고 그것을 반박한 사실 정보를 캐는 것도 어려운 형편이었다. 우리나라를 실질적으로 지배하는 독재정권이 군대와 중앙정보부 등을 통해 정보를 독점하였고, 언론은 길들여졌으며, 입법 · 사법 · 행정부는 물론 의사 등 전문가들조차 완전히 명령에 복종하는 관계였기 때문이다. 정부가 발표한 것을 받아쓰기 하고 보여주라는 것만 보여주는 언론을 매일 접하며 박정희 유신정권 시기를 보냈다. 그러니 제 정신을 지킬 국민이 몇이나 되겠는가?

지금도 KAL기 폭파사건이나 아웅산 테러 사건이 과연 북한의 소행인지 아니면 안기부의 기획인지 증명하는 것이 쉽지 않다. 천안함 폭침사건도 그렇고 세월호 사건도 그렇다. 도무지 믿을 수 없다. 정부가 내세우는 물증과 발표는 온통 믿을 수 없다. 전문가들조차 정부 편인 바에야 물증이 있어도 소용 없다. 더구나 정부와 다른 말을 하면 곧 빨갱이라고 비난을 받고 심판을 받는다. 그러다 보면 웬만한 공안사건들을 재심하여 진실을 밝히는 데 20~30년이 훌쩍 지나간다. 중앙정보부의 뒤를 이은 안전기획부, 안전기획부의 뒤를 이은 국가정보원 기획은 무리가 있어도 대체로 성공했다. 권력이 그들에게 있기 때문이다. 전문가를 동원하고 정보를 독점하고 언론을 통제하기 때문이다. 거기에 사법부까지 지배하였으니 결과가 뻔하다. 때문에 정부의 발표는 대체로 거짓에 가깝다. 하지만 진실 규명이 어려운 상황에서 반대와 저항의 동력이 약화되는 것은 어쩔 수 없다.

서울시 공무원 간첩 조작 사건을 보면 박원순 서울시장과 야당 세력을 음해하려는 국정원의 노골적인 의도가 분명했다. 국정원 선거 개입 조사에 박차를 가하려던 채동욱 검찰총장의 친자 문제를 제기해 해임하는 등의 공작을 보면 국정원을 동원한 권력의 음모가 명확하다. 하나같이 야비하다. 1961년 중앙정보부가 창설된 이래 국정원은 지금까지도 기본 임무를 충실히 완수하고 있다. 독재권력 연장을 위한 각종 공작이 끊임없이 자행되어 왔다는 말이다. 언론은 확성기일 뿐이다.


한의 역사

하지만 이런 현상이 현대 한국사에만 일어난 문제는 아니다. 언제나 역사를 지배한 것은 권력이고 권력에 의한 역사였다.

조선시대 언로를 중시하여 왕정의 독단을 견제했다고 하지만, 산림(山林)처사가 상소를 올린다고 해도 5%의 지배권력인 양반에 해당하는 일이다. 도무지 그 많은 한자를 습득해 의사 표현을 제대로 할 수 있는 사람이 권력을 쥔 유한계급이 아니고 누구겠는가? 95%의 백성과는 상관 없는 일이었다. 권력자들의 언론과 권력자들의 역사만이 존재할 뿐이다. 세계 어느 곳을 봐도 지금까지 남아 있는 소위 문화적 업적들이라는 것이 권력의 잉여착취분에 의해 만들어지지 않은 것이 없다. 거대 기념물 치고 1%의 권력을 위한 기념물 아닌 것이 없다.  역사의 진실은 은폐된 다수의 피로 채워져 있다.

신명의 문화를 가진 한민족이 뼛속 깊은 한(恨)을 기르게 된 원인은 이러한 권력의 폭력에 기인한다. 우리가 일본에 의한 외침으로 한의 민족이 된 것이 아니다. 국가권력을 소유한 지배자들의 내부 폭력으로부터 스스로를 보호할 수 없었기 때문이다.

신라의 삼한통일에는 영광만 있는 것이 아니다. 멸망한 백제와 고구려인의 수십만이 넘는 희생이 있었고, 가야와 왜의 고통이 있었다. 물론 신라의 서민과 노예는 말할 것도 없다. 임진왜란과 병자호란은 어떤가? 책임자인 선조와 인조는 멀쩡하고 조국을 위해 희생된 사람을 제치고 아부자들이 높은 공훈자가 되었다. 응당 역성혁명이 일어나야 할 상황에서 아무 일도 일어나지 않았다. 일본에 끌려간 수십만 조선인이 제대로 구출된 것도 아니다.

동학농민혁명은 어떤가? 30여만 명의 희생자들을 양반들은 혐오했다. 일제강점기 국내는 물론 만주에서 희생된 수십만의 조선인 농민과 독립운동가들과 수십만 징병·징용·일본군 위안부의 희생자들은 어떤가? 6·25 전후 제주 4.3항쟁, 여순 봉기, 거창양민학살, 노근리양민학살, 20만 보도연맹 학살 등 다시 수십만이 넘는 희생자들은 다 무엇인가? 온통 피의 강이다.

일제에 비행기를 헌납한 친일파 자본가는 아무것도 아니다. 자청해서 만주군관학교에 지원하고 장교가 되어 만주의 동포와 독립군을 토벌한 박정희와 백선엽 같은 관동군 장교들은 A급 친일파가 아니라, 골수까지 황국신민인 전범이다. 그런데 그들이 한국군과 경찰과 정부의 주인이 되었다. 이런 역사를 가지고 영광의 역사를 기억하자고 하면 말이 되겠는가? 영광이 아니라 수치와 통한이다. 진실을 중심으로 역사를 제대로 이해해야 한다. 진실에 의해 다시 심판해야 한다. 우리 역사에서 화해는 심판에 의해서만 가능할 뿐이다. 그래야 거짓을 몰아내고 한의 저주를 풀 수 있기 때문이다.

정보를 누가 소유하고 역사를 누가 서술하느냐는 그래서 중요하다. 왜냐하면 진실을 은폐하지 않고서는 절대 지금과 같은 거짓된 영광의 역사가 만들어질 수 없기 때문이다.

## 귀향

얼마 전 조정래 감독의 영화 〈귀향〉(2015)을 보았다. 위안부 할머니들의 실화를 바탕으로 만들어진 영화이지만 피해자인 위안부 할머니들만이 아니라 역시 피해자일 수 있는 일본 사병의 모습까지 담고 있는 균형 잡힌 영화였다. 북한의 정옥순 할머니 같은 분들이 겪은 극단의 잔혹에 비하면 오히려 온건하기까지 한 영화였다.

그런데 내게 특히 인상적이었던 부분은 현대의 소녀와 희생자를 연결시킨 일종의 씻김굿 모티브였다. 감독의 역사인식과 예술관이 보통이 아니었다. 감독은 영화 안에서 폭력문제를 일제강점기에 끝난 것이 아닌 여전히 현실에서 재현되고 있는 폭력으로 인식했다. 더불어 우리가 과거의 고통과 진실을 정직하게 대면함으로써 비로소 극복할 수 있다는 점을 보여주었다. 굿이라는 의례를 통해서 과거의 진실을 현재로 소환해 승화시키는 모습이 감동적이었다. 무엇보다도 이 영화가 7만 5270명이나 되는 사람들의 힘으로 만들어졌다는 점에서 긴 엔딩 자막 자체도 하나의 역사적 의례로서 완벽하게 기능하고 있었다.

영화에 서툰 부분이 없다고 할 수는 없다. 하지만 이런 점은 그 다지 중요하지 않다. 김기덕 감독의 영화에 미숙한 몇 곳이 있다고 해서 상업영화와 비교하며 실망했다고 말하는 것이 말이 되지 않는 것처럼, 저자본으로 저만큼의 깊이와 탄탄함을 갖춘 영화를 만들었다는 것은 진정성이 아니면 해낼 수 없는 일이다.

나는 곧 이산가족의 아픔을 담은 임권택 감독의 〈길소뜸〉(1985)이나 이장호 감독의 〈나그네는 길에서도 쉬지 않는다〉(1987)가 떠올랐다. 우리는 유대 민족을 디아스포라의 민족으로 알고 있다. 하지만 천만 이산가족이 살았던 우리 자신을 디아스포라라고 생각하지는 않았다. 천만이나 되는 이산가족의 한을 생각하면 통일도 당장 통일이 되었을 텐데 어찌 통일은 그분들이 거의 돌아가실 때까지 되지 않을 수 있을까 의구심이 들 정도다. 절대권력의 폭력 없이는 불가능한 일이다. 통일은커녕 일생 단 한 번의 만남도 허락되지 않는 사람도 부지기수였으니 그들의 한을 어떻게 다 풀 수 있을까?

그렇게 한(恨)은 절대폭력 앞에서 희생되며 쌓인 억울한 감정이다. 그 고통을 〈길소뜸〉과 〈나그네는 길에서도 쉬지 않는다〉는 무속과 연결시켜 섬뜩하게 자각시킨다. 두 영화가 해소하지 못하는 고통으로 끝나는 것에서 80년대 군부독재의 시대를 살던 당시의 정서를 읽을 수 있다. 〈귀향〉이 진전한 점은 희생자 할머니들의 커밍아웃과 연대의 손길이 있었다는 점이다. 때문에 아직 일본의 공식적인 인정과 제대로 된 사과와 보상을 받지 않았더라도 씻김의 위안을 진행할 수 있었던 것이다.

그러고 보니 절대폭력 앞에 희생당한 삶들의 고통과 한에 대해 우리 민족은 여전히 과제를 안고 있다. 제대로 역사를 서술하는 것이 그래서 중요하다. 희생자의 진실을 제대로 밝힌 다음에야 비로소 악의 세습을 끊고 바른 역사를 열어갈 수 있기 때문이다.

### 해원의 과제

그런 점에서 나는 구한말과 일제강점기의 민족종교인 동학, 증산도, 대종교, 원불교를 이러한 역사와 한의 맥락에서 살펴봐야 한다고 생각한다. 전주의 모악산 자락에 살았던 강증산은 동학농민혁명의 좌절을 겪으며 30만의 희생자들과 이 땅의 억눌리며 살고 있는 사람들, 그리고 지난 역사의 희생자들의 한을 풀고 평등한 해원상생(解冤相生)의 시대를 위해 천지굿을 한다. 편협한 서구중심적 근대주의 시각으로 보면 굿과 무속은 미개해 보이겠지만, 인류학적·심리학적·예술적 시각에서 보면 굿은 고통에 대한 탁월한 치유책이자 사회역사적 퍼포먼스다. 일찍이 스스로 하느님이 되어 이러한 굿을 해본 사람이 없었다. 미신의 시각을 버리고 증산을 다시 보자. 한국의 한 남자무당이 나타나 인류 역사의 모든 한 맺힌 것들을 위로하고 새로운 세상을 여는 위대한 퍼포먼스를 수행했다. 그것이 증산의 진정성이었다고 생각한다. 그 진정성만으로도 증산은 위대하였다.

그런데 이 영화를 보면서 나는 앞의 영화들과 함께 증산의 해원굿이 계승되는 모습을 확인한다. 감독들은 전혀 의식하지 않았겠지만 우리 안에 해원에 대한 염원과 의례가 있고 그것이 굿으로 나타남을 다시 한 번 확인할 수 있었다. 그것은 한 맺힌 역사를 되풀이하지 않겠다는 약속 의식이기도 하다.

해원은 무엇을 통해 이뤄지는가? 바로 진실과의 만남을 통해서다.

귀향(歸鄕)은 고향에 돌아온다는 뜻이다. 너무 멀리 떠나가 버린 진실과 마주하지 못한다면 그들이 어떻게 고향에 돌아올 수 있겠는가? 세월호 2주기인 오늘 세월호 304명의 희생자들이 고향으로 돌아오려면 과연 어떻게 해야 할까?

원시반본(原始反本)이랬다. 우리는 처음 시작한 곳으로 돌아가야 한다. 진실이 있는 그곳이 바로 마음의 고향이다. 마음도 첫 마음이 중요하듯, 온갖 현란한 역사도 사건도 말할 수 없었던 사람들의 진실로 돌아와야 한다. 그렇지 않으면 악몽 같은 역사의 데자뷰가 끊임없이 반복될 것이다.

나는 아직 희생자들에게 무릎 꿇고 명복을 빌 수 없다. 진실의 자리여야만 그들이 돌아와 한을 풀 수 있기 때문이다. 우리들 앞에는 아직도 온갖 거짓의 커튼이 나부끼고 있다. 봄은 왔지만 진달래꽃은 핏빛으로 붉고, 나비는 아직 청산을 헤맨다.

세월호와 위안부 할머니들과 그 외의 역사라는 이름 앞에 희생된 무수한 민중의 노란 나비들이 일제히 고향으로 날아갈 수 있기를 빌며, 그것이 또한 나 자신의 일임을 느끼며 글을 맺는다.(4/16/토)

# 강남역 묻지마 살인과 폭력의 구조

## 강남역 묻지마 살인사건

일명 '강남역 묻지마 살인사건'이 일어난 지 며칠이 지나고 있다. 새벽 1시 반 강남역 인근 화장실에서 생면부지의 34세 남자에 의해 23세의 여성이 살해되었다. 남자는 여성혐오로 여성을 살해했다고 자백했는데, 일명 '강남역 묻지마 살인사건'으로 보도되었다.

곧장 애도와 성토가 쏟아졌다. 후원과 토론도 진행되고 있다. 물론 나도 그녀의 억울한 죽음을 애도한다. 하지만 추모와 토론이 진행되고 관심이 집중되는 모습을 보며 기대와 불안을 동시에 느꼈다. 우선 타인의 불행에 대해 공감하고 적극적으로 동참하려 하는 모습에 대해 기대를 느꼈다. 하지만 자칫 성토에 따른 논의가 문제의 본질이 아닌 현상에 대한 진단과 대처에 머물지 않을까 우려했다.

아니나 다를까? 일명 '묻지마 살인'으로 명명된 것부터 시작해, 여성혐오와 치안 문제가 부각되고 있었다. 내가 우려했던 것이 바로 이것이다. 주류 언론과 정부가 원하는 방향도 책임의 개인화와 치안강화라는 것이 너무나 자명하다. 그것이야말로 공공 안전을 빙자해 국가의 권력과 폭력을 강화하는 일이기 때문이다. 나는 공공화장실의 확충과 보완에 대해서는 동의한다. 그러나 화장실 부족 문제를 치안과 관련한 차원에서 자꾸 왜곡해서는 안 된다. 왜냐하면 분노범죄는 개인의 문제가 아니라 사회의 구조 폭력에 기인하기 때문이다. 구조폭력에 대한 근원적 처방 없이 치안 차원의 대처는 다종다양한 분노범죄를 파생할 뿐 결코 올바른 해결책이 되지 못한다. 때문에 나는 이 사건을 둘러싼 논의가 개인폭력을 넘어 사회 구조폭력의 본질까지 밀고 나가기를 바랐다.

그러나 여태까지의 비슷한 사건에서와 같이 우리는 아직 사회 구조폭력 문제를 정면으로 응시하고 해결하려는 준비가 되어 있지 않은 것 같다. 안타깝다. 결국 나는 오해의 여지가 있을지라도 이 문제를 중심으로 다시 국가폭력과 사회의 구조폭력 문제를 이야기해야겠다고 생각하게 되었다.

역사를 들추고 문제를 제기하는 일은 참으로 피곤한 일이다. 하지만 그것을 건드리지 않고 국가폭력과 사회 구조폭력 문제를 해결할 순 없다.


## 희생자들

그동안 우리 사회에서는 이런 사건들이 너무나 많이 일어났다. 그런데 유독 강남역 묻지마 살인 사건에 이런 반향이 일게 된 것은 왜일까? 사회적 약자와 소수자에 대한 폭력이 일상화되다시피 한 사회에서 왜 하필 강남역 묻지마 살인사건이 사람들의 마음을 다시 움직이게 한 것일까?

사실 농촌에서 살다 보니 독거노인 대상의 범죄가 의외로 많다는 걸 알게 되었다. 더불어 필리핀, 베트남 등에서 농촌으로 시집온 다문화 가정의 여성과 장애인 대상의 범죄와 피해는 도시에서 상상하는 것 이상이다. 주변에 구조해 줄 사람조차 없고 사회적으로도 방치되다시피 한 농촌이기에 범죄를 저지르는 사람들도 태연하고 노골적인 경우가 많다. 약간의 과장을 하자면 이웃에 사는 악마 한 둘쯤 각오해야 할지도 모른다. 그런데 이런 일에 우리 사회는 대체로 무감각하다. 혹 떠들썩하게 사회를 뒤집어 놓을 사건이 터지면 공분을 일으키고 영화까지 제작하다가도 얼마 지나지 않아 다시 예전으로 돌아가 버리기를 반복하고 있다. 늘 근본적 해결을 요구하지만 늘 표피적 해결에 멈추고 만다. 그런데 왜 강남역은 다를까? 아니 강남역도 같을지 모른다. 왜냐하면 우리가 아직 사회적 약자와 소수자에 대해 폭력적인 사회구조를 바꾸지 못하고 있기 때문이다.

유동인구가 많은 서울 한복판 강남역에서 23살의 젊은 여성이 묻지마 살인의 피해자가 되었기에 충격이 더 쉽게 공감되고 전파되었을 것이다. 단지 여자라는 이유로 누구나 어디서든 피해자가 될 수 있다는 점에서, 또 성차별과 성희롱 그리고 성폭력을 대개들 경험한 트라우마를 가진 사회적 분위기 속에서 많은 여성들이 공동의식을 느끼고 또 그에 공감하는 남성들까지 대거 반응했다.

사실 우리처럼 구조적 폭력이 일상화된 사회에서 성폭력은 필연적일 수밖에 없다. 때문에 우리는 가해자의 정신적 문제에 초점을 맞춰 문제를 개인화하는 것을 경계해야 한다. 가해자의 사회적 맥락을 살펴보자. 이것은 남성만의 문제도 아니고 개인의 문제만도 아니다. 살인을 저지른 가해자도 알고 보면 사회적 폭력의 피해자 내지 공범자의 범주에 들기 때문이다.

5.18 광주학살에 참여한 군인이나 베트남 양민학살에 간여한 군인이 악마라고 생각하는가? 평범한 우리들의 아버지고 우리들의 동생이다. 권력에 의한 폭력과 위계가 지배하는 사회에서 개별 범죄는 많은 경우 구조적 원인에서 파생된다. 이 얘기를 해야만 하는 이유는 우리 사회가 어느 사회보다 폭력적 위계구조가 확고한 사회이기 때문이다. 한국사회에 사는 한 누구도 폭력문제로부터 자유로울 수 없다. 우리가 모르는 사이 가해자가 피해자가 되고 피해자가 가해자가 되는 경우가 너무도 많다. 폭력을 내면화했기 때문이다.

## 효순이와 미선이, 그리고 일본군 위안부

강남역 묻지마 살인사건이 있은 지 이틀 뒤 일본의 오키나와에서는 미군에 의해 일본인 여자가 살해되는 사건이 일어났다. 오키나와 인들은 즉각 미군의 철수를 요구했다. 국가폭력 기구인 군대가 주둔한 곳에서는 사회폭력과 개인폭력이 되풀이된다는 너무나 당연한 사실에 입각해 그런 주장을 하는 것이다.

나는 강남역 묻지마 살인사건과 오키나와 미군살인 사건 소식을 들으며, 2002년 미국 장갑차에 치어 죽은 의정부 여중생 효순이와 미선이를 생각했다. 그때 온 국민이 분노하고 들고 일어났다. 하지만 우리가 요구한 것이 무엇이었는가? 기껏 책임자 처벌과 SOFA(한미주둔군 지위협정)개정이었다. 각종 미군범죄의 처벌권이 없는 상황이다 보니 미군이 범죄를 저지르고 자유롭게 도피하기 일쑤였기 때문이다.

카투사로 군 복무를 했을 때 나는 미군 운전병이 백주 대낮에 광화문 신호등을 가볍게 무시하고 운전하는 것을 보았다. 미군이 한국말에 관심을 가질 때는 한국여자를 유인할 때였다. 지금은 어떨지 모르지만 미군이 한국을 바라보는 시선은 필리핀이나 이라크나 차이가 없었다. 주둔군이 주둔지에서 어쩌겠는가? 우리는 우리를 지켜주는 우방이라고 선전하고 그렇게 알고 있지만, 그들은 단지 그들의 필요에 의해 주둔한 말 그대로 주둔군일 뿐이다. 그래서 나는 한국말에 관심 있는, 한국여자를 어떻게 해 보려는 그들의 관심에 굴욕과 수치심을 느끼곤 했다. 미군 부대를 위해 자청해서 한국인 위안부를 설치하려 했던 박정희 대통령 생각을 해 보면 일본군 위안부를 두었던 관동군 장교다운 발상이 그저 섬뜩할 뿐이다. 누군가는 그럴 것이다. '대통령은 그럴 분이 아니시다. 구국의 결단으로 쿠데타를 하신 분이다.' 일제강점기에는 구국의 결단을 못하던 사람이 민주국가가 되니 구국의 결단을 하게 되겠는가?

아무튼 자국은 물론 외국의 군대 주둔을 용인하는 것 자체가 근본적으로 폭력을 용인하는 상황을 만든다. SOFA가 본질적인 것이 아니었다.

왜 우리는 효순이 미선이 때 미군철수와 군대 해산을 요구하지 못했을까? 남북 대치 상황과 국토 방위 때문이라고 한다. 하지만 남북 대치 상황이 문제라면 대통령이 나서서 평화협정을 맺고 군축협상을 해 나가면 될 것 아닌가. 북을 못 믿기 때문이라는 것은 말이 되지 않는다. 오히려 상호 신뢰감을 주는 제안과 노력을 하지 않았기 때문 아닌가? 남북 모두 독재정권이 남북 분단을 이용해 민주세력을 탄압하는 폭력을 자행하며 영구집권을 획책한 것을 명심해야 한다.

분단에 고착되고 가위 눌려 우리의 인식은 폭력에 대해 근원적 처방을 할 만큼 치열하게 나아가지 못했다. 진보진영조차 기껏 자주국방론과 SOFA 개정론에 머무를 뿐이다. 현실의 정치권력이란 권력인 한에서 국가폭력기구를 유지하고 강화하려는 본능을 극복하기 어렵다. 더구나 정치권력이란 아무리 진보적이어도 국가를 추구하는 한 국가주의의 자기검열을 넘어서기 어려운 법이다. 김대중 정부와 노무현 정부 또한 마찬가지였다. 기껏 내세운 것이 SOFA 개정이고, 이라크 파병이었으며, 국정원도 해체가 아니라 개선이었을 뿐이다.

효순이와 미선이 사건은 물론 일본군 위안부 할머니들의 문제조차 해결하지 못한 상황을 떠올리면 한국사회의 폭력구조가 얼마나 견고하고 유구한 것인지 실감하게 된다.

## 양심의 자유, 사상의 자유

우리 사회는 민주주의 사회가 아니다. 민주주의 사회라면 응당 보장되어야 할 양심의 자유와 사상의 자유가 없기 때문이다. 우리가 정말 소수자에 대한 폭력문제를 해결하려면 전제가 민주사회여야 한다. 즉 자신의 양심에 따라 행동하고 자신의 생각을 어떤 두려움 없이 공표할 수 있어야 한다. 하지만 우리는 양심대로 또 생각한 대로 말하거나 행동으로 표현할 수 없다.

폭력문제를 해결하기 위해서는 개인적 폭력을 양산하는 사회적 폭력을 제거해야 한다. 하지만 우리는 사회적 폭력을 용인하고 그에 사로잡혀 있다. 사회적 폭력을 제거하기 위해서는 사회적 폭력의 희생자가 되고 있는 약자와 소수자에 공감하고 연대하여 사회가 민주화되도록 해야 한다. 하지만 최근 몇 가지 사건만 보아도 우리 사회가 전혀 그런 일을 진척시키고 있지 못함을 알 수 있다. 민주사회의 필수인 양심과 사상의 자유가 없는 것이 치명적이다.

누구도 국가폭력과 사회의 구조폭력에서 자유로울 수 없다. 단적인 예로 국정원과 군대를 들어 보자.

우리에겐 사상의 자유가 없다. 아직도 종북빨갱이 타령이고 아직도 간첩단 사건 조작이 일어난다. 국정원이 마음대로 여론을 조작하고 선거에 개입하고 사건을 조작해도 우리 사회는 국정원에 대해 이렇다 할 대응책을 마련하지 못하고 있다. 이석기 재판과 통진당 해산은 우리나라에 사상의 자유가 허락되지 않음을 적나라하게 보여주는 사례다. 언론의 자유는 사상의 자유에 필수적이지만 이 나라의 언론이 재벌과 정부권력에 장악된 것을 보면 더 말할 필요도 없다. 오죽하면 기레기(기자쓰레기)라는 말이 유행어가 되었겠는가?

이런 상황이다 보니 소위 진보적 정치인조차 자기검열의 결과로 나타난 국가주의적 대안만 내세우고 있다. 국정원 해체가 아니라 개혁 정도가 전부다. 하지만 국정원이 개혁될 조직인가? 1961년 박정희 집권과 더불어 반백년 현대사를 각종 간첩단사건과 감시와 도청, 여론 조작, 선거 개입, 암살 등을 자행하며 이 나라의 사상과 민주주의를 탄압해 온 궁극적 책임 조직이? 불가능한 일이다. 더구나 국정원은 말 그대로 국가의 모든 정보를 독점하고 조작할 수 있는 절대 권한과 보안을 유지하고 있지 않은가? 권력이 스스로 권력을 포기하는 일은 동서고금을 막론하고 어디에도 없었다. 우리는 국정원 공작의 각종 희생자들을 충분히 지켜주지 못했다. 결국 그 대가로 민주주의가 후퇴하고 세월호 침몰, 메르스 사태 등 사회의 구조폭력에 기인한 재난을 겪고 있다.

우리에겐 양심의 자유가 없다. 단적인 예가 바로 양심적 병역거부다. 군에서는 수많은 인권유린과 자살, 범죄가 발생한다. 하지만 역시 군대이기에 많은 것들이 은폐된다. 양심적 병역거부 인정 여부는 양심이라는 너무나 당연하고 필수적인 것에 대한 것이라는 점에서 중요하다. 양심의 인정 여부야말로 민주사회의 지표이기 때문이다. 하지만 한국사회는 아직도 양심적 병역거부를 인정하고 있지 않다. 얘기는 끝났다. 양심이 필요없다는 말이다. 양심이 존중받지 못하면 인권도 없다.

나는 양심적 병역 거부 문제를 해결하려면 여성들의 힘이 필요하다고 생각한다. 우리 사회의 절반인 여성이 양심적 병역거부 문제에 대해 민감하게 자신의 문제로 여기고 동참하지 않으면 풀리지 않을 거라고 생각한다. 당신의 남편이, 동생이 국가폭력에 절대 복종하며 살인 기술을 습득하는 군대에 들어간다. 국가폭력의 완전한 수단이 되기 위해서 사상과 양심이 체계적으로 마비된다. 군대에서 사상과 양심처럼 위험한 것이 없기 때문이다. 군대가 사상과 양심의 자유를 용인하는 순간 군대는 민주화되기 시작하기 때문이다. 철저한 상명하달의 위계사회의 구조가 흔들린다.

하지만 소수의 여성을 제외하고 한국의 절반이 되는 여성들은 다른 절반의 남성들 중 양심을 지키기 위한 병역거부를 실천하는 소수를 지키는 데 동참하지 않는다. 사회의 절반인 남성이 폭력적 위계사회에 굴종해 있는 상황에서 비폭력 평화의 소수자를 지킬 수 있는 것은 여성밖에 없다. 하지만 당장 군대는 여성과 너무나 먼 일이다. 대부분의 여성이 피상적으로 군대는 국방을 위해 필요한 것이라고 생각한다. 양심의 자유가 사라지는 것을 용인한다. 양심이 없다면 공감도 감성도 사라진다. 양심적 병역거부자의 고립과 절망에 대해 사회는 더 큰 대가를 지불하게 된다. 베트남에서 양민을 학살하고 광주에서 시민을 학살한 진압군처럼 어디서든 폭력기계가 된 남성들이 양산되는 것을 방치하고 허용하고 있다. 그러면서 사회에 폭력이 없어질 것을 기대할 수 있을까?

당신은 양심적 병역거부를 넘어, 국정원 해체와 더불어 군대 해체를 주장할 수 있는가? 물론 없을 것이다. 아, 당신이 국가폭력의 연대기를 알고 있다면, 또 당신이 양심과 사상의 자유의 중요성을 절감하고 있다면, 민주와 평화를 위해서 당신은 주저하지 않고 국정원 해체와 군대 해산을 요구할 수 있으련만.

여성들이 한국의 군대를 경험하지 않더라도 바로 군대가 한국사회의 무의식을 결정한다는 것을 눈치 챌 수 있다면. 그리고 국가폭력의 직접적 수단인 군대가 바로 사회폭력의 다양한 조직 즉 정치, 경제, 학교, 가정 등의 거의 모든 위계조직에서 반복 재생산되는 원형조직이라는 것을 눈치 챌 수 있다면. 그 어떤 폭력도 더 이상 용납하지 않을 것이다.

사회 구조폭력의 결과는 결국 다양한 약자와 소수자 폭력 문제로 나타난다. 여성만이 아니라 어린이, 장애인, 노인, 노동자, 학생 심지어 시민 모두가 관계된다.

## 박정희

사실 나는 박정희와 개인적인 원한이 조금도 없다. 하지만 한국사회와 역사에 박정희의 영향이 절대적이기 때문에 박정희를 반드시 짚고 넘어가야 한다고 생각한다. 2차 대전의 파시즘 문제를 살펴볼 때, 독일의 히틀러, 이탈리아의 무솔리니, 일본의 히로히토, 소련의 스탈린을 떠올리는 것처럼 한국은 박정희가 있다. 하지만 2차 대전 이후 일본과 일본을 이은 한국의 파시즘은 완전히 척결되지 못하고 아직까지 건재한 모습을 보여주고 있다. 그렇다. 한국 파시즘은 일본 파시즘의 아류다.

군국주의로 알려진 일본의 파시즘은 1930년대 소화유신으로부터 시작한다. 일본 군부의 연이은 쿠데타와 경제위기를 돌파하기 위해 자행된 해외 침략정책을 그 골자로 한다. 물론 그 과정에서 패망에 이르기까지 전 국민을 동원하는 파시즘국가가 완성된다. 식민지였던 조선 또한 일제에 동원된 것은 말할 것도 없다. 노동자, 군인, 위안부, 자원 등 조선의 인적·물적 자원이 모두 전쟁의 수단으로 동원되었다.

우리가 박정희에 대해 명심해야 하는 것은 그가 바로 이 시기 2차 대전 파시즘의 세례를 흠뻑 받은 세대라는 것이다. 박정희 소년은 성공과 공명심이 대단히 컸다. 그리고 그 시기 눈에 들어온 영웅들이 바로 일본군부의 소화쿠데타 세력이며 그들이 일으킨 전쟁이었다. 그의 일본육사와 관동군 자원입대는 이러한 배경 안에서 준비된 최고의 선택이었다. 박정희의 전형은 너무나 선명하다. 그의 일본육사와 관동군에서의 활약은 파시즘으로 무장한 청년의 영웅심 발휘 외 아무것도 없다. 백선엽 등 남한의 6·25 영웅이 그런 부류의 사람들이라는 것은 참으로 아이러니하다. 이런 점에서 그는 분명 자신의 신념—비록 그것이 그릇되었을망정—대로 행동한 사람이었다. 하지만 운이 좋지 않았다. 일본이 항복을 선언했기 때문이다.

해방 후 남한군 안에서 남로당 군부 총책이었다가 잡힌 뒤 조직 계보를 자백하고 자신의 생명을 구할 수 있었던 것은 순전히 일본 관동군 출신 장교들의 뒷배에 의해서였다. 이렇게 한국군이 독립군이 아니라 일본군의 정신과 틀을 계승한 것은 끔찍하게 불행한 일이다.

결국 5·16은 관동군 장교의 인맥으로 살아남은 박정희와 육사 인맥의 결합으로 성사시킨 쿠데타였지만 박정희에게는 자신이 직접 청년시절부터 꿈꾼 소화유신의 영웅이 되는 길이었다. 그가 일본을 방문해 남긴 언행은 골수 친일파로서의 정체성을 여실히 보여준다. 한일협정의 굴욕, 그리고 피해자와 민족에 대한 배신은 강조할 필요도 없다. 1961년 집권과 동시에 게슈타포, KGB, CIA에 버금가는 중앙정보부를 만들고 파시즘 정권 강화에 박차를 강화하게 된 것은 너무나 자연스럽다. 박정희의 전형은 2차 대전 파시즘의 전형이 3세계 신생국에 반복된 예에 지나지 않는다. 파시즘을 작동시키는 두 가지 국가기관이 바로 군대와 정보기관이고, 우리의 군대와 국정원이 그것을 계승하고 있다는 것도 자명하다.

그렇다면 파시즘 국가의 양대 국가폭력기구인 군대와 정보기관을 통해 어떤 일이 벌어지겠는가? 파시즘의 대중 복종과 성폭력에 대해서는 빌헤름 라이히만큼 투철하게 간파한 사람이 없다. 『파시즘의 대중심리』와 『성혁명』을 읽어보기 바란다. 나는 한국사회의 구조폭력의 진앙을 바로 파시즘적 국가폭력기구인 군대와 정보기관에서 찾는다.


## 못난 남자 썩을 놈

근 200년 사이 우리 역사에는 이런 전형이 만들어졌다. 즉 사회적으로 무능해 술 먹고 노름하고 집에 와서는 아내와 아이들을 두들겨 패는 유형이다. 밖에서는 피해자 안에서는 가해자인 남자 모습이다. 어디서나 무능력한 가장이 술 먹고 아내와 아이들을 패는 장면이 보였고, 사람들은 저 썩을 놈이라고 비난을 했다. 그렇게 우리나라에는 썩을 놈들이 많았다.

조선말에는 양반과 관료의 소작농이 되어 지은 농사를 빼앗기고 억압을 아내와 아이들에게 폭력으로 화풀이했던 썩을 놈들이 많았다. 일제강점기에는 일본인과 친일파 밑에 소작농이 되어 역시 같은 일을 반복했고, 해방이 되고 전쟁을 겪고는 주인과 상사 밑에 노동자가 되거나 날품팔이가 되어 같은 일을 반복했다. 군대는 그런 사람을 만들기 위한 가장 손쉬운 코스였다. 그러다보니 무능력한 가장의 가정폭력은 어느덧 한국사회의 전형이 되어 버렸다. 하지만 그 가장은 사회적으로 왜소한 피해자이기도 했다. 왜냐하면 사회자체가 국가폭력이 지배하는 철저한 위계사회였기 때문이다.

6·25를 겪고 한국남자로 태어나면 반드시 가야 하는 군대 3년을 통해 우리는 국가폭력의 첨단기지인 전 남자 국민의 군인화를 견뎌야 했다. 군대에서 돌아온 김병장이 제 정신일 리 없다. 한 달 월급으로 담배 몇 보루에 지나지 않는 액수를 받고 소위 신성한 국방의 의무를 한다는 게 말이 되는가? 그렇게 희생을 강요하는 국방의 의무는 절대 신성한 것이 될 수 없다. 그들을 우리는 발발이 친구 군바리라고 불렀다. 죽으면 개 값도 못 받으니, 어떻게든 기라면 기고 까라면 까며 굴욕과 치욕을 견디며 살아남아야 했다. 간도 쓸개도 없는 사람이 탄생하기 쉬운 조건이었다. 이런 못난 남자들이 썩을 놈 되는 게 이상한가? 자본의 시대에 자본가는 자유롭지만 국민은 국가를 강요 당한다.

보자. 인간에게는 누구나 존중받고 싶은 마음이 있다. 그것을 자존심이라고 한다. 자존심을 지키고 싶은데 군대에서는 그게 무너진다. 생각이고 마음이고 필요없다. 오직 무조건의 복종만 필요하다. 양심선언 따위를 하는 축이라면 조직의 보존을 위해 일찌감치 제거하는 게 낫다는 생각이 상식으로 통하는 곳이다. 자존심이 지켜지겠는가? 그런데 인간에게는 차마 어찌할 수 없는 성욕이라는 것도 있다. 인정받고 싶은 욕구도 있다. 이런 것들이 개인화되어 모두 억눌린다. 이게 중요하다. 억압은 사회적으로 자행되고 욕망은 개인적으로 해소된다.

심리학적으로 리비도 억압이 영원할 수 없는 것은 상식이다. 억압된 리비도는 다른 무엇인가로 표출되고 특히 폭력적이고 파괴적일 수밖에 없다. 군인의 성폭력은 없을 수 없다. 한국사회에서 분노범죄는 사회병리학적으로 자연스러운 일이다. 폭력기계로 길들여지면서 자신의 욕망을 억압한 사람의 성욕구가 온전할 수 있다고 보는가? 나는 변태성욕과 성범죄를 옹호하고자 이런 말을 하는 게 아니다. 국가와 사회의 폭력 기구를 필요악이라는 이름으로 용인하는 사회에서 그것이 어떻게 부메랑이 되어 돌아오는가 생각해보자는 것이다. 못난 놈 썩을 놈도 당신의 도움을 기다리고 간절히 필요로 했던 사회적 약자였다는 점 또한 잊지 말자는 것이다.

이탈리아의 무솔리니 파시즘을 온갖 변태 성욕으로 풍자한 파졸리니의 영화 〈살로 소돔의 120일〉을 보기 바란다.


## 맺으며

글을 시작할 때부터 나는 역사에 너무나 피로감을 느꼈다. 그리고 국가파시즘을 통해 생생히 작동하는 권력의 기구와 위계사회의 구조폭력에 대해 반복해서 말하였다. 죽은 박정희야말로 그 뿌리이며 상징이다. 박정희를 끊임없이 소환해야 한다. 우리가 아직도 풀지 못하고 있는 효순이와 미선이의 사건도, 일본군 위안부 할머니들 문제도, 또 이번 같은 강남역 묻지마 살인 사건도 이와 결코 무관하지 않다.

자본주의 사회의 시스템의 위계적 구조문제와 폭력성에 대해서는 여기서 언급하지 않았다. 하지만 국가 파시즘이 군대와 정보기관을 통해 작동하듯 기업과 시장에서도 자본권력의 억압과 폭력이 자행되고 있음을 우리는 수많은 사건들을 통해 경험해오고 있다. 삼성이라는 기업 자체가 대표적이다. 한화그룹 김승연 회장의 폭행, 대한항공 조현아 부사장의 땅콩 회항, 영남제분 회장 부인의 청부살인 사주, 인분 교수 사건, 옥시 살균제의 소리 없는 학살, 세월호 그 외 수많은 분노범죄와 사회적 재난들 모두 개인의 폭력이 개인의 폭력이 아닌 국가와 사회의 구조폭력을 생각케 한다.

슬프지만 암울한 전망을 해야겠다. 폭력은 끝나지 않을 것이다. 절대권력이 있는 한. 결국 절대권력의 구조폭력에 의해 가장 큰 피해를 입는 것은 이번의 경우처럼 여성, 어린이, 장애인, 노인 등 사회적 · 생물학적 약자들이다. 우리는 이러한 폭력의 원인과 구조를 정확히 통찰하고 맞서야 한다.

이 문제가 치안의 문제가 아니라 억압의 문제임을 다시 한 번 강조한다.(5/21/토)

# 열정의 낭비

## 산악자전거

오늘은 산악자전거가 80대나 내려왔다. 가장 많은 숫자다. 1년이 넘게 확성기로 계속 안내방송을 하고, 간혹 직접 만나 대화를 했지만 이들은 도무지 막무가내다. 심지어 지난 봄엔 점프대까지 몰래 설치해 타기 시작하는 팀이 생기더니 그것이 소문이 났는지 오늘은 갑자기 숫자가 확 늘어 금지했을 때보다 훨씬 많아졌다. 처음에는 화도 나고 혐오감도 들었다. 내가 느낀 절망감은 이미 수십 번 인이 박이게 들어 알고 있으면서도 그것을 무시하고 자기 욕망에 충실한 사람들의 태도 때문이다. 오후에 올라가보니 정상에 매달아 놓은 '자전거는 내려가지 마시오' 안내판도 누군가 떼어 없애 버렸다.

사람들이 이성이 마비되고 욕망과 열정의 노예가 되어 버린 것 같다. 겨울에도 지치지 않고 매주 오다시피 하고 점프대까지 설치한 20, 30대의 청년들은 더 그렇다. 그들은 "당신은 당신 일을 하시오 우리는 우리 일을 하겠소" 하면서 모든 말을 무시하고 제 하고 싶은 대로만 했다. 법적으로 고발하고 벌금을 물리는 것 외에는 방법이 없다. 그러자면 양산시를 움직여 자연공원 지역에 해당하는 지역에 자연공원법에 의거해 이러이러한 사람은 고발조치 하겠다고 고시를 하고 절차를 진행해야 한다. 하지만 양산시는 그럴 마음이 없다. 이런 사정을 아니 산악자전거인들이 자전거 통행금지 안내판이나 확성기 방송 따위를 완전히 무시하게 되었다.

그 젊고 패기 있는 청년들이 습지복원지역과 습지보호지역, 그리고 도립 공원의 등산로에서 산악자전거를 타며 공공의 이익과 상관없이 자신들의 쾌락 추구의 자유만 주장하다니 몹시 실망스러웠다. 청년들에게 큰 실망감을 느끼는 계기가 되었다. 역시 사람은 늙고 젊고를 따질 수 없겠구나 싶다. 처음엔 이들에게 모범을 보이지 못하는 막가파식 노인들 탓이 크다고 생각했지만, 이제는 청년들의 잘못된 열정이 오히려 잘못된 산악자전거문화의 동력이 되고 있음을 발견하게 된다. 이들이 버텨 주니 중년과 다른 동호회들이 다시 돌아오기 시작했다. 그리고 법대로 하라는 전략이다.

## 열정의 낭비와 자기착취

모든 개인적 열정에도 공공의 책임이 따른다는 것을 이들은 모르는가? 교사를 처음 시작할 때 일이 생각난다. 한 기독교 계열의 고등학교에서 교직을 시작했는데 선생님들의 열성이 대단했다. 수업이 아닌 방과 후까지 아이들을 데려다 영어를 가르치고 수학을 가르쳤다. 단체 예배 때는 열정적인 찬양과 더불어 명문대에 가서 예수님의 권능을 세상에 펴라는 강론이 이어지기도 했다. 나는 종교가 그런 식으로 세속의 권력을 합리화하고 있다는 데 충격을 받았다. 결국 젊고 매력적인 학교였지만 더 있고 싶은 마음이 없어졌다. 그때 깨우친 것이 열정의 낭비에 대한 각성이었다. 개인의 열정이 부당한 권위와 시스템에 대한 기여로 귀결되고 있었다.

알고 보면 우리의 일상에서 발견하는 대부분의 것들이 열정의 낭비와 소진을 조장하고 있다. 요즘은 아마 경쟁을 나쁘게 얘기하면 지나친 이상주의자라거나 시대착오적이라고 비난을 들을 것이다. 심지어 경쟁이 좋은 게 아니냐고 반문을 하기도 한다. 당장 TV의 대중가요만 봐도 그렇다. '나는 가수다' 이후 TV예능이 온통 경쟁과 경연 방식으로 바뀌었다. 그리고 그를 통해 시청자들의 귀가 더더욱 예민해졌다. 가수들도 혼신의 힘으로 기량을 뽑아 낸다. 생존의 몸부림에 가까운 에너지를 동원하여 부르는 노래니 어찌 감동 받지 않을 수 있겠는가? 한 곡마다 스펙터클이 되고 있다. 그러며 자기가 자기를 착취하는 시스템이 강화되었다.

아이돌 그룹을 기르는 대형기획사 시스템은 이런 문화를 선도해 어느덧 한류의 주역이 되었다. TV 프로그램이나 기획사가 내세우고 있는 유일한 원칙이 무한경쟁과 승자독식 아닌가? 경쟁의 극한을 추구하고 승자가 된 영웅에게는 열화와 같은 찬사가 쏟아진다. 이 모든 문화가 총체적으로 경쟁은 좋은 것이라고 찬미하고 있다. 생각이 아니다. 감성으로 스며들고 온몸으로 체득된다. 그 어느 때보다도 자본주의 경쟁과 독점 시스템을 감성의 차원에서 내면화하고 있는 세대다. 이것이 생명정치다. 나는 이 시대가 두렵다.

박지성, 김연아, 박세리, 강정호, 이세돌 등의 얘기를 해도 똑같다. 현대스포츠라는 것이 경쟁과 스포츠영웅 탄생의 구조로 되어 있다. 세계자본주의 원리와 시스템을 확대재생산하는 기능에 톡톡히 기여하고 있다. 사실 위에 열거한 스포츠 영웅들을 떠올릴 때 우리는 그들의 인격과 재능, 그리고 기술의 아름다움에 대해 찬사를 금할 수 없다. 하지만 그들을 둘러싼 다국적 기업, 개발논리, 세계자본의 작동에 대해서는 이야기하지 않는다. 무감각하다.

스포츠 영웅 치고 이런 구조에 대해 비판하고 문제제기를 하는 사람이 있는가? 스포츠 마니아 치고 이런 구조에 대해 비판하고 문제제기를 하는 사람이 있는가? 컴퓨터 게임시장이 활성화되기 위해서는 게임영웅이 필요한 법이다. 각 분야의 영웅들이 무한경쟁 승자독식의 자본주의 시스템의 영웅이자 아바타임은 말할 것도 없다. 개인의 열정이 이렇게 시스템에 소진된다. 열정과 기량이 반드시 좋은 것만은 아니라는 말이다.

## 성찰의 어려움

나는 벌써 뒷방의 늙은이가 되는 모양이다. 청년들의 열정이 곱게 보이지만은 않는다. 글을 맺으려 하니 대안학교 다닐 때 일들이 생각난다. 아이들 중에는 축구에 한창 열을 올리는 친구도 있었고, 가요 오디션에 열을 올리는 친구도 있었다. 가급적이면 스포츠 대신 운동이 되기를 바랐던 나는 축구강사 초청 등 엘리트 체육을 지향하는 것에 반대했다. 노래도 마찬가지다. 중요한 것은 경쟁의 문화를 대신할 수 있는 사랑과 자유의 문화이기 때문이다. 하지만 사회적 공기를 어쩔 수는 없었다. 아이들의 열정 앞에 너희들이 틀렸다고 말하기는 어려웠다. 우선 남의 잘못을 지적할 만큼 내가 완벽한가에 대한 질문에 나도 자신이 없었다. 아이들이 스스로 경험하면서 자기들만의 방식으로 통찰하고 깨달아 나가는 길을 미리 단정하고 차단한다는 생각이 들었다. 선의의 폭력도 폭력인 한 폭력의 부작용에서 벗어날 수 없다고 생각했다. 결국 나는 그들의 순수한 열정을 지지하는 편이 되었지만, 지금도 기본 생각에는 변함이 없다.

우리 사회는 열정을 낭비하고 소진하게 하는 구조다. 자기가 자기를 착취하며 경쟁해야 한다. 매일이 생존경쟁이다. 학교라는 곳에서 소위 시험공부에 매달릴 수밖에 없는 아이들을 보면 안타깝고 끔찍한 생각이 든다.

아니다. 하지만 아닌 것에 대해 아니라고 말하는 것이 얼마나 어려운가? 더구나 실천하며 산다는 것은 얼마나 더 어려운가?(5/29/일)

# 나는 아이히만이다

## 자살 명령

열흘 전 한 꿈을 꿨다. 몹시 부끄러운 꿈이었다. 하지만 부끄러운 자신을 돌아보기 위해 기록하기로 했다.

꿈 속에 나는 군인이었고 연병장에 수백 명이 바둑판같이 줄을 맞춰 도열해 있었다. 무슨 잘못을 저질렀는지 구령대의 대장이 왼쪽 끝 열부터 자살을 명령했다. 한 열 한 열 좌로 이동하면서 소총을 땅에 세우고 군인들이 쓰러져갔다. 고립과 공포 속에 나는 '우리가 이렇게 많고 또 소총도 있는데 일제히 반란하지 않을까?' 또 '내가 먼저 나서면 다른 사람들이 따라올까?' 생각했지만 어떤 행동도 할 수 없었다.

대신 2~3열로 내 차례가 다가왔을 무렵 대장의 명령이 바뀌었다. 선착순이다. 연병장 끝까지 달려갔다 오는 선착순 명령이 내려졌다. 그러자 나는 먼저 도착하기 위해 전력을 다해 달렸다. 다행히 제일 먼저 도착했지만 내 마음은 묘한 수치심으로 엉켜 있었다.

기준을 부르고 행렬이 정비되자 다시 숙소로 이동하라는 명령이 내려졌다. 내가 분대장 정도는 됐는지 모르겠다. 하지만 곧 열이 무너져 삼삼오오 흩어져 걷기 시작했다. 꿈 속에서 나는 대장이 우리 열을 보면 어떨까 염려하는 생각이 들었다. 아니나 다를까 숙소에 도착할 무렵 먼저 지프차로 도착한 대장이 지켜보고 있었다. 다시 한 번 두려움을 느끼며 꿈을 깼다.

세 개의 에피소드로 이뤄진 꽤나 수치스런 꿈이었다. 꿈이 아무리 무의식을 반영하고 왜곡된 그림을 보여준다고 하지만 꿈을 통해서도 결국 내 심리가 작동하는 방식이 나타나기 때문이다. 그것을 한마디로 정리하자면 비겁자의 모멸감이었다. 딜레마는 명령과 자기검열의 허구성을 알고 있지만 그 것을 깨뜨릴 만큼 용기를 낼 수 없었다는 점에서 발생했다. 때문에 나는 비겁자의 모멸감을 느끼며 자살명령에 복종했고, 생존을 위한 선착순 경쟁에 전력을 다했고, 보이지 않는 감시에 시달렸다. 그리고 이것이 꿈에서만이 아니라 현실을 살아가는 나의 모습이기도 하다는 걸 꿈을 깨며 절감했다. 왜 나는 권력의 부당한 명령을 거부하지 못했는가? 그리고 모멸감을 감수하며 복종해야 했는가? 고립과 두려움 때문이다.

고립과 두려움을 극복하지 않는 한 자살명령을 극복할 수 없다.


## 파월기념탑

한편 지난 달 양산의 한 고등학교에서 강연을 하기 전에 들른 파월기념탑 생각이 난다. 32만 명의 한국군이 베트남 전쟁 기간 동안 파병이 된 것을 기념하는 탑이었다. 그런데 베트남 전쟁은 단순히 공산당으로부터 자유우방국을 지키기 위한 전쟁이 아니었다. 그것은 미국이 내세운 명분이었을 뿐이다. 실제로는 프랑스와 미국에 대한 베트남의 독립전쟁이었다.

더욱 심각한 것은 한국군에 의해 자행된 양민학살이었다. 베트남에 참전한 파월병사의 증언처럼 베트콩과 양민의 구분이 어려운 상황에서 일반 국민의 희생을 피할 수는 없었을 것이다. 하지만 그것을 최소화하는 것이 아니라 최대화하는 학살과 테러는 분명 전쟁범죄에 해당하는 죄를 저지른 것이 틀림없다.

우리는 두 가지 면에서 베트남 전쟁 참전에 대해 참회가 필요했다. 첫 번째는 참전 자체이고, 두 번째는 양민학살이다. 하지만 노인이 된 고엽제전우회나 파월장병 대부분은 자신들의 행동은 정당했다고 소리 높여 주장하고 학살에 대한 인정과 사과를 거부하고 있다. 그리고 이렇게 파월기념탑까지 세우고 과거의 영광(?)을 기억하고 있다. 하지만 누구나 안다. 우리가 베트남에 간 것은 돈벌기 위해서라는 것을. 애국이나 자유민주주의 수호는 박정희 독재에 어울리지 않는다. 그들의 주장처럼 빨갱이를 때려잡기 위해 갔을 뿐이다. 양산에는 베트남에서 시집온 분들도 산다. 그분들이 이 기념비를 보았을 때 어떤 생각을 할까?

그런데 이런 학살 문제는 한국의 근현대사에 점철되어 있다. 30만 동학도, 20만 위안부, 20만 보도연맹, 거창, 4·3, 광주 등의 학살을 떠올리며 우리는 기시감과 당혹을 느낀다. 분명 학살과 희생자가 있는데 학살자가 없다. 우리 역사는 아직 이런 사건들을 제대로 기록하고 평가하고 청산하지 못한 상태다. 때문에 아직 일본군위안부 문제를 해결하는 것도 어렵다. 자기의 문제조차 해결하지 못했기 때문이다. 박정희의 한일회담과 수교를 통해 우리는 청산하지 못한 친일파가 일제보다 더 나쁘다는 것을 실감했어야 했다. 왜냐하면 그들의 기도처럼 친일파 중심의 한국사를 위해서는 한국의 모든 것이 일그러지고 뒤틀려야 하기 때문이다. 실제로 그랬다.

성찰 없는 파월기념탑에서 나는 두려움을 느낀다.


아이히만

한나 아렌트는 2차 대전 유태인 인종청소의 명령을 내리고 실행한 아이히만의 재판을 취재하며 그의 평범함에 놀랐다고 한다. 그에게 있는 것은 다만 '생각 없음'뿐이었다. 아이히만은 악마가 아니라 너무나 평범한 우리들 자신의 모습이다. 이런 아이히만이야말로 우리 사회의 전형에 속하지 않은가? 친일파 고문 경찰 노덕술, 서북청년단의 김구 살해범 안두희, 고문 경찰 이근안 등의 사람만을 말하는 것이 아니다. 이 땅의 수많은 근면하고 성실한 소위 애국자들이 곧 아이히만들이 아닌가? 나는 아이히만이 아닌가?

내가 꿈을 꾸고 나서 몹시 불편을 느꼈던 이유는 나 자신 또한 여기서 자유로울 수 없다는 사실 때문이다. 만약 내가 양심과 용기에 의해서 사는 사람이었다면 나는 꿈속에서도 부당한 권력과 명령에 맞서 저항을 했을 것이다. 하지만 나는 권력의 명령을 너무나 깊이 내면화한 사람이다. 학교와 군대와 직장 자체도 권력의 명령과 복종 구조에 의해서 작동되고 있지 않은가? 소위 권력기관은 특수기관이 아니다. 우리의 생활을 장악하고 있는 전반적인 위계 시스템이 곧 권력기관이다. 그리고 그 안에서 살아가는 사람들 대부분은 악의 평범성에서 결코 자유로울 수 없다. 다만 요행을 바라는 아이히만일 뿐이다. (6/12/일)

# 현혹의 거울
## -영화 〈곡성〉과 현대사회

### 현혹

나는 장르영화를 좋아하지 않는다. 롤러코스터를 타는 동안은 스릴을 만 끽할지라도 내리면 허무하기 때문이다. 환상이 격하면 격할수록 현실은 남 루하게 마련이다.

나홍진 감독의 〈곡성〉(2016)이라는 롤러코스터 역시 내린 뒤에 허무했다. 하지만 뭔가 더 찜찜했다. 영화가 스탠리 큐브릭의 〈샤이닝〉(1980)을 참고하 기도 했지만 영화를 보고나서도 관객을 불편하게 한다는 점에서 〈샤이닝〉 과 닮았다. 그러나 이런 불편함이야말로 장르영화가 장르영화를 넘어설 수 있는 지점이 아닌가? 결국 나는 불편하고 찜찜한 영화를 보고 나홍진 감독의 미끼를 물어 버렸다.

영화는 '절대로 현혹되지 말아라'는 주의로 관객을 초대한다. 감독은 관객 을 최대한 현혹하겠지만 관객은 현혹되지 않도록 주의하라고 경고한다. 물 론 현혹되지 않는 영화는 실패한 영화다. 감독이 현혹의 게임에 관객을 초대 하며 주의를 주는 것 같지만 사실 이 말 자체가 이미 감독의 승리를 암시하 고 있다.

서사 자체가 현혹 양식이다. 감독은 이미 장터의 능숙한 야바위꾼이다. 전 작 〈추격자〉, 〈황해〉를 통해 스스로 현혹의 대가임을 입증했다. 그런 사람이 6년 만에 나타나 이런 말을 할 때는 칼을 갈아도 단단히 갈았다는 말이다. '현혹'의 문제를 물고 늘어지며 갈 데까지 가겠다는 말이다. 그런데 관객은 돈을 지불하고 현혹되기로 작정한 사람들이다. 게임이 성립하지 않는데도 한사코 게임을 원하는 감독의 마음은 뭘까? 현혹 되고 싶어 온 사람들한테 '현혹되지 말아라'라고 당부하니 말이다. 모순이다. 그런데도 '현혹되지 말아라'는 말을 곧이곧대로 들어준다면, 감독은 현혹에 대한 주의 문구를 통해 관객이 이 영화를 '현혹'에 대한 영화로 받아들여 주기를 바라는 것이다. 현혹되되 현혹되지 말기, 혹은 현혹에서 벗어나기! 그래야만 현혹에 대한 영화는 완성될 것이다.

물론 내 관심은 현혹에서 벗어나기다. 하지만 현혹에서 벗어나기 위해 잠시 영화 속으로 들어가 현혹되어 보자.

영화는 낚시 모티브를 통해 끊임없이 미끼들을 던지고 미끼들을 강화하면서 잡기와 벗어나기 게임을 긴장감 있게 몰아간다. 그러며 과연 미끼들을 던지는 낚시꾼이 누구인가 의문을 품게 한다. 관객은 경찰인 주인공 종구에게 감정이입한 상태에서 덥석덥석 미끼를 물어가며 미끼를 던지는 낚시꾼을 찾는다. 영화는 주인공조차 미끼를 덥석 문 희생자가 되게 함으로써 비극으로 종결짓고 악마의 실체를 마주하게 한다. 하지만 그 악마야말로 미끼를 문 자들이 만들어낸 공포의 허구적 산물임을 암시하며 영화를 맺는다. 그러니 이 영화는 애초 진짜 범인이 누구냐가 중요한 게 아니다. 진짜 범인을 찾아가도록 만드는 이야기의 구조인 현혹 형식 자체가 중요하다. 미끼를 던지는 악마는 관객에게 던져진 미끼일 뿐이다.

악마란 무엇인가?

악마란 무엇인가? 절대폭력을 행사하는 절대권력이다. 폭력과 권력은 실체가 아니라 관계의 문제다. 즉 폭력과 권력은 주체와 타자의 일방적 관계를 의미한다. 실체가 없다. 절대적 타자화만이 존재한다. 역으로 부재함으로 있는 절대타자적 존재가 바로 악마다. 이건 자크 라캉의 '결핍으로 존재하는 남근'에 의해 해석되는 개념이다. 사실 악마는 오이디푸스 컴플렉스의 거세하는 자인 아버지이기도 한데, 이 영화는 오이디푸스 삼각형으로 분석하기에 딱 적합한 구조를 가지고 있다.

낚시꾼은 미끼를 던진다. 물고기들은 낚시꾼을 알지 못한다. 다만 미끼를 두려워하면서 미끼에 현혹된다. 그리고 미끼의 희생자가 된다. 물고기들은 결코 낚시꾼을 알 수 없지만 미끼를 통해 낚시꾼의 존재를 유추하고 상상하게 된다. 악마로서. 낚시꾼-미끼들-물고기들의 관계는 일방향의 위계질서 안에서 폭력이 작동하는 방식을 가리킨다. 그럼으로써 라캉의 분석이 개입할 틈이 벌어지게 된다. 악마는 실체가 없어야 한다. 실체가 드러나면 공포에 의한 절대권력을 휘두를 수 없다. 때문에 악마는 부재로 존재하는 절대폭력이다. 그렇다면 폭력적 힘을 행사하는 것이 오히려 물고기들의 공포와 미끼들의 매혹이 아닐까? 여기서 우리가 직면하는 당혹은 타자인 희생자가 주체가 된다는 것이다. 희생자 주체가 있을지언정 폭력의 책임자가 없다. 그래서 악마다. 악마는 당혹에 직면한 영혼들이 요청한 것이지 스스로 존재하는 자가 아니다. 내가 꿈 속에 공포에 사로잡혀 가위 눌리는 것과 마찬가지다. 즉 비극의 주인공들 스스로가 걸려든 것이다. 무엇 때문에? 낚시줄-이야기(서사)-이 마련해 놓은 미끼들 때문이다. 이야기를 따라가다 보면 그럴 수밖에 없는 거다. 그게 서사의 속성이다.

우리는 기호(미끼)가 범람하는 시대에 살고 있다. 우리가 하는 말은 기표(말)와 기의(뜻)의 결합으로 이루어져 있는데, 말의 기능은 사실 혹은 사물을 지시하는 것이다. 일단 말해진 말은 우리의 뇌 안에서 존재하는 것으로 인식된다. 처음 우리가 말을 할 때는 말이 사실 혹은 사물과 다르다는 것을 알고 시작하지만, 입에서 말이 떨어지자마자 말은 그 자체로 존재하는 실체가 되어 끊임없이 뜻을 중식한다. 그럼으로써 말은 우리에게 심리적 영향을 미치고 권력을 행사하기 시작한다. 즉 말이 권력이고 폭력이 된다. 특히 말에 담긴 뜻에 의해 우리가 영향을 받게 되는데 이것에 의해 권력이 작동하게 된다.

말들이 결합한 이야기는 절대적 권력을 행사하는 위계질서, 곧 서사를 만들게 되는데, 이것이 바로 소설과 영화 등은 물론 각종 종교와 이데올로기, 과학, 자본주의의 위계적 세계로 나타난다. 절대적 권력을 휘두르는 악마는 이러한 위계질서 안에서 만들어진다. 이것이 언어게임의 원리다. 권력이 작동하는 모든 곳엔 라캉식의 부재함으로써 존재하는 남근의 폭력이 자리 잡게 된다. 일단 말하면 사로잡히게 되어 있다.

그렇다면 이제 낚시꾼인 악마를 떠나서 미끼에 좀 더 집중해 보자. 앞에서 이야기 했지만 관객은 이미 영화가 시작되는 순간 감독이 제시한 페르소나인 주인공에 몰입하고 감정을 이입하게 된다. 현실의 시야를 잃어버리고 곡성이라는 영화 속 환상의 공간을 현실로 받아들인다. 그러며 서서히 주인공과 함께 시야가 좁아지고, 전체의 맥락을 놓치게 되고, 미끼를 덥석 물게 된다. 주인공과 더불어 물고기가 되어 버린다.

## 현혹의 방식

문제는 소문으로부터 시작되었다. 주인공은 비참한 살인사건을 처리하며 마을에 떠도는 소문을 접하게 된다. 산속에 사는 일본인 여행자에 대한 공포스런 이야기다. 너무나 황당해 믿기 어렵지만 곧 수상한 증거들이 하나 둘 나타나면서 소문은 더 이상 소문이 아닌 현실을 압도하는 사실이 되어 버린다. 이제 소문이 증거와 증인과 증언으로 바뀌고, 주인공 자체의 목격과 사실로 전환된다. 객관과 환상의 구분이 모호해졌다. 주인공의 입장에서 주인공이 목격하고 경험하는 것은 절대적 사실이기 때문이다. 그것은 현실을 압도하는 초현실이다. 소문, 증거, 증인, 증언, 목격, 사실이 모두 가상의 기호(미끼)임은 말할 것도 없다.

하지만 이미 시야가 좁아진 주인공은 마구 쏟아지는 현혹의 이미지와 말들 속에서 도무지 헤어 나올 수 없다. 무명의 여자가 악마인지, 일본인 여행자가 악마인지, 도사가 악마인지 관객도 주인공과 함께 혼란에 빠진다. 감독이 쉼 없이 던지는 미끼들에 의해 관객들도 주인공만큼이나 혼란을 느낀다. 도대체 악마는 누구인가? 하지만 이렇게 묻는 순간 이미 우리는 낚인 것이다. 부재하는 악마에 실체를 부여 하고 있기 때문이다.

영화 속 주인공은 두 번의 선택 상황에 놓인다. 한번은 딸 효진에게 씌운 귀신을 몰아내기 위한 축귀굿에서 이고, 두 번째는 닭이 세 번 울기 전에 집에 들어가지 말아야 한다는 무명 여자의 경고를 들었던 골목이다. 하지만 이미 이성적 판단을 내릴 수 없을 정도로 시야가 좁아진 주인공은 상징이 되어 버린 말과 이미지에 사로잡혀 미끼를 덥석 물고 만다. 앞의 에피소드에서는 고통 받는 딸의 모습과 호소 때문에, 뒤에서는 무명 여자에게서 희생자의 옷과 딸아이 머리핀을 발견하면서이다. 불행한 자는 보고 싶은 것만 본다는 오델로의 법칙이 주인공에게 다시 적용된다. 무당의 굿과 무명 여자를 의심한 주인공은 자신이 목격한 것을 결정적인 증거로 판단하고 굿판을 망치고, 여자의 경고를 어긴다. 결국 이성 부재의 광기에 사로잡혀 희생자가 되어 버린다. 기호가 기호일 뿐이라는 것을 잊었다.

이 영화에서 현혹은 3단계로 심화된다. 소문이 증거, 증인, 증언으로 바뀌고, 다시 목격과 경험으로 완성된다. 그런데 마지막 목격과 경험으로 치달을수록 페티시즘이 강화된다. 특정 사물에 대한 과도한 집착이 페티시즘의 중상이다. 일종의 물신주의인데, 영화에서는 이미지에 덧붙여 말이 페티시즘적으로 사용되고 있다. 말은 실체 없이 떠도는 소문으로 귀신과 악마가 이에 해당하고, 이미지는 좀비가 되어 버린 사람들의 피부병과 머리핀, 옷, 그리고 결정적으로 희생자들의 사진들이다. 페티시즘의 위력을 발휘할수록 주인공과 관객의 시야는 좁아지고 악마에 사로잡히게 된다. 왜냐하면 물건(기호)은 물건일 뿐인데, 그것의 영혼(의미)을 절대화하였기 때문이다.

이렇게 영화는 페티시즘적 조각과 부분들에 대한 수집을 중요 모티브로 삼는다. 주인공처럼 빈약한 조각(물증과 목격) 수집으로 이르게 되는 비극적 결말이 있는가하면, 두 번째로 과잉의 조각들(희생자 사진들)을 수집하는 광기가 있다. 영화에서 제시된 악마를 실체가 있는 악마로 볼 수 없는 이유는 바로 과잉의 조각들을 수집하는 도사와 여행자가 동일하게 연결되고 있기 때문이다. 그들 두 사람은 모두 치유자로서 주술을 행하기 위해 조각들을 모으지만 사실 그것이 이미 미끼가 되어 페티시즘적 물신의 탄생을 예고하는 것이기도 하다. 그러니 페티시즘적 물신이야말로 악마고, 이 모든 것은 픽션(허구)이다. 이야기의 운명은 결국 허무로 끝날 수밖에 없다. 이야기는 악몽이다.

마지막으로 감독이 말한 '절대로 현혹되지 말아라'라는 말이야말로 이 영화의 주제가 될 것이다. 사실 악마는 현혹 자체에 있었고, 영화 자체가 현혹이었다. 영화가 악마인 것이다.


## 현대사회

소비자본주의 사회는 현혹의 물신이 지배하는 페티시즘 사회다. 소유 자체가 페티시즘을 동반한다. 정보자본주의 사회라고 해서 다를 게 없다. 모두 미끼를 던지고 이윤을 추구하는 원리로 작동한다. 그래서 그런지 요즘은 쓰레기와 상품이 통 구분되지 않는다. 무슨 말이냐고? 우리에게 쏟아지는 정보에 과연 유익하고 해로운 것을 구분할 수 있는가? 정보를 선별하고 해석하기란 거의 불가능할 지경이다. 우리는 범람하는 정보의 수용체가 되어 버렸다. 상품과 쓰레기를 구분하는 것이 거의 불가능한 지경에 이르렀다. 상품이 쓰레기고 쓰레기가 곧 상품이다. 하지만 상품이든 쓰레기든 맥락 없는 조각들이고, 조각 수집이야말로 현대인들이 현혹된 취미생활 아닌가? 나도 DSLR로 사진을 찍지만 디지털사진이야말로 정보 상품의 페티시즘적 수집취미를 압축한다.

가끔 언론에 쓰레기를 버리지 못하고 집을 가득 채운 사람들이 나온다. 그런가 하면 끝없이 구매한 상품들로 집안을 가득 채운 사람들도 있다. 많은 집들이 자꾸만 밀려드는 상품을 감당 못해 잔뜩 쟁여 놓는 경우가 많다. 나도 예외가 아니다. 20~30년 동안 사 모으기 시작한 책들이 가득해 지금은 감당이 어렵고, 옷이든 뭐든 아까워 잘 버리질 못한다. 그러다 보니 잡동사니가 잔뜩 쌓인다. 그런 점에서 나도 현대인의 전형적인 예에 지나지 않는다. 그리고 이 안에는 물신에 대해 혐오하며 집착하는 양가감정 내지 분열이 내재해 있다. 그런데 설상가상 정보의 상품과 쓰레기가 범람하는 정보의 바다라니! 우울이 지병이 된다.

하지만 우울의 근거는 우리 삶의 형식들이 조각들로 범람하면서 맥락을 상실했다는 데 있다. 우리는 맥락 없이 적응만으로 살아 갈 수 있는 최초의 세대일지 모른다. 과잉과 범람이야말로 우리의 자연이다. 물론 상품과 쓰레기도 잘만 사용하면 키치예술이 될 수 있다. 백남준이든 엔디 워홀이든 현대예술의 큰 흐름은 자본주의 사회가 생산한 과잉의 상품과 쓰레기 안에서 꼴라쥬 기법을 활용하는 점이다. 하지만 편집증적이다. 우리는 이미 과도하게 물건중심적으로 사유하고 있으며, 점점 더 물건의 소유가 아니라 물건들에 의해 총체적으로 소유되는 상황에 직면해 있다. 우리에게 상품과 쓰레기는 이미 환경이다. 우리가 물건이다. 우리가 상품과 쓰레기 안에서 그것을 숭배하건 혹은 요리조리 비틀어 가공하건 자본의 현혹을 벗어날 길은 없다.

이런 현상은 이미 기 드보르의 『스펙터클 사회』나 장 보드리야르의 『시뮬라시옹』에 잘 나타나 있다. 즉 자본주의 사회가 이미 생산의 사회가 아니라 소비의 사회로서, 상품과 환상에 의해 현실이 압도된 초현실성에 빠져 있다. 자본이 던지는 상품의 스펙터클과 정보의 시뮬라크르에 현혹되고 파묻혀 소비자들은 결코 헤어나지 못한다. 이것이 그들의 전망이다. 동의한다. 우리의 시야는 이미 너무나 페티시즘적으로 좁아졌다. 초현실의 벽을 돌파할 용기를 잃어버렸다. 주체를 상실한 채 우리는 그저 가족의 안전과 인류의 평화를 희구할 뿐이다. 상품과 쓰레기의 바다 안에서 적응에만 급급해 하며.

영화에서는 악마이거나 감독이겠지만, 이 모든 것들 뒤에는 누가 있겠는가? 자본가일까? 권력자일까? 물론 그런 빅브라더가 있기는 하다. 그러나 그들조차 빅게임으로부터 결코 자유로울 수 없는 기호일 뿐이다. 그들도 자본주의 사회가 열어 놓은 초현실적 판타지 속에서 허우적거린다. 그리고 페티시즘에 현혹된 희생물이기는 마찬가지다. 하지만 이 모든 것들을 움직이는 실체란 없다.

우리에겐 해탈도 열반도 허용되어 있지 않다.


## 거울 너머

그렇다면 현혹의 거울을 어떻게 깰 수 있을까? 없다.

우리는 현혹의 거울을 너무나 사랑해 말로만 거울을 깬다고 하지 결코 거울을 깨지 못한다. 더구나 악몽의 법칙이 있다. 즉 공포에 사로잡혀 벗어나려고 하면 할수록 더욱 붙잡히게 된다. 악몽 속 가위는 내가 만든 것이지 가위가 나를 만든 것이 아니다. 왜냐하면 상대방을 거부하는 나의 에너지가 역설적으로 상대방을 강화시켜 주기 때문이다. 무슨 얘긴가 하면 상대방이 원래 강한 것이 아니라 그것을 강하게 인식하고 거부하는 나의 인식 때문에 강해진다는 말이다. 아니 상대방 자체가 나의 구성물이다. 그러니 객관이 있다기보다 게임의 규칙과 게임에 참가한 주관의 강도만이 존재할 뿐이다. 천사와 씨름한 야곱이나 도깨비와 씨름한 삼촌이나 마찬가지다. 원인은 현혹된 사람에게 있는 것이지 현혹한 거짓에 있는 것이 아니다. 그런데 우리는 자꾸만 없는 악마와 씨름하려고 한다. 게임의 규칙을 깨는 것조차 악마를 이기는 방법이 아니다.

애초 문제는 주관의 상상에서 비롯된 이야기가 물화되어 객관적 실재로 인식되었다는 데에 있다. 우리는 기호의 페티시즘의 비극 속 주인공이 되어 버렸다. 그렇다면 우리를 공포로 물들이는 물화된 이야기에서 어떻게 벗어날까? 더욱 쉽게 말해 약육강식의 자본주의 게임에서 어떻게 벗어날 수 있을까? 결국 이야기를 벗어나야 하는데 벗어나지 못한다.

그렇다면 다른 이야기를 할 줄 알아야 한다. 이야기 곧 서사(스토리)야말로 주체를 가두는 세계 형식이기 때문이다. 역으로 새로운 이야기, 곧 새로운 서사가 새로운 주체와 새로운 세계를 낳는 형식이기도 하다. 자기가 동의하고 좋아하지 않는 이야기라면 그 이야기를 그만하고 다른 이야기를 시작해야 한다. 나홍진 감독의 현혹에 말려들지 않으려는 관객은 영화관을 나오거나 의자에 앉아 다른 것에 정신을 팔아야 말려들지 않을 수 있다. 물론 영화관에 앉아 다른 것에 정신 판다는 것은 거의 불가능하다. 그러니 영화관을 나가야 한다.

자본주의가 싫다면 자본주의에서 나가야지 자본주의 안에서 자본주의를 이기거나 바꾸는 것은 불가능하다. 예외적으로 파국에 의한 전환이 있을 뿐이다. 하지만 파국을 기다릴 수는 없지 않은가? 단절이 있지 않다면 이야기

안의 이야기거나 이야기 이어서 이야기하기가 될 뿐이다. 당신은 『천일야화』의 주인공 세헤라자데거나, 세헤라자데가 이야기하는 에피소드의 주인공이거나, 에피소드의 주인공이 이야기하는 에피소드의 주인공일 뿐이다. 자본의 거대한 이야기 구조는 근본적으로 바뀌지 않고 처음 이야기한 자가 누구인지도 영원히 밝혀지지 않을 것이다. 그런데 아직도 자본의 악마에 대해 씨름을 한다면 어떨까?

당신이 살고 싶거든 당신은 당신 이야기를 해야 한다. 당신을 현혹하는 거대이야기와 단절한 채 당신만의 이야기를 시작해야 한다.

"옛날 옛날에 내가 살았다……."

거울 너머에 무슨 세계가 있는가? 아무 세계도 없다. 거울은 보지 않으면 없다. 참된 세계는 당신이 당신의 이야기를 시작할 때 새롭게 열리며 생성된다. 그러나 그러기 위해서는 현혹의 거울인 기존의 이야기 밖 무의미에 대한 공포를 견딜 수 있어야 한다. 공포를 이긴 자만이 세계를 시작할 수 있다. 이미 새로운 세계의 생성이 시작되고 있다. 자신을 믿어라.

하지만 잊지 말자. 당신의 이야기에도 다시 현혹이 존재함을.(6/28/수)

# 야자와 22명의 성폭행

### 교육개혁의 한계

며칠 전 경기도교육감이 경기도 지역 중고교의 야간자율학습(야자)을 폐지하겠다고 했다. 한숨이 나왔다. 폐지해도 폐지되는 것이 아님이 너무나 뻔하기 때문이다. 내가 학생이었을 때도, 내가 선생이었을 때도 야자–야간자율학습은 4대강 살리기처럼 기만적인 말 아닌가–는 있었다. 야자가 있든 없든 사교육은 폭발적으로 팽창했고, 자본에 의해 다양화된 교육이 차별을 더욱 심화시켰다. 알지 않은가? 아무리 진보교육감으로 바뀌어도 교육이 근본적으로 바뀔 수 없다는 것을. 최악의 기득권 보수주의자가 아닌 차악의 진보주의자를 선택할 뿐이고. 운동경기에 이기듯 잠시 투표의 승리로 환호성을 지를 뿐이라는 것을. 그들도 곪아터진 상처에 새 거즈를 대는 것 외에 할 일이 없다는 것을.

청소년 인권조례가 통과되는 것은 물론 중요한 일이다. 하지만 그런 것이 없어서 교육이 제대로 안 되었단 말인가? 나라의 인권이 지켜지지 않는데 학교의 인권이 지켜질 수 있다고 보는가? 사실 진보교육감이 할 수 있는 일은 거의 없다. 왜냐하면 교육제도가 사회제도이기 때문이다. 사회적 불평등을 근본적으로 해소하지 않는다면 교육의 왜곡은 영원히 바로잡을 수 없다.

변하지 않는 사회, 변하지 않는 교육

최근 며칠, 5년 전 22명의 남학생이 여학생을 집단으로 윤간한 사건이 뒤늦게 드러나며 뉴스로 나오고 있다. 내겐 고향과 같은 서울 도봉구의 변두리 중고학생들이었다고 한다. 언론은 잘못을 뉘우치지 않고 편안히 잘 사는 가해자들을 다루고, 그들을 악마라는 둥 신상을 공개하라는 둥 하는 댓글들이 쏟아졌다.

나는 문득 30년 전과 하나도 달라지지 않은 현실을 다시 발견하게 된다. 30년 전 내가 중학생이던 시절, 인근 산의 방공호에는 술병과 담배와 본드와 부탄가스통이 뒹굴었다. 소위 깡패가 된 동창이 있었고, 낯선 동네엔 그런 아이들이 모여 삥을 뜯었다. 그들과 마주치지 않기 위해 멀리 돌아가야 할 때도 있었다. 가까운 이의 윤간 피해 이야기를 듣기도 했고, 자기가 무슨 잘못을 저지르는지 모르는 채 저지르는 아이를 만나기도 했다. 타이르고 연민하고 분노했으나 할 일이 없었다. 또래집단을 이야기하고 하위문화를 이야기하는 것이 얼마나 무책임하고 또 무슨 소용인가? 부모조차 제 삶에 허둥대며 살기 바쁜 마당에. 문제의 아이와 문제의 교사와 문제의 부모 이전에 문제의 사회가 철옹성처럼 버티고 있는데.

우리는 흡사 K가 되어 어떻게 성을 들어가야 할지, 혹은 어떻게 성을 빠져나가야 할지 모른다. 왜냐하면 우리 자신도 언제나 재판정에 불려가 심판을 받아야 할 대기자이기 때문이다. 진보교육감이든 전교조든 별로 희망을 갖지 않는 이유는 사회가 불평등한 속에서 평등교육이 원초적으로 불가능하기 때문이다. 교육 자체가 사회화 기능이기 때문에 사악한 사회를 바꾸지 않은 한 구조적으로 교육도 사악해질 수밖에 없다. 아무리 교육선진국 운운하고 핀란드학교니 뭐니 떠들어도 중요한 것은 핀란드의 학교가 아니라 핀란드라는 나라의 평등한 사회체제라는 사실 아닌가? 사회 없이 학교가 있었던 적은 없다. 핀란드처럼 임금불평등이 없거나 임금차가 있어도 거의 없다면 교육의 왜곡과 폭력도 거의 없앨 수 있다. 하지만 지구에 존재하는 나라 중 가장 임금차별이 심하고 노동 강도가 센 나라에서 교육혁신을 한다는 것은 수술이 필요한 사람에게 연고를 바르는 행위처럼 웃기는 일이다.

## 차별사회

내가 일반학교 교사일 때 나는 정교사로 4년을 지내고 학교를 옮기며 기간제교사로 3년을 보냈다. 정교사일 때는 경력이 오래 된다고 호봉이 올라가 임금을 더 받고 석·박사로 가방끈이 길다고 임금을 더 받는 것이 부당해 보였다. 하지만 기간제가 되고 보니 같은 일을 하는데 이제는 경력도 의미가 없고, 임금의 차별은 심해지고 더구나 정교사의 평가를 받는 대상이 되어 매년 재계약해야 되는 상황이 되고 말았다. 교육부나 학교도 이미 기업처럼 정교사 대신 기간제를 뽑아 노동을 착취하는 관행을 제도화한 상태였다. 전교조도 정교사의 전교조였을 뿐이다. 이렇게 교직 안에도 위계와 차별이 횡행하는 속에서 평등한 인간교육이 가능하리라고 믿는다면 차라리 넌센스 퀴즈대회에 나가는 게 낫다. 철밥통 폐차는 게 얼마나 어렵고, 또 철밥통 발로 차는 게 얼마나 어려운지 실감했다. 철밥통에 집착하는 한, 그래서 사회가 바뀔 수 없다는 것도. 기간제가 대세가 되다 보니 대안학교들도 수습이니 뭐니 하면서 기간제를 운용하는 것도 씁쓸했다. 시대가 벌써 국민의 과반이 기간제인 시대로 변했다.

얼마 전 강연도 그렇다. 내 강연의 질이 다른 사람보다 떨어진다는 생각은 하지 않는다. 그런데 학부 졸업이라고 석박사와 차별받고, 더구나 책이나 원고분량으로 강연료 계산을 하는 모습을 보면서 참 한심하지만, 이토록 학력차별이 심하고 갑질이 일상화되어 있으니 사람들이 입시에 올인 할 수밖에 없구나 다시 실감했다. 자유에 대한 대가는 지독한 차별로 주어졌다.

교직과 관련된 것이 이 지경인데 직업을 둘러싼 차별이 얼마나 세부적으로 극심한지는 말할 것도 없다. 그런데도 바른 교육을 할 수 있다고 생각한다면 그것이야말로 천둥소리를 못 듣는 귀머거리의 교육이다. 사람들은 차별의 희생자가 되지 않기 위해 철밥통을 원한다. 우리 사회에서 교사와 공무원이 의미하는 것이 철밥통 외에 무엇인가? 은행과 대기업조차 불안한 시대가 아닌가? 철밥통이 근본적으로 노예적 신분일지라도. 조선시대 굶어죽지 않기 위해 머슴이 되고 노비가 되었던 것과 하나 다르지 않다. 이 시대에 누가 평등하고 누가 자유인가? 모두가 노예를 갈망할 뿐이다.

처음에 야간자율학습을 하지 않게 되었다고 학생들은 환호성을 지를지 모른다. 하지만 부모들은 이미 근심에 휩싸였다. 저 아이들이 나쁜 친구들과 어울려 못된 짓을 저지르지 않을까, 대학을 못가고 낙오하지 않을까. 아이들 스스로도 불안해진다. 그리고 불안한 심리를 파고들며 새로운 교육소비자들을 기다리는 학원시장이 있을 것이다. 맨날 단추만 뜯었다 달았다 해서 무엇하겠는가? 학력 차별, 직업 차별을 없애고 시험을 없애지 않는다면. (6/30/목)

# 교사에게 보내는 편지

## 삶을 배제한 지식교육

제가 제도권 교육의 일원, 즉 학교의 교사였을 때 저는 교과서와 시험으로 고통 받는 교사였습니다. 교과서와 시험이 유포하는 지식주의가 본질적으로 전문가의 지식의 절대성과 지배를 공고히 하는 수단으로 작용하고 있다고 생각하였기 때문입니다. 학교와 교사는 기껏 그것의 중계자 역할을 하고 있었습니다. 교육의 목표는 주체와 인격이 아닌, 지식과 기능 그리고 능력으로 압축되었습니다. 세계 안에서의 다양하고 새로운 경험과 가능성을 가린 채 지식에 의한 선입견이라는 안경을 씌우는 일이었습니다.

하지만 그런 지식이 삶에서 가장 중요한 경험과 실존의 떨림 그리고 지속과 무관하다는 것은 너무나 당연한 사실입니다. 왜냐하면 삶과 무관한 지식이 아닌, 삶에 직접 관계된 실존적 지식은 온전히 개인의 총체적 경험 안에서 탄생하기 때문입니다. 세계 안에서 세계를 경험하며 지식을 발견하고 알아가는 것과, 먼저 절대적 권위를 획득한 사람의 지식을 습득해 그 지식에 의해 세계를 바라보고 경험하는 것과는 천양지차가 있습니다. 앞의 것은 자기가 낳는 삶과 세계와 일체화된 지식이지만, 뒤의 것은 내 안에 입력되어 나를 구속하는 지식입니다.

나이가 어릴수록 지식보다 경험이 소중한 것은 말할 것도 없습니다. 우리는 운동과 감각에서 출발해 정서와 지성 그리고 인식으로 심화되어 갑니다.

때문에 인간정신의 발달은 많은 지식과 지식의 활용이 중요한 것이 아니라, 삶, 곧 세계 경험의 다양성과 능동성이 중요합니다. 세계경험인 삶의 과정 안에 일관된 의지가 발휘되며 인간의 감각과 정서, 그리고 지성이 유기적 일체로 통합되어 가기 때문입니다. 그러니 자발적 의지야말로 정체성과 행복의 열쇠가 됩니다. 결국 지식은 삶의 의지가 직관하고 통찰하며 얻어지는 성과이자 보조물에 지나지 않습니다. 때문에 다른 모든 것을 억압하는 성급한 지식주의를 우리는 늘 경계해야 합니다. 지식이 외부에서 주어지느냐 혹은 내부에서 생성되느냐는 이후 권력의 지배와 주권의 발휘라는 정치성으로까지 이어지는 중요한 문제입니다.

### 교육을 통한 지배

우리는 교육의 정치 중립성을 말합니다. 하지만 교육 자체가 이미 정치적인 행위라는 것은 변함없는 사실입니다. 왜냐하면 지식의 내용과 형식 자체가 프레임(세계관)과 규칙, 그리고 권력으로 작동하고 있기 때문입니다. 가령 당신이 학교에서 수학교사로서 사칙연산과 미적분을 가르친다면 그것은 단지 논리적인 사고력을 길러주는 것이 아닙니다. 바로 세계를 수학적 프레임과 규칙으로 바라볼 것을 세뇌시키는 작업과 같습니다. 왜냐하면 당신도 이미 학생들이 사칙연산과 미적분을 배우고 알아야하는 것을 당연하게 받아들이고 있기 때문입니다. 교육을 둘러싼 이런 암묵적 동의야말로 바로 정치성이고 권력의 지배 방식이지요. 의심받지 않는 당위야말로 권력의 진정한 힘입니다. 국어든 영어든 사회든 모두 마찬가지입니다.

교육은 일종의 배제이기도 합니다. 저는 국어교사였습니다. 문학에는 장르이론과 고전이라는 것들이 있습니다. 하지만 각 장르의 특징과 원리는 물론 고전이 모두 서양의 근대문학 중심으로 짜여 있습니다. 이슬람과 인도문명의 혼합적 양식과 종교문학의 깊이와 풍부함을 접해본 적이 있나요? 우리가 속한 한자문명과 비문명사회의 문학은 얼마나 접해 봤나요? 아마 거의 무지할 것입니다.

모든 지식에는 이미 선택과 배제가 내포되어 있습니다. 가르치기 위해 우리는 반드시 배제하는 절차를 거치게 됩니다. 문제는 가르치는 우리가 이미 편협한 지식의 노예가 되어 있기 십상이라는 점입니다. 많은 경우 우리 자신도 모르는 채 배우고 모르는 채 가르친다는 걸 모릅니다. 어찌 권력이 없고 편견 아니라고 말할 수 있겠습니까? 근대학교가 근본적으로 지역사회와 삶의 경험으로부터 아동을 격리시킨 채 학교를 운영하고 있다는 것은 이미 너무나 잘 알려진 사실이지요.

## 회의하는 교사

당신이 좀 더 예민한 교사였다면 처음 교사가 되어 학생들을 만나며 당신은 많은 회의의 시간을 가졌을 겁니다. 과연 내가 가르치는 이것이 저 아이들에게 정말 필요한 것인가? 지금 이 순간 아이들의 삶이라는 귀한 시간을 나는 무슨 권리로 빼앗고 있는가? 나의 가르치는 일은 정말 100% 의심의 여지없이 옳은가? 확신 없이 가르치기는 어려운 법이지요. 때문에 당신은 어떻게든 스스로를 설득해야만 했을 겁니다. 투철한 회의와 정당성을 얻지 못한 교사는 확고하게 교단에 설 수 없기 때문입니다. 하지만 우리의 교단은 아직도 매우 불안하게 흔들립니다. 어쩌면 당신은 아직 이상과 현실의 엄청난 격차에 고뇌할지 모릅니다. 한국사회에서 교육은 아직 삶의 경험을 유예시키고, 계급의 서열을 위한 구분 역할을 하고 있기 때문입니다.

열정적인 당신은 아이들에게 교육의 폐해와 사회의 모순을 지적하며 학교의 간판과 스펙에 연연하거나 타협하지 말고 진짜 자신이 살고 싶은 삶을 살라고 말했을지 모릅니다. 하지만 아이들의 눈빛은 오히려 이런 질문을 하지요. 그렇게 말하는 당신은 이미 기득권층이잖아요. 그렇게 말하는 선생님도 좋은 대학을 나와서 교사시험에 합격하고 안정된 직장을 갖고 있잖아요. 선생님 자신은 진심으로 자신이 살고 싶은 삶을 살고 있는 건가요? 아이들의 눈에는 기득권을 쥔 채 설교하는 목사와 당신이 다르게 보이지 않을 수도 있습니다. 우리의 피가 뜨거웠던 시절 우리는 앎과 삶을 일치시키고자 노력했습니다. 하지만 한국의 현실 안에서 안정은 언제나 모순과 분열을 내장하고 있지요. 아이들의 물음에 당신은 어떤 답변을 하시나요? 저는 야학의 교사일 때도 일반학교의 교사일 때도 또 대안학교의 교사일 때도 이 질문 앞에 떳떳하지 못함을 느꼈습니다.

13년 전 한 친구가 저에게 물었습니다. 제대하고 대학에 가느냐를 고민하고 있었습니다. 몇 년 편지를 주고받으며 저는 그 친구가 이미 스스로 공부를 하고 성장하는 모습을 지켜보았습니다. 졸업증명서 따위로 인정받는 학위는 없었지만 스스로 궁금한 것을 공부하며 이미 웬만한 대학생들보다 높은 수준이었습니다. 왜냐하면 이 친구는 실존적 경험을 놓지 않고 공부했기 때문입니다. 저는 고민 끝에 학력 차별과 편견이 심한 우리나라 상황을 확인하고, 비록 험하겠지만 그럼에도 타협하지 않고 자기 식대로 공부하고 자기 길을 만들어 가는 사람들이 많아지면 좋겠다고 말했습니다. 덧붙여 대학을 가든 가지 않든 그 친구가 이미 공부를 하고 있는 것 자체가 중요하다고. 하지만 이후 현장에 들어가 이런저런 어려움을 겪으며 살아가는 그 친구를 보며 마음이 아팠습니다. 차이가 차별인 세상에서 학력은 우리 사회에서 이미 계급이기 때문입니다. 어려운 시대에 고난 받는 것이 한편 떳떳하다고 생각하지만 역시 마음이 무겁습니다.

보편교육의 신화

선생님들과 이야기하다 보면 많은 선생님들이 보편교육의 신화를 아직 믿고 있는 것에 놀라곤 합니다. 저는 대학교 때 보편교육의 신화를 벗어났다고 할 수 있는데, 그것은 야학 활동 때문입니다. 제가 다녔던 야학은 중등과정의 검정고시를 준비하는 소위 검시야학이었습니다. 하지만 당시 일반적인 경우처럼 노동야학과 생활야학적 측면을 함께 가지고 있었습니다. 야학의 학생 중 절반은 인근 봉제와 섬유공장을 다니는 여직공이었습니다. 그들에게는 검정고시를 통과해 학력을 인정받는다는 것이 대단히 중요한 일이었습니다. 하지만 교사이자 대학생인 저의 눈에는 검정고시의 통과가 심리적 위안과 평가 외에 아무런 이득도 없어 보였습니다. 오히려 보편교육을 가장한 제도권 교육의 차별이 이렇게 내면화되어 발휘되는구나 싶어 안타까웠습니다.

독재국가에서 학교를 다니며 시험을 통과한다고 보편교육이 지향하는 민주시민이 양성될까요? 먼저 차별을 제거해 보편적 삶이 가능하도록 하는 게 중요하지 않을까요? 오히려 제도교육이 국가의 지배와 관리에 충실히 기여하고 있습니다. 불평등한 사회에서 교육 자체가 이미 차별이고 배제이기 때문입니다. 즉 검정고시 야학을 통해 제가 만난 것은 보편교육에서 배제되고 삭제된 친구들이었습니다. 하지만 역설적으로 이들이 검시에 그토록 집착했던 이유에는 평등한 사람이 되기 위해서라기보다 사실 배제에 대한 두려움 때문이라는 것이 제 판단이었습니다. 교육이 진정 평등에 기여하는 것일까요?

보편교육을 위해서 학교에서 꼭 지식을 줄 필요는 없습니다. 보편교육의 보루로 학교의 필요성을 주장하는 것은 국가 관료주의의 발상에 불과합니다. 오히려 보편교육을 실현하기 위해 부의 평등한 분배와 기본권 보장이 필요한 거 아니겠습니까? 직업과 더불어 삶의 지식과 경험에 대해서도 차별하지 않고 자유롭게 알고 탐구할 권리를 주는 것이 보편교육의 원칙이 되어야하지 않을까요? 학교보다 도서관이나 문화센터가 훨씬 더 평등주의에 입각한 곳일 겁니다. 왜냐하면 아직 학교에는 정확한 연령차별이 존재하고 국가의 이데올로기 주입과 훈육기관의 성격이 더 강하기 때문입니다. 보편교육을 표방한 학교교육이 사실은 근대국가주의 국가들의 국민 만들기 프로그램의 일환으로 창안된 관리체제라는 것을 기억할 필요가 있습니다.

## 인간의 평등

최근 교육부의 나향욱 정책기획관이 '민중은 개돼지다'라고 말해 파문이 일고 있지요. 누구나 공분을 느끼고 한편 허탈감을 느꼈을 겁니다. 실제 우리가 개돼지 취급을 받는 경우를 많이 보았기 때문입니다. 소위 지식전문가들이 저런 뻔뻔스런 소리를 할 수 있을 정도로 계급의 지배가 확고한 상황이니까요.

결국 지나고 보니 똑똑하고 좋은 학교 나온 사람 치고 타협하지 않은 사람이 훨씬 드물고, 우둔할 정도로 우직한 사람만이 제 길을 곧게 가는 것 같습니다. 일제에 나라를 빼앗겼을 때 매천 황현은 지식인 됨의 어려움을 토로하는 '절명시'를 남기고 자결하였지요. 지식과 마찬가지로 지식인으로서 산다는 것은 권력이며 동시에 막중한 책임이 필요한 일이지요.

동의하실지 모르지만 저는 아이들이 교육할 대상이 아니라, 교사와 동일하고 평등한 인격이며, 아이들에게도 인간으로 누려야 할 삶이 있다고 생각합니다. 우리는 인간은 모두 평등하고 존중받을 권리가 있다고 말하면서 아이들을 존중은커녕 평등하게 보지도 않고 더군다나 그들이 삶을 누리고 자기 식대로 배울 권리를 인정하고 있지 않습니다. 왜냐하면 교사와 학생의 위계적 구분과 대상화 자체가 이미 불평등 구조 안에서 만들어져 있기 때문입니다. 교육은 평등이 아니라 이미 불평등을 전제합니다. 저는 교육의 평등을 믿지 않습니다. 그래서 더욱 더 인간의 평등을 요구합니다. 우리가 아이들도 어른과 같은 인격으로 존중하고 또 그렇게 대하지 않는다면 인간의 평등을 과연 어디에서 찾을 수 있을까요?

'민중은 개돼지다'라고 말하는 교육행정가의 저 말에 교육의 무서운 본질이 숨어 있다고 생각합니다. 우리 안에는 아직 학생을 평등한 인격으로 보지 않고 미성숙하고 유예된 대상으로 보는 시선이 숨 쉬고 있지 않나 되묻습니다. 우리가 이 말에 정말 분노해야하는 이유는 이 말이 우리의 사회와 학교 현실을 섬뜩하게 폭로하고 있기 때문일 겁니다. (7/12/화)

# 살인의 기억

일주일 전 나는 다시 군대에 대한 꿈을 꾸었다. 연병장의 자살명령 같은 악몽이었다.

소대였다. 어느 동굴의 토벌이 임무였다. 내가 갔을 때 군인 2, 3명이 한 조로 사람들을 처형하고 있었다. 그런데 내가 속한 조의 군인들이 총검으로 사람의 두 다리를 찔러 고통을 주고 있었다. 나는 어떻게든 빨리 끝내야 한다는 생각에 결국 그의 배와 머리를 두 차례 찔렀다. 꿈속이지만 총검이 사람의 몸을 관통하는 괴롭고 고통스런 느낌이 손으로 전율처럼 전해졌다. 그 끔찍함을 느끼며 꿈에서 깼다.

도대체 내가 왜 이런 꿈을 꾸게 된 걸까? 권력과 군대에 대해 고민을 해 온 것은 맞다. 꿈은 개인적 정신분석 차원에서 억압과 무의식으로 분석할 수도 있다. 내 안에 억압된 화와 분노가 꿈속의 폭력과 살인으로 표출되었을 것이다. 하지만 모든 것이 그렇듯 꿈도 해석 방향에 따라 다른 영향을 발휘한다.

나는 느낌에 집중하였다. 비록 꿈이지만 마치 실제로 내가 범죄를 저지르는 죄책감과 당혹감이 들었다. 누군가를 검으로 찌르는 순간 살해되는 이의 고통이 촉각적으로 옮아오는 것은 정말 참기 어려운 고통이었다. 그런데 왜 나는 다른 생각도 못하고 그 일을 꿈에서 해야만 했을까? 왜 꿈에서 나는 이렇게 무력한가? 나는 제한되고 무력했다. 의식의 느낌은 가지지만 온전히 생각하고 판단하지 못하였다. 꿈의 배역을 수행하는 페르소나가 있었지만 역시 나였다. 내 안에 모순된 나가 동거한다. 권력과 폭력을 비판하지만 권력과 폭력을 깊이 내면화한 나를 발견한다.

아무튼 이런 악몽을 통해 나는 폭력과 명령의 절대성, 살인과 자살, 공포와 고립, 내면화 등을 실존적으로 체험하며 일주일을 보내고 있다. 나는 악몽에서 내 몸에 새겨진 실감을 나와 분리할 수 없는 권력과 폭력을 느꼈다. 모두 거부하지 못한 채 일어나 버린 일이라는 게 공포스럽다. 내가 실제로 복종자이자 학살자가 되고 보니, 상관의 명령을 핑계로 하는 책임회피의 심리와 무책임의 보편성이 실은 일상화된 복종의 결과물이라는 것을 알겠다.

만행을 비난하기는 쉽다. 하지만 만행에 저항하는 것이야말로 정말 어렵다. 치열하지 않으면 안 된다. 일어난 만행의 상황과 진실을 명확히 기억하고 분석해 반복되지 않도록 해야 한다. 무엇보다 중요한 것은 일상에서 복종과 공포에 맞서 극복하는 일일 것이다. 그렇지 않으면 꿈이나 현실에서 만행의 악몽이 계속 되풀이 될 것이다.

위안부 할머니들 이야기나 난징 학살, 보도연맹 학살, 거창과 제주의 양민학살, 베트남 양민학살, 광주 학살 등 수많은 학살과 폭력이 또렷이 기억되어야 하는 이유다. 부끄러운 기억은 잊는 것이 아니라 오히려 또렷이 기억함에 의해서만 극복될 수 있다. 악몽에서처럼 역사에서도 우리는 기억의 책무를 지울 수 없다. 그저 짊어지고 가야 한다. 그리고 극복해야 한다. 그것이 살아남은 자의 도리이다.

나의 서글픔은 역사가 언제나 무책임했다는 데 기인한다. (7/13)

# 포켓몬 고

## 포켓몬 고와 도깨비

포켓몬 고라는 게임을 아직 한국에서 정식으로 시작하지 않았는데도 이미 한국인 100만 명이 가입했다고 한다. 지난 주말 정책적 착오로 우리나라에서 유일하게 포켓몬 고 게임이 가능하게 되었다는 속초에는 포켓몬을 하기 위해 주말여행자들이 몰려들었다고 한다. 스마트폰 화면을 보고 거리를 배회하고, 가상의 괴물을 잡기 위해 낯선 공원에 몰려든 사람들을 보며 나는 도깨비한테 홀린 삼촌을 생각했다. 구체적 현실과 맥락은 어디로 가고 가상의 게임공간이 되어 버린 현실 안에서 사람들이 유령에 홀린 것같이 돌아다녔다.

내가 볼 때 도깨비한테 홀려 들판을 싸돌아다니고 논바닥을 뒹구는 것이나, 포켓몬의 가상괴물을 잡겠다고 도시와 공원을 누비는 것이나 하나 다를 바 없다. 집단 주술에 걸린 듯 사람들 얼이 빠져 있다. 현상은 달라도 본질은 같다. 한편으로 도래할 세계의 본질을 예시하는 것도 같다.

도깨비와 포켓몬은 가상의 상징이며 매혹이다. 도깨비와 포켓몬은 사람을 홀린다. 홀림으로써 다른 것을 못 보게 하고 그것만을 상대하게 한다. 현실이 배경이 되고 환상이 현실이 되는 현실 전도 현상이 벌어진다. 그래서 도깨비한테 홀려 논바닥에 뒹굴고, 포켓몬 괴물에 홀려 자동차에 치이거나 길바닥에 넘어진다. 도깨비가 전통사회의 애니미즘적 사유 안에서 정념의 투사물로서 만들어진 존재라면, 포켓몬 괴물은 전자정보사회에 각 분야의 전문가들이 모여 예쁘게 디자인한 캐릭터다. 그러나 결정적인 차이는 도깨비가 자율과 우연의 산물인 반면, 포켓몬은 자본의 의도와 필연에 의해 만들어진 상품이라는 점이다. 자본이 최종적 권력임에 틀림없다. 포켓몬 고에서는 게임 설계자의 의도가 중요하다.

### 게임의 구조

포켓몬 고의 신선함은 아마도 가상이 현실을 압도하는 증강현실게임이라는 점일 것이다. 가상 게임이 현실 공간 위에 덧씌워져 현실 고유의 맥락을 무화시킨다. 가상이 현실을 유도한다. 때문에 테러와 마케팅 등의 다양한 용도로 변형할 수도 있다.

게임의 역사를 놓고 볼 때 게임은 어느 정도 현실 차단 혹은 도피적 기능이 있었다. 바둑만 해도 바둑에 일단 몰입하면 주변에 주의를 거의 주지 않게 된다. 이런 집중과 몰입-그리고 스릴까지 더해서-이야말로 게임이 주는 참맛일 것이다. 인간이 발명한 게임은 가상공간, 상징, 규칙에 의해 작동한다. 그 안에는 게임 참여자의 사회적 약속-깊은 약속-이 작용한다. 어찌 보면 대뇌피질의 상징계를 100% 활용하는 인간만의 놀이다. 게임의 사회문화적인 의미는 게임에 참여한 사람들의 암묵적 승인에 의존할 뿐이다. 그러니 그것은 아무것도 아닌 모든 것이다.

### 현실과 가상의 역전

하지만 내가 느끼는 치명적 본질은 현실의 소외 문제다. 사람들의 뇌를 장악하고 있는 게임의 프레임이 너무나 막강해 현실의 다양한 맥락을 무시하게 한다. 포켓몬 고 이전의 게임은 현실에서 소외된 게임자가 게임의 가상공간에 들어가는 구조였다. 하지만 포켓몬 고는 게임자와 게임 공간이 현실 공간을 덮어쓰기 하며 적극적으로 현실공간을 재점유한다. 필연적으로 현실공간의 소외현상이 벌어진다. 속초의 시장과 거리와 공원이 게임의 가상공간으로 돌변하자 속초의 현실은 무의미해진다. 속초가 선택된 이유는 게임이 가능하다는 단순한 이유 때문이다. 물론 게임 참가자들은 게임을 끝내고 속초의 관광을 즐기겠지만 그렇다고 본질이 사라지거나 달라지지 않는다.

만약 우리가 정상적인 사람이라면 우리는 낯선 공간에서 최대한 주변을 경계하고 주변의 변화에 민감하게 반응하게 되어 있다. 하지만 야생의 사냥꾼처럼 포켓몬을 잡으러 가상공간에 뛰어든 사람들은 포켓몬 사냥에 열중한 포켓몬 사냥꾼일 뿐이다. 새로운 환경에 대한 주의력은 오직 신체의 자위를 위해 희미하게 작동할 뿐이다. 속초 사람들과 문화와 자연 등의 풍광은 배경으로만 희미하게 살아 있을 뿐이다. 게임의 시간 동안 현실의 속초는 완전히 의미가 없고, 게임자는 게임 속 공간을 질주할 뿐이다.


감성의 분할

한편 내가 두려워하는 다른 한 가지는 랑시에르가 말한 감성의 분할–랑시에르가 쓰는 '분할'이라는 의미에는 구분, 나눔, 지배, 통제의 의미가 포함되어 있다–현상이다. 산에 와서 나는 사람들의 자연을 대하는 태도에 많이 놀랐다. 생각보다 많은 사람들이 음악을 들으며 등산을 하고 있었다. 대개 건강과 친목을 목적으로 등산을 한다. 건강과 친목이 등산의 포켓몬이다.

산악자전거인들은 오직 자연을 배경으로 지형지물의 스릴을 만끽하기 위한 스포츠 공간으로 산을 바라본다. 그래서 그런지 자연 속에서 자연을 만나는 일이 의외로 별로 없는 것 같다. 물론 그들 몸의 감각은 매순간 자연에 직면하고 자연에 반응하지만 그들의 주의는 문화적으로 의미부여된 몇 가지에만 집중되어 있다. 즉 자연과의 만남이 문화적 맥락 안에서 무의식적으로 소비될 뿐, 좀처럼 의식의 영역으로 조명되지 못한다. 자연과 사람 사이에 감각의 분할에 의한 차단과 단절이 존재한다. 자연을 감각하고 해석하는 방식이 전혀 달라졌다.

내가 지난주 양산시에서 등산로변을 제초한 것에 대해 깜짝 놀란 것도 이런 맥락에서였다. 천성산 등산로를 걸어도 도심한복판의 공원과 같이 느슨하게 편하고 싶어 할 만큼 우리 감성이 무뎌졌다. 자연을 교감하고 감각하고 인식해야 할 대상으로 보지 않는다. 오직 각자의 포켓몬에 빠져 있다. 그러니 자연에 대한 의식이 피상적일 수밖에 없다.

## 자연의 필요

몇 년 전 서바이벌게임이라는 게 유행해 산속에서 가상의 총싸움을 하는 어른들을 본 적 있다. 숲속에서 하는 총싸움은 아이들 때나 하는 줄 알았는데 이제는 오히려 어른들이 그런 놀이를 본격적으로 하고 있었다. 포켓몬 고 게임은 분명 서바이벌 게임에 비하면 진화한 게임이다. 하지만 감성의 지배와 왜곡이 더 심하다.

자연이 한낱 인간의 가상 게임 공간으로 전락하다니. 참으로 무섭고 슬픈 일이다. 아무 곳에나 나타나는 포켓몬 괴물을 아무데서나 뒤쫓는 수많은 아무개를 보고 웃어야 할지 울어야 할지 모르겠다. AI와 무인자동차 기술의 결합을 보면 조만간 인공적 가상현실이 현실을 압도하는 시대가 도래할 것이다. 포켓몬 고는 그에 대한 전조다.

국방부도 싫고 구글도 싫다. 도깨비가 존재하지 않듯 포켓몬도 존재하지 않는다. 언제나 자연 앞에 우리는 한 사람의 사람으로 서 있을 뿐이다. (7/18)

# 좀비와 포켓몬 고

### 좀비의 출현

공교롭게도 올 여름 한국 영화계를 들썩이게 하는 두 편의 영화-〈곡성〉, 〈부산행〉-가 좀비영화다. 동양적 전통의 맥락을 지닌 〈여고괴담〉 시리즈 같은 귀신물도 아닌 서양적 좀비의 등장이 내게는 문화단절과 한국사회의 새로운 징후를 드러내는 것 같았다. 그럴 즈음 전 세계에 광풍을 몰고 온 '포켓몬 고' 게임을 하기 위해 속초에서는 웅성웅성 뛰어다니고 몰려다니는 사람들이 나타났다. 아이러니하게도 내게는 이들이 현실에 나타난 좀비를 연상케 했다.

그렇다. 좀비가 우리 사회 나아가 현대 사회 주체 상실의 실존을 압축해 보여주는 반영물로 나타났다. 어쩌면 우리는 벌써부터 자본의 좀비, 소비의 좀비였다. 이 글은 주체를 상실한 좀비적 존재가 되어 버린 현대인과 체제에 대한 짧은 성찰을 담고 있다.

좀비의 성격을 보자. 좀비는 꼭두각시 인형처럼 주체가 없이 조정 받는 살아 있는 시체다. 좀비가 우리를 당혹케 하는 점은 이해를 차단하는 철저한 모순성에 있다. 즉 좀비는 살아 움직이지만 죽은, 아니 죽었으되 죽지 못하는 존재다. 주체가 없으므로 판단이 개입되지 않는 절대적 폭력이며, 틈에서 비집고 나온 공포다. 정신이 완전히 부재한 피와 고름 따위로 범벅이 된 과잉 물질적 존재다. 좀비는 이렇게 모순과 불가능의 현현으로 우리를 압도한다. 좀비는 갑자기 나타나 우리의 일상과 정상을 마비시킨다. 몰개성의 주체 없음과 과잉 행동의 맹목이 쓰나미처럼 몰려와 정상사회를 덮친다. 그러나 결정적으로 중요한 보이지 않는 조정자야말로 좀비가 지닌 불가항력적 폭력성의 열쇠를 쥐고 있다.

## 좀비와 귀신

좀비와 귀신의 차이는 명확하다. 귀신은 주체가 있다. 맥락과 동기가 선명하다. 한이 맺혔으므로 복수를 해서 한을 풀려는 이성과 욕망을 지닌 주체가 곧 귀신이다. 즉 귀신은 전통과 근대의 소통 가능한 자아가 있다. 하지만 좀비는 자아가 없다. 주체와 맥락이 생략됨으로써 이성적 납득과 설명이 불가능하다. 다만 소통불능이해불능의 욕망과 공포로 우리를 압도한다.

좀비와 귀신은 그렇게 이질적이다. 귀신이 전제적 개인의 폭력에 의해 만들어진(희생된) 개인이라면, 좀비는 절대적 시스템에 의해 만들어진(작동하는) 군중이다. 좀비는 시스템 바이러스처럼 기하급수적으로 번식하고 소멸한다. 그것의 목적은 개인의 주체와 삶을 빼앗는 폭력성일 뿐이다. 그것의 공포는 치명적 감염성에 있다. 시스템 안에서 좀비는 이유 불문하고 저와 같은 좀비를 만들 뿐이다. 우리는 귀신에게 묻는 왜를 좀비에게 묻지 못한다. 질문이 불가능하므로 정답도 없다. 이것이 좀비의 언어 곧 침묵과 괴성으로 나타난다. 오직 아귀나 걸신의 식욕으로만 작동한다. 좀비의 행동은 조정되는 저돌적 수동성일 뿐이다.

앞에서 나는 귀신과 좀비가 근대사회와 현대사회의 단절을 나타낸다고 말했다. 근대가 가부장제 권력의 폭력에 의해 지배되는 피라미드 사회였다면, 현대사회는 권력의 기관들이 절대적 매트릭스로 진화한 매트릭스 사회다. 근대는 주체적 개인이 존재하므로 책임을 물을 수 있지만 현대는 주체가 사라진 시스템 사회이므로 책임을 묻기 어렵다. 우리 시대의 불안과 공포는 이런 무책임성에서 피어난다. 근대사회에는 주체와 타자의 대립이 명확했다. 하지만 현대사회는 주체가 사라지고 권력이 작동하는 시스템만 남았다. 주체가 없으므로 현대에는 근대와 달리 귀신 대신 좀비가 존재하게 되는 것이다. 따라서 그를 물질성이 충만한 그것으로 부르게 되었다.

## 주제의 탈출

이해가 차단된 좀비의 세상에서 우리는 필사적으로 도망치려 한다. 하지만 좀비가 출현한 세상은 이미 페스트가 창궐한 고립도시처럼 극단의 절망과 공포의 게임공간으로 변해 있다. 우리는 결단의 상황에 처해 있다. 주체를 보존하기 위해 필사적으로 탈출할 것인가, 아니면 새로운 환경에 적응하여 좀비의 무리가 될 것인가? 주체는 좀비의 먹이(희생)가 되지 않기 위해 필사적으로 도망쳐야 한다. 바이러스처럼 기하급수적으로 팽창하는 좀비를 상대하는 것이 불가능하기 때문이다. 희망은 없다. 닫혀 있는 절대시스템의 공포가 좀비 공포로 상기된다. 닫혀 있는 절대시스템, 이것이 현대사회다. 흡혈 거인족의 발생으로 인한 인류 절멸의 위기를 다룬 애니메이션 〈진격의 거인〉도 현대사회에 내재한 공포의 징후를 드러내고 있다.

현대 세계 자본주의 사회의 전모를 파악하고 그것을 혁명적으로 바꿀 수단을 우리는 갖고 있지 못하다. 사회주의권의 붕괴 이후 한 세대가 지나며 미국 중심의 신자유주의가 전 세계를 금융자본이 지배하는 절대 시스템으로 재편하였다. 이곳에서 주체적인 존재는 없다. 혁명의 담론도 실종됐다. 생산을 위해서든 소비를 위해서든 시스템의 명령에 복종하는 것이 유일한 삶의 길이 되어버렸다. 미국 중심의 신자유주의로 재편된 세계 시스템이 곧 좀비사회가 아닐까? 가장 막강한 권력은 금융자본이나 다국적기업들이겠지만 이들은 실질적으로 존재한다기보다 신용게임을 통해 가상적으로 존재하며 전 세계의 돈을 흡혈하듯 빨아들일 뿐이다. 전제적 개인 대신 시스템과 법인이 존재할 뿐이다. 개인이 없다. 이들의 조종에 의해 전 세계 인민이 순식간에 좀비가 된다. 하지만 팍스아메리카나의 세계질서를 하루아침에 바꿀 수 없는 것처럼 여기저기 출몰하는 좀비와 좀비의 희생자들도 막을 길이 없다.

## 증강현실의 폭력성

'포켓몬 고'는 대단히 폭력적인 게임이다. 가상의 전자정보가 현실의 구체적인 맥락을 순식간에 학살–삭제, 대치–하기 때문이다. 이것은 인지살해에 의한 실존학살이다. 포켓몬 캐릭터들은 대단히 유치한 애니메이션 캐릭터들이지만 그것을 잡는 명령에 복종한 좀비가 된 참가자들은 부지런히 구글지도가 전송하는 지도 위를 달린다. 구글지도에는 살아 움직이는 존재가 없다.

할머니도 강아지도 장애인도 자전거도 자동차도 거리의 장사치도 날아가는 새도 없다. 하지만 없는 게 아니다. 게임공간에서 불필요하기 때문에 삭제되었을 뿐이다. 가상의 시뮬레이션 공간을 강요받았을 뿐이다. 우리가 만약 '포켓몬 고'를 하는 사람의 앞에 서 있다면 그 사람에 의해 우리는 있지만 보이지 않는 유령적 존재로 돌변한다. 공공공간과 실존들이 게임권력에 의해 완전히 전유되고 점령된다. 이것이야말로 현실세계를 게임의 이름으로 천박하게 학살하는 일이다. 이야말로 새롭게 도래할 전체주의 사회가 아닐까? 이토록 경박하고 조잡한 게임을 돈이 된다고 재미있다고 열광할 수 있을까? 사드를 배치하는 것 따위, 위안부 문제, 실업자 문제, 역사 문제 따위 온갖 넘치는 현안들은 돈과 재미 앞에 무의미해진다. 보드리야르가 예견했듯 가상이 현실을 압도했다.

회의하라

하지만 그 전에 이미 우리는 좀비였다. 순도 100%의 순 좀비가 아니더라도 시스템에 어찌 할 수 없이 복종하는 한 90%쯤의 불순좀비였다. 좀비는 열심히 뛰지만 자신이 좀비인 걸 모른다. 생각해 보라. 좀비가 뛰다가 갑자기 '우리가 왜 뛰고 있지?' 반문하며 걸음을 멈추고 생각한다면 그것이 좀비인가? 최소한의 주체적 역량, 곧 회의(의심)을 발휘할 때 좀비는 좀비가 아니다. 좀비세계의 비극성은 좀비 세계라는 것을 스스로 알아채지 못한다는 점에 있다. 악몽을 알아차리지 못하는 꿈처럼. 단지 게임일 뿐이라고? 아니다. 감성의 학살이다. 공공의 학살이다. 이성의 마비이다. 원래 학살엔 소리가 없다.

좀비는 뛴다. 오직 돈으로 환산 가능한 열량(에너지)을 사용한다. 하지만 뛰지 마라. 포켓몬이라는 도깨비에 홀리지 마라. 대신 누가 왜 이 게임을 현실에 던졌는지 되물어 봐라. 돈의 지배가 보인다. 돈은 아우라가 사라진 현실세계의 망상일 뿐이다. 전자정보와 인터넷망은 철저히 숫자로 변해 돈으로 계산된다. 세계자본시스템의 게임프로그램 안에서 좀비는 깨어나기 어렵다. 악몽은 꿈이 끝날 때까지 지속될 것이다. (7/18)

# 가라앉은 자와 구조된 자

　추석을 지내며 아우슈비츠의 생존자였지만 여생을 증언자로 살다가 끝내 자살로 마감한 프리모 레비의 마지막 저작 『가라앉은 자와 구조된 자』를 읽었다. 그를 괴롭힌 것은 살아남은 죄책감과 아무리 진실을 전하려 해도 전해지지 않는 진실의 무력감이었다. 그는 가라앉은 자들이야말로 참된 증언을 할 수 있는 사람들이지만 그들은 죽거나 말을 잃었고, 구조된 자는 타협하거나 선택받은 적자들일 뿐이라는 치욕의 문신을 그대로 안고 살았다. 하지만 무엇보다 슬픈 것은 아무리 증언을 해도 참된 반향이 들리지 않고, 히틀러나 전체주의의 명령이라며 책임을 회피하는 가해자와 독일인들의 비겁한 모습에 다시 절망을 하는 것이었다. 가해자는 결코 반성을 하지 않고, 악몽의 역사도 되풀이 된다. 결국 레비는 기대할 수 없는 것을 기대한 증언자였다. 인간의 나약함과 책임회피의 보편성이 심판조차 불가능하게 했다.

　하지만 이 책을 읽으며 나는 레비와 전혀 다른 지점에서 거대한 아이러니에 빠졌다. 가라앉은 자들은 벌써 세월호의 희생자들을 떠올리게 하고 일제에 의해 학살된 위안부 할머니들과 징병·징용자와 만주의 독립군과 보도연맹으로 학살된 양민들을 떠올리게 한다. 하지만 레비의 책에서조차 인류의 야만으로 언급된 목록에 일본이 히로시마와 나가사키의 희생자로 거론되고 그들이 저지른 아우슈비츠에 버금갈 정도의 학살들이 은폐되어 있다는 점과 이것이 일반적인 일본의 이미지라는 점에서 나는 절망감을 느꼈다. 독일과 같이 전국민이 동원된 일본 파시즘에 의해 감옥에서, 군대에서, 탄광에서, 공장에서, 들판에서 학살당한 무수한 희생자들이 아니라 원자폭탄에 의해 희생된 히로시마와 나가사키 시민들이 기억되고 있기 때문이다. 어쩌면 그들도 중국과 조선의 입장에서는 히틀러의 파시즘에 열렬히 협조한 독일인과 같은 아니 그보다 더 심했던 일본제국의 신민들이었는데도 말이다.

과연 독일에 원자탄이 떨어지고 독인시민 20만이 희생되면 독일도 가해자가 아니라 희생자로 기억되었을까? 아마 독일도 그렇게 기억되려 노력했을 것이다. 나는 미국의 원폭 공격의 야만성을 옹호하거나 희생자의 고통을 모독하고 싶지 않다. 오히려 악의 뿌리가 우리의 생각만큼 단순했던 적이 없으며 누구도 살아남은 자로서 선한 자가 없다는 레비의 기본적 가정에 동의한다. 그 연루성에 정면으로 대응하지 못하면 절대 벗어날 수 없다는 점도.

물론 우리는 증언도 기억도 말소된 민족이다. 우리에겐 유태인처럼 가라앉은 자와 구조된 자를 나눌 기회조차 없었다. 역사의 진실 자체가 가라앉았다. 이 점이 더욱 당혹스럽다. 베트남인들이 한국군에 의한 학살을 증언하기 위해 전쟁이 끝나자 자료를 수집하고 한국군 증오비를 세운 것은 얼마나 잘한 일인가? 하지만 일본 파시즘의 후예들이 점령한 남한 사회에서 증언과 기억 자체가 반국가 행위로 취급받았으니 누군들 이 땅에서 제 정신으로 살 수 있었겠는가?

이런 점에서 일본과 한국은 역사에 대해서 아무런 교훈도 얻지 못한 채, 더 큰 과오를 향해 질주하고 있다. 일본의 역사 반성이 불가능한 것은 어찌 보면 너무나 당연하다. 패전 독일이 짊어져야 했던 아우슈비츠와 달리, 히로시마와 나가사키는 일본 스스로를 자기연민에 빠지게 했다. 그들은 그들이 희생자가 되기 전에 이미 희생된 천만의 동아시아 희생자가 있다는 사실을 기억하지 않는다. 한순간의 핵폭탄보다 더 잔인하고 야만적인 학살과 실험이 수십 년 자행되었다는 것을. 반핵도 평화헌법도 철저한 자기반성과 성찰 없이 불가능하다는 것이 너무나 자명하다.

하지만 독일의 전범재판 이후에도 과연 독일이 아우슈비츠에 대해 반성하고 성찰했는지 의문이다. 왜냐하면 레비의 증언에 의하면 어느 누구도 가해자가 사과하는 모습을 그가 만나지 못했기 때문이다. 그리고 더욱 심각한 것은 이것이 독일 파시즘의 야만성에서 비롯된 있을 수 없는 일이 아니라, 인류 보편의 문제라는 점을 모두가 망각하고 있다는 점이다.

그렇다. 증언보다 고통스러운 것이 레비에게는 바로 망각이다. 왜냐하면 망각에 의해 다시 또 다시 있어서는 안 될 악몽보다 더한 일들이 반복되기 때문이다. 레비는 희망을 볼 수 없었다. 그렇기 때문에 자살해야 했다.

정말 문제는 책임자 처벌이 아니었다. 오히려 책임자 처벌이 책임회피의 구실이 되곤 하였다. 그보다는 진실을 마주할 용기 없음과 반성이 불가능한 인간의 보편적 나약함이 문제다. 베트남 양민학살자나 광주학살자들 또한 명령자 탓을 하고 명령을 수행했을 뿐이라고 말하는 것은 너무나 상식적이다. 일본의 학살자들이라고 다르지 않다. 하나 같이 변명에 변명을 이어갈 뿐이다. 역사적 과오에 대한 변명과 책임회피야말로 인류의 병이다. 누가 절망하지 않겠는가?

그러나 증언의 기회조차 가지지 못한 채 절망할 기회조차 갖지 못한 채 가라앉은 자들이 얼마나 많은가? 아직도. 세월호의 가라앉은 자들처럼.(9/16/금)

# 비폭력은 준법투쟁이 아니다

나는 11월 12일의 범국민행동에 참여하지 못했다. 일을 마치고 가까운 도시에 나가 보았으나 내가 간 도시는 참여자들이 모두 상경한 탓인지 사람들이 모이지 않았다. 돌아와 인터넷으로 서울에 모인 백만 군중의 시위 모습을 보았다. 그리고 페북에 올라오는 참가 소감과 후기를 보았다. 때론 부럽고 때론 미안하고 때론 염려도 되었다. 어떤 이들은 역사의 현장에서 커다란 감동을 느꼈다고 하고, 어떤 이들은 너무 온건하고 순화되었다고 하고, 어떤 이들은 그 어떤 논의를 떠나서 백만 그 자체로 의미가 있다고 말했다.

아직은 단언하기 어렵지만 너무나 착한 집회라는 느낌이 들었다. 멀리서 보는 나에게도 권력이 설정한 폭력과 준법의 프레임이 자기검열처럼 백만의 내면을 통어하는 느낌을 받았다. 언론은 시민의식의 성숙을 예찬했다. 거기에 나온 말이 비폭력이었다. 그런데 내가 듣는 비폭력의 어감이 자기검열 탓에 다르게 느껴졌다. 축제 같은 비폭력이 새로운 운동의 자극은 될지언정 목적을 달성할 만큼의 위력을 발휘할 것 같지는 않게 느껴졌다.

오히려 이렇게 통어되는 민중의 힘이 헤게모니 게임을 하고 있는 비박의 여당과 야당에게 기회가 될 것은 분명했다. 백만 민중의 힘을 기존 정치세력들은 헤게모니 장악에 이용하며 변질시킬 것이다. 그것은 당연하다. 때문에 민중은 힘의 결집이 가능할 때 최대한 자신을 정치적으로 가시화해 권력을 창출해야 한다. 물론 나는 현장에 없었으니 수백 곳에서 벌어진 다양한 담론의 현장을 알 수는 없다. 오히려 지나치게 질서정연한 몇 십만을 광화문 광장에 앉혀 놓고 콘서트 식으로 진행되는 중앙집중적 방식이 어쩌면 민중의 생성하는 열기를 붙잡아두는 역효과를 내는 것은 아닐까 하는 안타까움을 느꼈다. 그들은 제자리에 앉아 있으려고 오지 않았을 것이다. 오히려 외치며 거리를 점령하러 모였는지도 모른다.

우드스탁이 아니라 1980년 광주 도청광장의 코뮌이 벌어지면 왜 안 되는가? 이것이 지속되는 것이라면 민중도 계속 발명하고 조직하고 전파하며 새롭게 형성될 것이다. 하지만 또다시 이백만을 기약하며(?) 범국민행동이 끝났다. 우리는 알고 있다. 단지 박근혜 퇴진만으로 한국사회가 변하지는 않으리라는 것을. 민중의 의사가 정치에 반영되도록 명확하고 구체적인 수단을 만들어 놓지 않는 한 정치화는 실패할 것이라는 것을.

대신 급식소가 차려지고, 의료소가 차려지고, 여기저기 숙소가 개방되고, 학습소가 차려지고, 침낭을 들고 온 중고생, 실업자, 장애인, 여성, 미술가, 음악가, 대학생, 무주택자 등의 코뮌이 만들어지고, 그렇게 광화문광장을 점거하고, 준법의 이름으로 민중을 탄압했던 권력을 해체하고 민중의 발명과 생성을 시작하는 것은 어떨까? 민중의 생명은 바이러스처럼 강한 결집력과 전염력에 있다. 스스로 생성하고 발명하며 확산되어야만 한다. 민중은 요구하고 관철하는 집단이어야 한다.

솔직히 나는 혁명을 믿지 않는다. 하지만 내가 이런 상상과 가능성을 타진하는 것은 한국 최고의 권위가 밑바닥으로 떨어진 지금이야말로 민중이 모든 권위를 파괴 내지 부정하고 근원적으로 사고하고 체험할 기회이기 때문이다. 그런 의식의 전환이 진정 혁명이다. 68혁명이 비록 실패한 혁명이더라도 거기에는 권위에 대한 완전한 부정과 해방의 체험이 깃들어 있었다. 때문에 68세대는 이후 혁명적 상상과 사고를 지속할 수 있었다. 중고등학생이 나서고 초등학생이 나서는 것은 그래서 노동자가 나서고 빈민이 나서고 여성이 나서는 것보다 더 중요하다. 지금 당장 박근혜의 퇴진도 중요하지만 민중의 권위로부터의 해방이 더 중요하다.

그러기 위해서라도 비폭력은 준법투쟁이 아니다. 간디의 비폭력은 준법인 적이 결코 없다. 오히려 폭력을 위협하는, 폭력보다 더 무서운 사랑이 비폭력이다. 간디에 의해 재발견된 비폭력은 단지 폭력에 대한 수동적 거부 내지 저항이 아니다. 아힘사, 곧 진리를 파지한 적극적 사랑이다. 헌법이 아니다. 헌법보다 더 상급의 양심에 복종하는 것이다. 그러기 위해 법을 어기고 폭력을 감수하며 전진하는 고도의 내적 강인함을 요구하는 전략이다. 그러니 비폭력은 아무나 요구하고 아무나 주장할 수 있는 것이 아니다. 어떤 희생을 감수하고라도 청와대까지 행진하는 것이거나, 혹은 어떤 희생을 감수하고라도 대통령이 직접 하야를 선언할 때까지 멈추지 않는 것이다. 그래서 비폭력이 무서운 것이다. 그런데 엉터리 폭력정권의 준법정신으로 비폭력을 지키자고 하면 그것이 말이 되겠는가? 비폭력은 단지 준법투쟁이 아니다.

하지만 비폭력투쟁을 하기 위해서는 민중이 일치단결해야 한다. 숭고한 양심의 법칙에 복종할 것을 서약하고, 분노와 증오를 극복할 수 있어야 한다. 오직 사랑의 힘으로 폭력과 맞서야 하기 때문이다. 그래서 비폭력은 도덕투쟁이기도 하다. 백만이 진정 비폭력을 이해했다면 무슨 일이 벌어지겠는가? 천명이 비폭력의 평화군이 되어도 폭력과 맞설 수 있다.

공포를 극복하고 우리 자신이 먼저 자유로워지지 않으면 결코 남도 자유롭게 할 수 없다. 우리는 아직 폭력과 준법의 틀 안에 구속되어 있다. 물론 폭력성이 자칫 정부에 빌미를 줄 위험도 있다. 그래서 준법투쟁이 필요할 수도 있다. 우리의 비폭력은 진화해야 한다. (11/14/월)

# 비폭력의 전략

대통령은 탄핵에 대비해 이미 여러 장의 카드를 준비하고 있는 모양이다. 민중과의 전선을 정체된 상태에서 구축해 놓고 국면전환용 카드도 여러 장 마련하고 있는 듯하다. 부패권력의 카르텔이 아직도 막강하고 대통령도 그것에 기대어 희망을 버리지 않는 이상 겨울이 지나도록 시련이 멈추지 않을 것 같다.

이쯤에서 범국민행동에서 사용하고 있는 비폭력 전략에 대해 재고할 필요가 있다고 생각한다. 그것은 비폭력의 폭력으로 전환이 아니라 비폭력의 정신을 제대로 살려 구사하자는 말이다.

민중이 광장에 모여 외치는 이유는 민주주의를 수호해야 할 대통령이 민주주의를 무너뜨렸기 때문이다. 최순실-박근혜 게이트로 인해 정치 경제 교육 문화 등 사회의 전 분야가 독재권력의 명령에 좌지우지되고 불평등사회가 더욱 심화하였기 때문이다. 따라서 이 투쟁의 목표는 민주주의 원칙을 무너뜨린 최고 책임자를 처벌하고 민주주의 시스템을 복원하는 것이다.

그렇게 광장에 모인 국민이 차벽으로 막는 경찰과의 마찰을 피하기 위해 평화시위를 진행하고 있다. 폭력에 대한 소극적 저항의 방식으로 준법투쟁을 하고 있다. 어쩌면 대통령이나 권력자들이 진정 원하는 것일지도 모른다. 차벽이라는 물리적 장벽과 법령에 의해 민중과 격리된 공간을 확보하고 혹은 민중을 고립시키고 재기와 반격을 준비할 수 있기 때문이다. 분명 광장에 모인 사람들 안에는 일종의 해방구가 형성되고 새로운 화합이 무르익고 있다. 하지만 착한 시위 프레임이 차벽 안에 갇힌 꼴이 되고 말았다. 이제 내성이 생겨 정권은 200만이 모여도 상관이 없다고 생각할지 모른다. 왜 그런가? 시위대가 광장에서 고립되었다고 믿기 때문이다. 이런 상황에서 철옹성에 든 대통령은 김종필 씨의 말처럼 꿈쩍도 안 할 것이다.

비폭력이 이렇게 무력한 투쟁 전략인가? 아니다. 비폭력은 민주주의를 회복하기 위한 가장 무서운 투쟁 전략이다. 그것은 고도로 이성적이고 도덕적이며 영적인 투쟁방식이다. 단지 평화가 아니다. 우리가 비폭력을 피상적으로 이해하고 있는 것이다. 비폭력은 폭력을 회피하는 착한 시위가 아니다. 어느 점에서는 맞다. 하지만 아니다. 비폭력은 도덕투쟁이며 인정투쟁이다.

도덕과 인정은 민주주의의 원칙이다. 억압받고 배제된 이들이 평등하게 인정받기를 요구하는 것이 인정투쟁이다. 불평등은 비도덕적이기 때문에 도덕을 요구하는 것이 도덕투쟁이다. 따라서 차벽을 설치해 대화를 거부하고 고립시키는 대통령의 태도에 문제를 제기하고 대화를 요구하는 투쟁을 하는 것이다. 대화를 해야 하는데 대화를 거부하니 우리의 목표는 우선 대통령과 대화를 하는 것이다. 그런데 차벽과 경찰병력이라는 물리적 폭력이 국민을 막고 있다. 이제 문제는 경찰이라는 폭력에 대해 비폭력으로 싸우는 것이다. 회피가 아니다.

여기서 중요한 것이 있다. 바로 비폭력(무저항)의 핵심이 사랑과 희생이라는 점이다. 차벽과 경찰병력이라는 폭력을 회피하는 것이 비폭력이 아니라, 폭력에 대해 도덕과 사랑으로 저항하는 것이 비폭력이다. 사랑과 민주주의에 대한 확신이 가슴 가득 차 있기 때문에 기꺼이 희생을 각오한다. 폭력과 비폭력의 싸움 안에는 희생이 따를 수밖에 없다. 그리고 이 희생을 통해 민중은 도덕적 우월감과 결속을 다지고, 민중을 폭력으로 억압했던 권력의 비도덕성과 무능이 폭로 되는 것이다.

간디의 소금행진을 떠올려 보자. 경찰의 곤봉에 맞고 끌려가면서도 사람들은 연달아 행진했다. 행렬이 끊이지 않았다. 사람들은 영국의 소금세의 부당함을 알고 있었고, 어떤 희생을 감내하면서도 상대에게 분노하거나 폭력으로 대항하지 않았다. 소금 한 줌을 위해. 감옥이 사람으로 넘치고 가둘 공간이 없게 되자 결국 영국의 식민당국은 민중 앞에 항복할 수밖에 없었다. 여기에 비폭력의 핵심이 있다.

이제 우리도 맨몸으로 차벽을 넘을 때가 되었다. 주먹을 펴고 오직 무기력한 맨몸을 경찰에 맡기며 넘어야 한다. 꽃을 한 송이 씩 들고 넘으면 더욱 좋을 것이다. 넘지 못하거든 우회를 하고, 스크럼을 짜 서로 지탱해주고, 청와대를 에워싸고 '님을 위한 행진곡'이나 '아침이슬'을 부르거나, 구지가를 부르듯 발을 구르며 '내려와'를 합창할 수도 있다. 그러기 위해 비폭력저항을 실천할 수 있는 평화군을 조직해야 한다. 비폭력의 원칙과 행동요령 및 전략을 숙지하고 질서정연하게 실천하려면 시민들도 사전 학습장에서 비폭력의 대의를 배울 필요가 있다. 결국 일치된 마음과 생각 속에서 일치된 행동이 나오기 때문이다.

한편 광장은 지금 특이점의 공간이기도 하다. 내가 말한 비폭력은 한 가지 사례에 지나지 않는다. 오히려 새롭게 생명적이고 활달한 저항이 표출되고 있기 때문이다. 민중의 열기와 화합이 어떤 새로운 가능으로 분출할 수도 있다. 비폭력이라는 울타리 안에서 이미 다양한 풍자와 패러디, 퍼포먼스가 예술적으로 펼쳐지고 있다. 이런 표현이야말로 새로운 인정투쟁의 모습이다. 우리는 이미 폭력에 대한 회피가 아니라 생명적 저항으로 옮아가고 있다.(11/21/월)

# 정유라와 자유발언

## 자유발언

박근혜 대통령 하야를 위한 촛불집회를 하며 학생들이 자유발언을 할 때가 종종 있다. 대통령과 최순실의 국정농단에 대한 비판도 있지만, 신분이 학생인지라 정유라를 둘러싼 이대 이야기도 곧잘 나온다. 학생들은 열심히 공부하고 겨우 대학에 들어가거나 학점을 받는 자신들과 달리 온갖 특혜를 받는 정유라를 보며 허탈과 좌절, 나아가 분노를 느꼈다고 한다. 정말 대통령의 말마따나 이러려고 학교에 다녔냐는 것이다. 학생들의 억울함과 분노에 공감을 하면서도 한편 씁쓸한 생각도 들었다. 애초에 학교교육이 불평등을 제도화하고 합리화하는 기관이라는 걸 모른단 말인가? 그들이 교육의 결과로 받게 될 차별을 공정한 불평등으로 인식하도록 학교가 길들이고 내면화시키고 있다는 것을. 보편주의의 신화 속에 탄생한 교육이 오히려 민주주의를 헤치고 있다는 것을. 학생도 교사도 부모도 왜 이렇게 모를까? 페어플레이는 없다.

## 교육의 두 신화

현대 학교 교육을 지탱하는 신화는 두 가지다. 보편주의 신화가 하나고, 능력주의 신화가 둘이다. 민주주의를 표방하는 근대 국민국가가 탄생하면서 교육의 평등을 실현하기 위해 의무교육제도가 실시되었다. 거기에는 계몽주의 정신이 담겨 있었다. 문맹을 퇴치하고 민주시민에 적합한 시민의식을 가진 국민을 기르는 것이 국가의 목표였다. 물론 생산이 중요한 시대가 되면서 사회에 우수한 노동력을 제공한다는 의미도 있었다. 무엇보다 경제적 불평등으로 차별을 받지 않는 기회균등의 의미도 있었다. 부자든 빈자든 교육을 통해 시민으로서의 공통요소와 자질을 갖게 하는 게 목표였다. 이것이 국민교육이 가진 보편주의 신화였다.

하지만 동시에 현대교육엔 능력주의 신화가 자리하고 있다. 학교에서는 특수한 능력을 기르고, 능력이 우수한 사람은 경쟁에서 살아남아 높은 자리를 차지할 수 있다는 신화다. 소위 능력주의 신화는 경쟁과 불평등한 사회를 전제로 한 이데올로기다. 학교에서 능력을 길러준다는 것을 백분 인정한다고 해도 능력에 의해 순위가 매겨지고 순위에 따라 차별을 받는 것이 합당하다고 여기는 것은 민주주의가 아니라 자본주의의 시장 원리다. 민주주의는 차이를 줄이고 사회적 약자의 권리를 적극 옹호하며 평등을 강화하는 정치적 원리다. 자유경쟁에 의한 독식을 옹호하는 자본주의 원리와 반대되는 측면이 있다.

## 불평등의 세습

그런데 한국사회와 교육은 어떤가? 보편주의의 신화도 일찌감치 무너졌다. 소위 수요 중심의 교육 어쩌고 저쩌고 하더니 예술고, 과학고, 외국어고, 자립형사립고 등이 생겼다. 이들 특목고들은 벌써 부유층의 자녀들이 모이는 곳이다. 강남이라는 지역은 이미 한국사회의 지배계급인 1%들이 모여 교육을 통해 내부 결속과 소위 능력의 세습을 이루는 곳이다. 명문 대학을 나와 우월한 지위를 얻는 것이 정식 코스지만, 능력이 없어도 어떻게든 능력을 기를 수 있도록 채워주는 곳이 강남이다. 강남은 1% 계급의 세습 지역이 되었다. 우리나라에서 안 되면 외국으로 나가면 된다. 부모들이 능력이 있기 때문이다. 능력이 세습되는 사회에서 능력주의야말로 강자의 폭력이다. 정유라가 능력 있는 부모 가지는 것도 실력이라고 말했던 이유다. 최순실이 1%의 강남 아줌마이면서 나라를 좌지우지할 수 있었던 이유이기도 하다.

우리가 믿는 보편주의와 능력주의 신화는 6·25 전쟁 끝나고 모두가 가난하던 시절의 이야기가 된 지 오래다. 그때는 정말 개천에서 용 나오는 이야기들이 많았다. 하지만 21세기에 접어들면서 개천에서 용 나온다는 얘기는 통 들어보지 못한다. 개천이 썩었으니 지렁이만 나오게 되어 있다. 부의 세습만큼 빈의 세습도 철저하다. 나만해도 교사와 정규직을 그만두니 이래저래 일상에서 불평등과 차별을 느낀다. 소위 안정된 사람들은 내가 겪는 불평등과 차별을 못 느낀다. 자기가 기득권을 누리고 있다는 사실조차 못 느낀다. 비정상사회란 그런 것이다. 공존하는 정상사회를 도저히 못 느낀다. 조선시대 양반들이 종놈과 상놈의 고통을 어찌 알았겠는가? 그래서 불평등과 세습사회가 무서운 거다. 자기가 좀 아픈 건 느껴도, 남의 눈에는 피눈물이 나와도 못 느낀다.

이미 한국사회와 학교가 이 모양으로 불평등을 세습화하고 있다. 그런데 정당한 경쟁이 있다고 생각하는가? 돈 없으면 대학도 못 간다. 20세기에는 대학에 다니는 것만으로, 소위 인 서울이라는 것만으로, 또 명문대라는 것만으로, 석사·박사라는 것만으로, 영어를 좀 하는 것만으로 이미 특권을 누릴 수 있었다. 하지만 21세기에는 상속 없으면 이미 나락이다.

차별은 나머지 99%의 몫이다. 나머지 99%, 아니 중산층을 제외하고서라도 50%의 빈곤층은 무엇으로 살아야 한단 말인가? 2013년 기준으로 한국사회는 상위 1%가 전체 자산의 25.9%를 소유하고, 상위 10%는 전체 자산의 66.0%를 소유하고 있다. 그렇다면 하위 50%는 얼마이겠는가? 전체 자산의

1.7%이다. 빈부차가 해마다 심해지고 있다. 우리 사회는 이미 세습계급에 의한 세습사회로 진입한 상태다. 토마 피케티의 분석처럼 상속이 없다면 몰락할 수밖에 없는 사회가 되고 말았다. 헬조선으로 돌아간 것이다. 민주주의를 복원하지 않는다면 중세적 계급사회를 피할 수 없다.

### 민주주의가 먼저다

애초 정당한 경쟁이란 없다. 그것은 능력주의 신화를 합리화하기 위한 수단일 뿐이다. 적어도 민주주의 사회라면 능력의 유무를 떠나 사람으로서 살아갈 권리를 정당히 부여받는 사회다. 차별이 존재하는 한 민주주의는 불가능하다.

사실 최순실과 정유라는 이미 대한민국에 널리고 널렸다. 우리가 제도화된 불평등을 내면화해 못 느꼈을 뿐이다. 아직도 학력경쟁에 매달리는 학생들이 있다면 우리는 이미 그들의 최면에 걸려 있는 것이다. 보편주의와 능력주의의 신화와 주술에.

우리는 지금 20:80 사회를 지나 10:90 사회로 진입해 있고, 1:99 사회로 나아가고 있다. 이미 게임이 끝났다. 경쟁해야 소용이 없다. 그보다 평등을, 민주주의를 요구해야 한다.(11/21/월)

# 광장이 학교다

교육이 중립적인가? 중립적이어야 하는가?

절대 그럴 수 없다. 누구도 정치성과 당파성에서 벗어날 수 없다. 교육의 보수적 기능 때문에, 다만 교육의 객관적이고 방관적인 태도를 중립적이라고 부를 뿐이다. 중립이란 언제나 권력을 쥔 보수주의의 당파성과 정치성의 표현이다. 중요한 것은 지식을 중립적으로 나열하는 것이 아니라 현실 안에서 나의 입장을 정확히 갖고 수정하고 개진하며 나아가는 일이다. 왜냐하면 교육은 지식의 쌓는 일이 아니라 경험을 통해 유기적으로 통합하고 적용하는 일이기 때문이다. 최근 최순실-박근혜 게이트를 겪으며 국정교과서 반대 여론이 거세지자, 교육부에서도 청와대의 뜻과 달리 국정화 폐지의 기류가 강해지는 것 같다. 진보교육감들이나 전교조 등도 거듭 입장을 분명히 했다. 그런데 왜 이들 교육감과 전교조 및 교수들은 광장에 적극적으로 나서고 발언하고, 광장을 학교로 바꾸지 못하는가? 조희연 서울시 교육감의 국정화 반대 기사를 읽으며 나는 그런 의문을 가졌다.

박원순 시장이나 이재명 시장 같은 공직자도 적극적으로 광장에 나와 정치적 발언을 하는데, 교육감은 할 수 없는가? 해서는 안 되는가? 공무원의 정치적 중립을 박원순 시장이나 이재명 시장은 어겨도 되고 교육감은 안 되는가? 우리의 교육에 대한 편견이 그만큼 더 보수적이라는 말일 것이다. 내가 시교육감이라면 나는 과연 '광장이 학교'라고 말할 수 있을까?

"학생, 교사, 그리고 학부모 여러분, 광장이 학교입니다. 지금 광장이야말로 역사와 민주주의가 살아 있는 교실입니다. 광장에서 민주주의를 토론하고 공부합시다."

물론 나도 쉽지 않을 것이다. 오랜 편견에 맞설 만큼의 용기가 필요하다. 예상 외의 역풍에 대한 염려도 있을 것이다. 하지만 그래도 교육감이 그렇게 외칠 수 있다면, 학교 현장을 억누르던 금기의 철책이 한순간에 제거되고 민주주의가 만발한 들판이 펼쳐질 것이다. 교실에서도 적극적으로 광장을 토론하고 실제 광화문 광장에 나와 수업을 하기도 할 것이다. 그리고 금기를 깨는 순간 비로소 민주주의의란 직접적 실천과 경험을 통해 공부하고 실현할 수 있는 것임을 실감할 것이다. 하지만 지난주엔 수능시험이 있었고, 이제는 각 학교에 기말고사 기간이 다가 온다. 웃기지 않은가? 커리큘럼에 의해 세상에 어떤 일이 벌어져도 중간고사 기말고사를 봐야 하고, 매일 대여섯 과목을 배우고, 늘 밤늦게까지 시험공부를 해야 한다. 진도 5.8의 지진이 일어나도 교사는 학생들이 야자 하지 않고 달아날 것만 걱정하는 한심한 풍경이 벌어진다. 학교는 안전한가? 지진보다 학교가 더 불안하다.

학교에 교과서의 지식 공부가 있는 것은 확실히 알겠다. 하지만 현실과 삶은 어디에 있는가? 그래도 시험은 돌아간다. 이게 우리들의 교육이고 학교고 교실이다. 교사가 또 학생이 살아 있는 현실의 질문과 도전에 응답할 수 없다면 어떻게 교육이라고 말할 수 있겠는가?

지금 광화문의 백만, 이백만 촛불시위는 두 번 다시 오기 어려운 역사적 기회다. 우리는 이미 100여 년 일제의 군국주의와 군부독재의 권위주의에 찌든 사회를 살고 있다. 3·1운동과 4·19와 광주민주항쟁과 87년 민중항쟁을 통해 민중의 민주주의 요구가 표출된 바 있지만, 진정으로 성공한 적은 아직 없다. 2016년 겨울 광화문 광장에서 다시 민주주의 꽃을 피우기 위해 그야말로 역사의 기로에 선 마지막 기회라는 심정으로 모였다. 지금이야말로 경제 타령하는 선동에 주눅 들지 않고 민주주의가 경제보다 더 중요하다고 말할 수 있는 때다.

우리는 지금 광장에서 새 역사를 낳기 위한 산통을 겪고 있다. 그곳에서 사람들은 해방되고 한목소리로 외친다. 드러나는 것은 박근혜 퇴진이지만 실은 민중이 주인이 되는 참된 민주주의의 요구다. 자유와 평등의 요구다. 광화문이야말로 민주주의의 새 역사를 낳는 분만실이다. 권력을 옹호하는 국정교과서 따위로는 결코 새 역사를 낳을 수 없다. 보라. 광화문에서 촛불보다 밝게 켜진 사람의 얼굴을, 얼굴과 얼굴이 서로 밝히며 나누는 희망과 약속을. 지금 광장에서 민중은 공통감각을 회복하고 다시 태어나는 경험을 하고 있다. 정신적으로 새롭게 각성하고 해방하고 있다. 광장이 분만실이다. 그것이 어둠과 영하로 뚝 떨어진 날씨에도 불구하고, 진창이 된 정부와 재벌과 언론에도 절망하지 않고, 오히려 기쁨과 희망을 예감하는 이유다.

나는 뭣도 아니지만, 고통을 겪은 사람만이 더 강해지고, 고통을 겪은 역사야말로 참 사상과 문화를 낳는다는 것을 안다. 온갖 부조리와 모순이 드러나고 터지는 지금이야말로 우리가 토론하고 공동체의 감각과 대안을 찾을 수 있는 절호의 기회다. 그런 광장이 어찌 민주주의의 학교이고 교실이고 살아 있는 교과서가 아닐 수 있겠는가? 광장의 무의식이 의식으로 자라고 다시 구체적 형상으로 태어날 수 있도록 힘을 모을 때다. 그리고 다시 일상으로 돌아가 우리가 되찾은 민주주의를 현실 구석구석에서 실현해 가야 한다. 학교로 또 교실로 돌아가 학교를 교실을 교과서를 시험을 뛰어넘어야 한다. 그러려면 정치적이어야 한다. 왜냐하면 정치적으로 말하고 토론하고 행동하는 것이야말로 민주주의이기 때문이다. 교육은 정치적 행위이다. 배움은 정치적이다. (11/27)

# 공부의 끝
- 공부하지 마라

원래 공부에는 끝이 없다. 하지만 시험공부에는 끝이 있다. 시험공부는 시험에 통과하면, 즉 합격이라는 목적이 달성되면 끝나기 때문이다. 그러니 시험공부를 공부라고 할 수 있을까? 그저 성공을 목표로 한 준비일 뿐이다. 시험공부에는 인격도 철학도 성숙도 없다. 시험공부에는 삶이 없다. 시험공부로 공부를 모독하지 말자.

최순실-박근혜 게이트를 보며 박근혜를 지탱하는 핵심 권력이 최순실 라인 외에 검사 권력이라는 점이 참 재미있다. 김기춘, 황교안, 우병우를 보자. 소위 천하의 영재들이고 검사 출신이다. 머리가 좋고, 명문대를 나오고, 사법시험을 우수한 성적으로 합격해 검사가 되었다. 검사 조직에 철저히 복종하며 비굴할 정도로 예의를 갖췄다. 그래서 인간이 느껴지지 않을 정도다.

저들도 감정을 가지고 있을까? 인간으로서의 뜨거움과 정의감 등을 생각해본 적이 있을까? 공부 잘한 김기춘과 황교안과 우병우는 분명 우리 사회에서 통용되는 공부―시험공부―의 끝을 보여준다. 참으로 놀랍고 신기한 것은 이들에게서 자신의 철학과 신념 따위가 전혀 느껴지지 않는다는 점이다. 이들은 오직 최고 권력의 명령을 무조건 받들어 일을 잘 처리하는 사람들로 완성되었다. 아! 그런데 사람이 느껴지지 않는다. 상식이 느껴지지 않는다. 이들에게 법이란 정의가 아니라 그저 권력자를 위한 수단일 뿐이다. 권력에 복종하는 것을 깊이 내면화한 사람들이다. 그것이 공작이래도 날조래도.

나는 어릴 때 착하다는 소리를 많이 들었다. 그런데 그게 순응사회에서는 좋은 소리가 아니다. 속알이 없다는 말이기도 하다. 이들도 그랬을 것 같다. 착하다는 것은 현실에 그만큼 잘 순응했다는 말이다. 어쨌든 나는 시험공부를 죽도록 싫어한 사람이었고 결국 그것이 닦아놓은 조직의 삶을 견딜 수 없어 뛰쳐나와야 했던 사람이다.

그렇게 나와 보니 그 안에서 아직도 착하게 살아가는 선의의 순응자들의 한계가 너무나 확연히 보인다. 조직에 순응해 살아가는 사람과 이야기를 나누면 답답해진다. 근본적인 생각을 하지 못하고 어떤 틀 안에 갇혀 있기 때문이다. 우리가 어릴 때 놀면서 금 밟으면 죽는 것처럼 죽어도 보이지 않는 선을 넘지 않으려 한다. 착한 국민 착한 관료가 되어 있다. 그리고 보면 이런 순응자들이야말로 체제의 수호자들이 아닌가? 사유 없는 지성, 선량한 아이히만이다.

중국이나 우리나라는 일찍이 과거제도로 관료를 뽑았다. 동서양을 통털어 가장 먼저 국가적 관료제 사회를 정착시켰을 것이다. 과거제도가 탄생하고 정착한 것은 수당 시기이지만 그 기원은 한나라에 있다. 한나라가 태학을 만들고 오경박사를 둬 유교경전을 교과로 지정해 가르치고 그것을 시험 봐 합격자를 관료로 채용한 것에 기인한다. 우리나라는 고려와 조선을 통해 중국의 과거시험을 통한 관료제를 정착시켰다. 덕분에 이 땅에 남자로 태어난 자들은 평생 학생의 신분으로 살며 시험공부를 하게 되었다. 젯날만 되면 '학생 부군 신위'를 외지 않는가?

이렇게 시험공부로 사람의 의식구조 자체를 통제할 수 있게 되자, 당태종은 만족하여 다음과 같이 기쁨을 표현했다. '천하의 영웅들이 모두 내가 친 올가미 안으로 들어왔다.' 아무리 지배자가 무능해도 지배자를 받들고 보필

하는 것을 사명으로 여긴 유교 이데올로기를 나라의 모든 남자들의 내면에 깊이 각인시킬 수 있었기 때문이다. 이순신이 자결--나는 이순신의 죽음에서 의도성을 느낀다--을 하였던 것도, 동학군이 보국안민을 외치며 흥선대원군과 고종에 기대를 걸었던 것도, 머릿속이 유교 교과서로 쩔었기 때문이다. 그러니 내면화된 시험공부가 순응자를 낳고 권력에 대한 복종과 합리화를 낳았다고 봐야 한다.

조상이 학생으로 살았다는 것은 진짜 공부를 했다는 것이 아니라 유교 이데올로기를 내면화하고, 관료 되기를 목표로 하는 시험공부로 인생을 보냈다는 말이다. 그것의 귀결이 김기춘, 황교안, 우병우다. 벼슬살이 따위가 무엇이 그리 중요한가?

공부 잘하는 사람들이 그래서 위험한 것이다. 권력자들은 공부 잘하는 착한 사람들을 좋아한다. 민주주의는 시험공부 따위로 절대 알 수 없는 것이다. 시험공부 같은 거 하지 마라. (12/5/월)

# 이야기와 〈도깨비〉

## 이야기

며칠 새 인터넷에서 드라마 〈도깨비〉가 인기라는 이야기를 듣고 호기심이 생겼다. 전통적 소재인 도깨비를 어떻게 다루었을까 궁금한 생각이 들었다. 그래서 어제는 작심하고 1~3화까지 찾아 봤다. 사람들은 도깨비 역의 공유를 멋있다고 하지만, 나는 도깨비 신부 역인 김고은의 귀엽고 발랄한 대사와 동작이 재미있었다.

한편으로는 전통 신화소와 서양의 동화 그리고 소비자본주의의 낭만적 사랑을 거칠게 짬뽕한 느낌도 들었다. 상품으로 만들어진 드라마의 한계를 벗어날 순 없었다. 재미있게 볼 수는 있겠지만 드라마가 가진 소비자본주의 사회의 이데올로기적 기능을 잊지는 말아야겠다는 생각도 들었다.

이야기도 일종의 시뮬레이션 게임과 비슷하다. 가상의 세상에서 주인공의 삶이 펼쳐진다. 시청자(독자)는 주인공에 공감하고 감정이입을 하며 이야기의 세계로 들어간다. 만약 우리가 공통감각을 가진 사회적 동물이 아니라면 이야기라는 장르도 태어나지 못했을 것이다. 이렇게 이야기를 들으면 시청자(독자)는 어쩔 수 없이 이야기의 흔적을 입게 된다. 주인공이 호랑이한테 쫓기고 악을 물리치고 시련을 극복하는 과정을 추체험하는 과정 속에서 삶의 가치와 태도를 내면화한다. 이야기를 통해 이뤄지는 가상체험을 통해 우리의 인격이 영향을 받게 된다. 이야기가 학교인 셈이다.

그래서 더욱 이야기를 통과하고 난 뒤 우리는 거리를 두고 비판할 시간을 가져야 한다. 이야기 자체가 메시지이기 때문이다. 메시지는 어떤 형태로든 청자(독자)에게 영향을 미치게 되어 있다. 이야기의 재미 때문에 이야기에 담긴 다양한 메시지를 무비판적으로 흡수할 경우 문제가 없을 수 없다. 그런 경우 우리는 돈키호테나 보봐리 부인 식으로 이야기의 노예로 살아갈 수밖에 없다. 이야기도 순응기관인 학교처럼 순응 양식이기 때문이다.

재미에는 대가가 따른다. 전래동화 등에 대해 이야기할 때 흔히 문학 당의정설을 이야기한다. 꼰대들의 도덕적 설교는 귀를 닫고 듣지 않지만, 재미난 이야기의 껍데기로 싸서 주면 냉큼 받아먹게 된다는 것이다. 마치 설탕물을 입힌 알약처럼 문학의 재미가 도덕적 교훈을 거부감 없게 전해준다. 문제는 이야기가 당의정같이 몸에 좋은 약만을 숨긴 게 아니라 독 또한 숨길 수도 있다는 것이다. 아니 단지 맛만을 내는 설탕옷이 독보다 해로울 수도 있다. 맥루한의 말처럼 미디어가 마사지고, 미디어가 메시지다. 이야기 자체가 학습이고 선전이고 광고다. 재미도 가치도 현실 이데올로기의 반영에서 결코 벗어날 수 없다.

내게는 〈도깨비〉와 같은 드라마나 박근혜 정부가 시도하는 국정교과서의 역사책이 다르게 보이지 않는다. 둘은 본질적으로 픽션이고 이야기다―나는 오히려 역사를 사실로 인식하는 태도가 더 문제라고 생각한다. 모든 이야기는 구성물이다. 각각의 이야기 안에는 주류 현실과 가치, 그리고 삶의 방식과 모델이 담겨 있다. 그러니 그들 이야기가 과연 우리들 각자의 삶이 따를 만한 것인가 비판적으로 검토해 볼 필요가 있다. 소비자본주의 시대의 이야기는 소비자본주의 시대의 선전물이게 마련이다. 과거의 역사도 과거를 지배한 5% 지배계급의 성공담과 합리화 아닌가?

그것을 진정한 우리의 이야기, 나의 이야기라 부를 순 없다. 그런 점에서 물고기가 미끼를 덥석덥석 물 듯 이야기에 현혹되어선 안 된다. 우리가 정말 이야기를 하나의 건강한 문화로 누리려면 이야기를 향유한 뒤 비판 작업을 잊지 말아야 한다. 그렇게 몰입 뒤에 거리를 두고 분석하고 비판한 뒤, 그 깨달음을 내 삶의 이야기에 통합하고, 나의 이야기, 우리의 이야기를 쓸 수 있어야 한다. 이것이 참된 공부고 세상의 주인공이 되어 자기 가치와 삶을 살아갈 수 있는 방법이다.

영화 〈곡성〉의 멘트처럼 의심하라. 모든 이야기는 현혹이다. 절대 속지 마라.

### 〈도깨비〉

〈도깨비〉는 풍성해 보인다. 다양한 요소가 짬뽕되어 있기 때문이다. 우선 첫째로 전통적 신화소로는 도깨비, 삼신할미, 귀신, 저승사자 등이 나타난다. 도깨비가 애니미즘적이라면 삼신할미, 귀신, 저승사자 등은 샤머니즘적 사유를 드러내고 있다. 가치로는 한과 인과응보의 세계관이 나타나 있다. 전통사회에서 이러한 정령의 요소들은 물활론적으로 세계를 인식하고 도덕적 행위를 하도록 사람들에게 영향을 미쳤을 것이다.

둘째는 서양의 전래동화 '신데렐라', '미녀와 야수'의 모티브를 차용하고 있는 게 눈에 띈다. 착한 평민 여자와 능력 있는 왕자의 낭만적 사랑을 통해 전통사회의 신분질서, 차별을 합리화하는 것은 전래동화를 비평하며 이미 많은 사람들이 지적한 사항들이다. 여자는 착하고 예뻐야 하고, 남자는 능력이 있어야 한다는 성 역할의 학습도 빼놓을 수 없을 것이다.

셋째는 위의 뼈대에 살을 붙인 다양한 현실공간이 소비자본주의 사회를 반영한다는 것이다. 돈이 최고인 물신주의 풍조, 캐나다의 이국문화와 도시 취향은 시련을 극복해 나가는 배경이 되거나 낭만적 사랑이라는 환상을 부추기는 환경으로 제공되고 있다. 부익부 빈익빈, 학력 차별 등의 모순을 비롯해 체제에 대해서는 어떤 민감함도 보이지 않는다. 체제 찬양적이고 체제 순응적이다.

언뜻 보면 동서양의 만남이고 전통과 현대의 만남이라 풍요롭게 보이지만 낭만적 사랑과 소비자본주의 외에 무엇이 남는가? 이것이 이 드라마에 담긴 메시지다. 물론 나는 이 드라마의 재미와 풍부함 그리고 완성도를 높이 평가한다. 하지만 본질적으로 지치고 노곤한 시청자들이 체제에 순응할 수 있도록 돕는 위안물에 지나지 않는다. 재미있다는 것은 좋다. 그것만도 분명 가치 있다. 하지만 환상에서 환멸로 옮겨올 줄도 알아야 한다. 비판이 필요하다.

그렇다면 이 드라마가 말하지 않은 숨은 메시지는 무엇인가? 그것은 계급사회의 모순이며 합리화다. 작품을 지배하는 것은 운명론이다. 가난한 자가 가난한 이유는 운명이라고 이야기한다. 가난이 양산되는 사회 구조는 드러나지 않는다. 학력과 재력 차별이 부당하지만 당연하게 받아들여지고 있다. 모든 것이 개인화된다. 사회적 문제를 개인적 행운과 선량함으로 해결하려 한다. 한편 경쟁에서 승리한 소위 능력자들을 합리화(미화)하고 있다. 도깨비는 전통사회 전쟁에서 승리한 장군이나 현대의 재벌이다. 장군이고 재벌이 도깨비로 연결되면서 수많은 사람을 죽이거나 착취한 경쟁의 승리자라는 어두운 맥락이 가려진다. 오히려 신의 저주쯤으로 단순화된다. 장군이나 재벌도 말 못할 아픔 내지 속사정이 있다고 합리화된다. 거칠게 말해 이 드라마는 재벌의 승리를 미화하고 합리화하는 요건을 갖추고 있다. 오히려 선망하게 할 뿐이다. 이것이 드라마가 전하는 숨겨진 메시지이다. 소비자본주의를 낭만적으로 미화하고 합리화하고 있다.

아마도 대부분의 드라마와 영화가 이러한 통속적 학습물 효과에서 벗어나지 못할 것이다. 광고와 투자에 의존하는 이상 드라마는 소비자본주의에 순기능적이고, 통속적 이데올로기를 반영할 수밖에 없다. 그러니 〈도깨비〉는 그저 드라마 상품으로 이데올로기를 반영하고 상영할 뿐이다. 드라마보다 영화가 자본에 조금 자유롭고, 영화보다는 소설이 더 자유로운 것은 어쩌면 자본주의 사회에서 자본의 영향에 반비례하기 때문일 것이다.

하지만 불편한 영화와 소설이 있는 것처럼 불편한 드라마가 있으면 왜 안 되는가? 우리에겐 우리를 잠들게 하는 드라마가 아니라 깨어나게 할 정말 불편한 드라마가 필요하다. 현혹이 아니라 각성이 통찰이 필요하다. (12/12/월)

# AI와 세습사회

### 첫 번째 AI

겨울이 되자 AI(조류독감)가 발생하여 닭과 오리의 대단위 살처분이 진행되고 있다. 이미 천팔백만 마리나 살처분되었다고 한다. 해마다 거듭되는 돼지와 사람 등의 유행병까지 포함하면 거의 매년 벌어지는 일이 아닌가 싶다. 하지만 이번에도 정부는 다시 무능을 과시했다. 이번 정부 들어 재난 대응 능력은 확실히 후퇴했다. 오히려 안일한 대처로 재난을 확대재생산하고 있다. 계속 반복되는 일에 국민도 무뎌졌다. 도무지 경험으로부터 배우는 것이 전혀 없다. 오직 타성, 무책임과 무능과 안일로 일관한다. 가장 큰 책임은 물론 자격 없는 대통령과 청와대에 있지만, 최고 권력자의 부패와 무능이 퍼져 관료사회와 사회 시스템 자체도 마비 지경에 이르렀다. 무감각과 마비야말로 박근혜 정권과 한국사회의 현주소다.

한편으로 소비자본주의 사회 대량생산–대량소비 시스템의 생명 경시풍조도 두드러지게 나타나고 있다. 천박하게 치맥이니 삼계탕이니 들썩일 때는 언제고 조류독감이 퍼지니 기르던 닭들을 한꺼번에 산 채로 땅에 파묻어 버린다. 언론도 상황을 보도할 뿐 문제제기도 분석도 대안도 없다. 오직 무감각한 뉴스 보도에 머물기만 한다. 같은 생명을 가진 존재에 대해 이렇게 무감각할 수 있을까? 이러한 태도가 결국 우리 자신에게 되돌아올 것이라고는 왜 생각하지 못할까? 우리의 사유는 맥락을 상실하고 단절과 파편으로 점철

되었다.

지금의 AI 사태가 우리 사회가 얼마나 큰 위기에 직면해 있는지 다시 확인시켜 준다.

## 두 번째 AI

최근 나를 당혹하게 하는 또 다른 AI가 있다. 바로 인공지능의 AI이다. 올봄 알파고와 이세돌 9단의 바둑 대결을 보며 우리 사회도 AI에 의해 새롭게 도래할 4차 산업혁명에 대한 관심이 피부에 닿을 정도로 높아졌다. 누구는 자의식을 가진 AI의 등장과 함께 인류가 멸망할 것이라고 하고, 누구는 인류가 AI와 연결되면서 전혀 다른 차원의 인류가 새롭게 등장할 것이라고 하고, 누구는 그렇게 확장된 지능이 신과 같아진다고 말하기도 한다.

불과 한 세대 이후 도래할 세상이기에 나도 어쩔 수 없이 새롭게 도래하는 세계의 변화에 직면하지 않을 수 없을 것 같다. 하지만 언론과 대중은 맹목적일 정도의 긍정적인 기대감을 갖고 있는 것 같다. 마치 그것이 역사 발전의 당연한 수순인 듯 받아들이고 있다. 자본주의는 끊임없이 기술혁신으로 적응하지만 사람들이 자본주의의 어두운 역사에서 아직도 배운 것이 없는 것 같다. 이것이 4차 산업혁명의 전망을 더욱 어둡게 한다.

AI의 무인자동차와 조잡한 포켓몬 고가 진화한 형태로 결합된 세상을 생각해 보라. 우리가 사는 현실세계는 이미 AI가 제공하는 가상적 인공세계의 내부일 것이다. 현실 없는 가상의 현실이 우리의 세계가 될 것이다. 아니 가상이 현실이 될 것이다. 더구나 전자정보시대에 벌어지고 있는 여론조작과 시스템 조작을 통해 볼 때 미래사회는 오히려 더욱 암울한 통제사회가 될 가능성이 많다.

## 세습사회

자본주의의 발전과정을 보자. 당장 우리가 사는 소위 3차 산업혁명인 정보화시대는 어땠는가? 오히려 20세기의 중심을 장식한 2차 산업혁명인 석유문명에 비해 더 큰 빈부 격차와 계급화 문제에 시달리고 있지 않은가? 토마 피케티의 『21세기 자본』을 보면 소위 3차 산업혁명인 정보혁명 이후 세계화된 우리 시대는 19세기 증기기관의 발명과 함께 시작된 1차 산업혁명기의 10:90의 빈부격차기에 근접해지고 있는 경향을 보인다. 오히려 2차 산업혁명기에 공황과 양차 세계대전, 그리고 사회주의 국가들의 영향으로 실시된 복지정책과 평등화가 중산층을 형성한 예외적인 경우였다.

20세기 말 사회주의권이 몰락하고 신자유주의가 등장하자 정보혁명에 의해 세계화된 자본주의는 20:80 사회론으로 빈부격차를 합리화하며 세계를 다시 재편하였다. 그 결과 급속하게 중산층이 몰락하고 복지정책이 후퇴하게 되었다. 내가 보기엔 지금의 신자유주의적 자본주의를 그대로 방기한 채 4차 산업혁명을 맞이한다면, 중세나 19세기의 10:90 사회는커녕, A.I.의 혁명으로 1%가 99%를 소유하고 통제하는 최첨단의 디스토피아가 도래할 것이다. 기술 자체는 격차를 가져올 뿐 평등을 가져온 적이 한 번도 없기 때문이다. 중요한 것은 기술이 아니라 상식이며 민주주의다.

모두가 피부로 느끼듯 우리 사회도 급격히 세습적 계급사회로 진입하고 있다. 세습적 계급사회가 되었다는 것은 유산의 상속이 없는 사람이 이제는 개인의 능력과 노력으로 신분 상승을 할 가능성이 없어졌다는 말이다. 최근 10년 사이 이명박과 박근혜 정권이 일으킨 신용대출에 의한 부동산 거품은 결국 중산층의 급격한 몰락으로 귀결될 가능성이 많다. 장기 지속 저성장사회는 피케티의 전망처럼 세습사회의 진입을 확인시켜 줄 뿐이다. 그렇지 않아도 이미 빈부격차의 경제구조가 세계 최악의 상태인 한국 상황에서 4차 산

업혁명 따위는 중산층의 몰락 이후 서비스업의 몰락 등으로 빈곤이 극빈화
하는 결과로 진행될 수밖에 없다.

## 강남

문제는 4차 산업혁명이 아니라, 복지정책과 민주주의 정치 제도를 마련하
는 것이다.

나는 강남을 바라보며 깊이 우려하고 있다. 우리는 '강남스타일'을 따라 부
르며 흥청거렸지만 사실 강남이야말로 한국의 1%들이 카르텔을 형성해 살
고 있는 피라미드의 최상부다. 그곳에는 정치, 경제, 문화 등을 지배하는 최
상위층이 횡적 카르텔을 형성하고, 교육을 통한 종적 세습체계를 형성해 살
고 있다.

그들의 자식들은 그들만의 교육을 받으며 나머지 99%의 사람들과 인종적
차이를 느낄 만큼 이질적으로 자란다. 강남 아줌마 최순실과 그녀의 딸 정유
라는 이 시대의 징후이자 상징이다.

우리는 진골과 성골이 신라시대에만 있었다고 생각한다. 조선시대는 원래
부터 사농공상의 계급사회라고 생각한다. 하지만 아니다. 역사는 발전하는
것이 아니다. 사회 환경의 변화에 따라 권력의 지배양식이 다양하게 변화했
을 뿐이다. 지금 세습계급에 대한 명확한 대책을 세우지 않는다면 강남을 중
심으로 한 1%의 장악력은 더욱 커질 수밖에 없고, 한국사회는 중산층 없는
99%의 극빈사회로 전락할 수밖에 없다.

우리는 아직 근본적으로 노예 상태를 벗어나지 못하고 있다. (12/18/일)

# 전망 없는 시대의 전망

### 헬조선

헬조선이 된 박근혜의 시대를 복기해 보자.

2013년 박근혜 대통령이 당선되고 1년 만에 헬조선이라는 말이 급속히 퍼졌다. 국정원 선거 개입 사건, 서울시 공무원 간첩조작 사건, 통진당 해산, 그외 각종 사찰이 공안통치의 불안을 가져왔다. 2014년 세월호가 침몰하자 모든 것이 잊혀졌다—나는 세월호 침몰이 당시 위기에 처했던 국정원의 작품이라고 생각한다. 정부는 무능하고 비겁했다. 언론은 왜곡했고, 경찰과 검찰은 무능한 정부에 충실했다. 공작정치의 달인인 김기춘과 우병우 등의 검찰 출신이 군부독재 시절 육사 출신의 역할을 대신했다. 떡검, 견찰, 기레기가 갑들의 나라를 지켜 주었고, 나라는 헬조선이 되었다. 청년실업과 비정규직화, 중산층 붕괴, 빈부격차, 자살 등 도처에 절망의 비명이 들렸지만, 언론과 기성세대는 오히려 헬조선이라 자조하는 청년들을 매도했다.

극우세력은 중도우파적 정권인 김대중, 노무현 정권을 잃어버린 10년이라 규정하고 절치부심 재집권에 성공하자 복수정치와 독재 회귀로 돌아갔다. 이명박은 '대운하 사업'을 '4대강 살리기'로 기만하여 전국에 부동산 투기 열풍을 일으키고, 박근혜는 부동산 경기 활성화를 한다며 주택시장 거품을 더욱 일으켰다. 이미 부동산 거품현상으로 타격을 받은 일본과 미국을 반면교사로 삼지 않았다. 투기와 치맛바람은 강남불패 신화로 이어지고 '강남스타일'로 온 나라가 홍청거렸다.

그나마 진보를 표방한 통합진보당이 빨갱이 당으로 강제 해산되자 극우의 독주가 더욱 가속화되었다. 대통령을 수행하러 간 윤창중 씨가 성희롱을 해 나라를 망신시켰지만 집권층의 도덕적 해이는 갈수록 높아갔다. 모 항공사 부사장인 조현아 씨의 땅콩 회항 사건은 한국사회 갑질의 현주소를 그대로 보여주었다. 도처에 을의 비명이 난무했지만 갑에 대한 처벌은 미미했다. 정부는 위안부 할머니들을 외면한 채 일본과 굴욕적 합의를 일방적으로 강행했고, 친일독재의 사관을 관철하고자 국사 교과서 국정화를 강행했다. 개성 공단을 하루아침에 일방적으로 히스테리처럼 폐쇄하는 상상할 수 없었던 일이 벌어지기도 했다. 이미 불통과 감정정치가 극에 달했다.

이런 분위기에 자신감을 가지고 관료들은 '천황폐하 만세(이정호)' '민중은 개돼지다(나향욱)'라고 외쳤다. 대통령을 비판한 예술가가 대통령 명예훼손죄로 고발당하고, 국민은 일상의 카톡까지 도감청을 염려하게 되었다. 일베들은 노무현 대통령과 광주 5·18에 대한 비하와 조롱을 자랑하고, 어버이연합, 엄마부대 등 극우단체는 일당을 받으며 세월호 유가족을 빨갱이라 매도하며 각종 관제 데모를 이어갔다. 구제역, 메르스, 조류독감 등 해마다 유행병이 퍼져도 속수무책이었지만, 어떤 책임도 어떤 반성도 없었다. 다가올 지진과 원전사고에 대한 대책 부재는 더 큰 공포를 자아내고 있다.

이런 나라니 헬조선이 아니면 무엇이겠는가? 어떤 사회학적 용어보다 디스토피아적 헬조선이 우리 사회를 압축해 표현하고 있었다. 우리 사회는 이미 비상식이 상식이 된 사회였다. 비상식이 상식으로 전도된 사회에서 세상이 미쳤다고 외치는 사람들은 재판을 받았다. 거짓으로 충만한 사회에서 진실을 발설한 자야말로 위험했다. 이리하여 중세적 전근대 암흑기 사회인 헬조선이 등장한 것이다. 헬조선에서는 벌거벗은 임금님이 언제나 아름답다고 찬양받았다.

## 박근혜

우리가 박근혜를 뽑았다. 그녀가 꼭두각시라는 것을 몰랐는가? 인생을 많이 사신 어르신들이 그렇게 사람 보는 눈이 없다는 건 정말 아이러니다. 거기에 영남주의–지역주의는 영남에만 있다. 기득권 영남주의를 희석시키기 위해 권력이 씌운 좌우 대립의 프레임에 지나지 않는다–는 친일독재 세력을 맹목적으로 지지하고 합리화하는 수단이 되었다. 우리를 눈멀게 한 것은 권력이겠지만, 그럼에도 불구하고 군부독재의 근대화 세대와 영남주의자들의 맹종 책임도 크다. 꼭두각시조차 알아보지 못했기 때문이다. 어떻게 언변도 철학도 없는 박근혜 씨를 그토록 많은 사람들이 지지했을까? 언변이나 정치철학은커녕 현실감각과 진실성 자체도 느낄 수 없는 사람을 집권세력이 대통령 후보로 내세우고, 또 그것을 국민이 추종했다는 것은 무엇을 말하는가? 그것은 우리 사회가 이성이 부재한 권위에 의해 지배되는 사회였다는 뜻이다. 박근혜 씨에게 지지를 보냈던 소위 보수층의 눈꺼풀에 뭐가 씌웠었는지 명확히 짚고 넘어가야 한다. 대통령의 단점이 노출되지 않도록 참모진이 최대한 노력했어도 그녀의 무능력을 가릴 순 없었기 때문이다.

그런데 희한하다. 정말 희한하다. 가려졌다. 아니 오히려 육영수처럼 순수 이미지로 포장되었다. 봐도 안 보이고 안 보여도 보이게 되었다. 오히려 또박또박 진실을 말하며 박근혜 후보를 비판했던 이정희 후보가 비난받았고, 무능한 박근혜 후보는 진실하고 순수한 사람으로 찬양받았다. 우리들의 벌거벗은 임금님이 탄생한 것이다.

그리하여 국정원 선거개입, 세월호, 메르스 사태 때도 최소 40%의 맹목적 지지는 확고부동했다. 심지어 나라가 망해도 35%는 불변할 거라는 말이 나

돌았다. 그것이 박근혜 정권의 독주를 부채질 했다. 위안부 합의, 국사 교과서 국정화, 개성공단 폐쇄, 무리한 사드 도입, 북한의 도발을 자극하는 붕괴론과 김정은 제거작전 등 어떤 폭주에도 최소 35%의 지지는 변함이 없었다. 세월호 304명 희생자에 대한 책임을 물어 국민적 항거가 일어나야 할 상황에서도 오히려 정부의 프레임에 갇혀 국민은 애도 의례에만 머물렀다.

최순실이라는 비선실세 문제가 표면에 등장하기 전까지 그랬다. 꼭두각시 박근혜의 실체가 드러났다. 하지만 한 달이 넘게 광화문에 주말마다 100만, 200만이 모여서야 겨우 탄핵 절차에 들어갈 수 있게 되었다. 우리는 알고 있다. 대통령을 끌어내리는 것도 이미 지난한 싸움이지만, 나라의 근간부터 시작해 모든 것이 엉망이 되어 버린 사회의 틀을 바꾸는 것이 더 힘든 일이라는 것을. 하지만 이 나라의 근간을 다시 바꾸지 않는 한 정말 우리에게는 미래가 없다. 반드시 어떻게든 바꾸어 가야 한다.

그래서 우리는 이렇게 말한다. 천만다행이다. 박정희로 상징되는 친일독재 체제의 모순이 곪고 썩어 터졌다. 이렇게나마 드러났다는 게 다행이다. 정말 지금이야말로 썩은 살을 도려내어 치유할 마지막 기회다. 지금 우리에게 드러난 박근혜, 최순실, 삼성 등 대기업, 청와대, 국정원, 검찰, 부패 관료, 미디어 언론, 극우 단체, 새누리당의 카르텔은 빙산의 일각에 지나지 않을 것이다. 그렇기 때문에 촛불을 횃불로 또 장작불로 끊임없이 지펴나가야 한다.


민주주의의 과제

우리는 지금 피라미드의 정점이 꼭두각시의 허상이었다는 것을 확인하고 있다. 그동안 우리가 믿었던 모든 신화가 허구임이 드러났다. 하지만 아직 빙산의 일각이다. 신화의 몸통을 봐야 한다. 여론조사가 맞다면 국민 중 최소 15%는 아직도 박근혜의 허상과 박정희 신화에 맹종하고 있다. 그들의 머리에는 박정희 근대화 신화가 확고부동해 눈앞에 드러난 어떤 증거도 받아들이지 못한다. 극우세력은 일종의 사이비 종교적 심리상태에 빠져 있다.

15%를 분석하면 지역적으로 TK로 불리는 대구·경북의 영남주의자들과 세대적으로 60대 이상의 군부독재 근대화 세대가 중심을 이룬다. 거기에 극우 기독교도 포함된다. 아직까지 새누리당의 친박세력이 큰소리 칠 수 있는 이유가 지역적 영남주의와 군부독재 근대화 세대, 그리고 극우기독교의 극우층을 가지고 있기 때문이다. 애석하지만 이들과는 합리적으로 토론이 되지 않는다. 왜냐하면 민주적 토론 상황 자체를 이들은 빨갱이로 매도하기 때문이다. 지금까지 한국현대사를 왜곡한 가장 암적 요소가 바로 이들 극우 권력과 극우층의 소위 보수주의다. 때문에 한국 사회는 1987년의 빈약한 절차적 민주주의조차도 지금의 사태처럼 허약하게 무너질 수 있었던 것이다.

우리 사회는 아직 근대화의 과제인 민주주의를 실현하지 못하고 있다. 민주주의가 실현되려면 이성에 입각한 합리적 대화가 가능해야 한다. 이것이 상식이 통하는 사회. 하지만 소위 민주화를 가져온 87체제가 야당의 분열과 야합으로 일부 절차적 민주주의 달성에만 머물고 역사 청산을 제대로 하지 못하자 극우세력이 사회의 중심 권력을 계속 유지할 수 있었다. 이러다보니 좌파는커녕 중도보수조차 제대로 자리를 잡지 못했다. 지금의 민주당이나 국민의당 혹은 새누리당의 비박은 분열된 우파적 중도보수일 뿐이다.

그러므로 한국 근대화의 해결하지 못한 두 가지 과제는 민주적 합리성 정착과 역사청산이다. 박정희로 상징되는 친일파와 군부독재세력을 척결해야 한다. 이들이 한국 극우세력의 정신적 원형을 이루고 있기 때문이다. 이들에 의해 위기 때마다 북한과 빨갱이 담론이 재생산된다. 세월호 때처럼 광화문 촛불 때도 여전히 그들은 빨갱이들의 선동이라고 주장한다. 바로 박정희의 신화가 건재하기 때문이다. 친일과 독재 권력이야말로 민주주의를 가로막는 암덩어리다. 그러나 지금 우리는 두 가지 혁명을 진행할 수 있게 되었다. 박정희 중심의 역사 청산과 민주적 합리성이 가능한 제도의 마련이다. 정치적으로는 중도보수를 안착시키고 통합진보당 해산으로 위축된 좌파를 복권할 필요가 있다.

## 촛불 이후

광화문 촛불에도 한계가 있다. 우리는 분명 혁명적 상황을 연출했다. 혹한에도 불구하고 광화문에 100만, 200만이 모여 대통령 하야를 외치고 부패 척결과 책임자 처벌 그리고 민주주의의 복원을 요구했다. 하지만 혁명적 상황도 시간의 한계를 가지고 있다. 민중의 혁명은 그들의 뜻을 모으고 관철시킬 헤게모니 권력을 창출하거나 기존 헤게모니 세력에게 권력을 이양하게 된다. 그것이 원활하게 이루어지지 않을 경우 혁명이 누그러지기를 기다리던 극우세력이 다시 등장하게 마련이다. 극우세력은 언제나 기존의 체제를 쉽게 재가동시킬 수 있기 때문이다. 민중에게 기회는 그야말로 가끔 오지만, 권력자에게 기회는 일상적이다. 그들은 일상이 돌아오길 기다린다. 우리에게는 명확한 문제의식과 집중이 필요하다. 아직 새로운 헤게모니를 창출하지 못했기 때문이다. 우리는 지금 제도 정치를 관망하고 있다. 대통령 선거를 둘러싸고 제도 정치 정당들이 헤게모니 다툼을 하는 것을.

촛불의 당위와 현실은 구분되어야 한다. 모든 것은 양면적이다. 우선 광화문 촛불이 대통령 탄핵을 이끌기까지 성공할 수 있었던 이유는 압도적인 인원으로 민의를 반영할 수 있었기 때문이다. 이 동력에 의해 세월호 진실규명의 진전과 박근혜 게이트의 처벌까지는 도달할 수 있을 것 같다. 엄동설한이었지만 민중의 촛불은 아름답고 평화적이었다. 극우권력은 100만, 200만의 인원 앞에 숨을 죽였지만 이제 반전의 공작정치를 기도할 만큼 여유를 갖게 되었다. 한편 지나치게 준법적인 평화시위의 이면엔 기존의 권위주의 체제의 통치에 대한 순응과 내면화가 작동하는 것은 아닌가 점검도 필요하다. 신자유주의의 생명관리와 감성분할 통치와의 관련도 살펴볼 필요가 있다. 우리는 지금 관망하고 있다.

하지만 2016년 광화문 촛불집회를 통해 우리는 다중의 집단지성이 일제히 깨어나 파도처럼 일렁이는 것을 목격했다. 저마다의 목소리를 담은 풍자와 패러디, 퍼포먼스가 곳곳에서 펼쳐졌다. 한마디로 다중의 축제였다. 광화문 거리에 섰던 100만, 200만 민중의 가슴에는 분명 새로운 각성이 일어난 상태다. 기존의 권력과 권위주의 피라미드에 대한 허상을 깨고, 스스로가 나라의 주인으로 새롭게 깨어나, 민주주의의 중요성과 그것을 관철하는 실천적 방식에 대한 체험을 하고 있다. 이 에너지는 이후 다양한 방식으로 발전할 것이다. 어쩌면 내 예상을 뛰어넘어 현실적으로 지속될 수도 있겠지만, 현실적으로 잠시 잦아들더라도 이후 다양한 현장에서 새로운 모습으로 분출할 가능성이 많다. 그러니 광화문 촛불과 우리나라의 상황에 대해서 섣부르게 단정할 수 없다.

우리가 지금 그 어느 때보다 심각한 혼돈과 도전 상황에 처해 있다는 것은 확실하다. 우리는 어떻게든 과거를 청산하고 앞으로 나아가야 한다. 동시에 통일을 위한 해법도 마련해야 한다. 통일은 장기 경기 침체와 다가온 4차 산업혁명의 도전에 응하기 위해서라도 필요할 것이다. 더불어 합리적 상식이 통용되고 또 거기에 기반한 사회를 정착시키고 민주주의의 원칙과 제도를 정비해야 한다. 그렇지 않은 상태에서 지금까지와 같이 경제주의에 매몰될 경우 복구할 수 없는 헬조선이 될지도 모른다.

각자의 촛불을 꺼뜨리지 않고 촛불에 의해 살아갈 수 있도록 노력하자. (12/23/금)

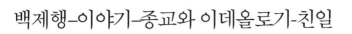

# 백제행―이야기―종교와 이데올로기-친일

### 백제행

전주에 다녀왔다. 양산에서 전주까지는 고속도로를 이용해도 3시간 반, 일반도로로는 근 5시간 반이 걸린다. 불과 하루 이틀 사이의 왕래였던 탓에 두 개의 다른 공간이 동시적으로 다가와 퍽 낯선 시간대를 여행하고 온 느낌이다. 양산-부산-김해-창원-마산-산청-함양-남원-진안-전주-김제-익산-태인이 내가 지난 길이다. 놀랍다. 단 몇 시간 사이에 이 많은 도시와 지역을 넘나들었다.

전주에 들어가면서 놀란 점이 있다. 거리 곳곳에 '박근혜 탄핵' 현수막과 깃발이 나부꼈다. 이곳은 마치 시에서 나서서 '박근혜 탄핵'을 외치는 것 같은 느낌이 들 정도였다. 나로서는 충격적인 장면이었다. 내가 사는 양산은 촛불집회가 있는 이마트 후문만 해도 평일에는 몇 사람이 피케팅을 하고 주말에도 몇 백 명이 모이는 정도다. 거리에서 '박근혜 탄핵' 현수막을 본 적은 없다. 양산의 촛불집회는 오히려 주변 상가의 분위기에 압도되어 쓸쓸하기까지 하다. 비록 양산이 부산과 붙어 있고 인구 30만이 넘지만 보수적인 정서가 지배하는 탓에 박근혜 탄핵의 파장이 피부에 와 닿지 않는다. 전주라는 공간이 내 눈에는 혁명적으로 보였다.

잠시 머리를 자르러 미용실에 들어갔다. 여주인의 능청스럽게 길게 끌면서 말하는 전북 사투리가 몹시도 느리지만 정감 있게 느껴졌다. 전북 사투리

의 느긋한 말투로는 세상의 조급함 따위는 도무지 없을 것 같다. 자식들 이
야기와 직업 이야기를 들으며 그녀가 꽤 현명하고 너그럽게 세상을 바라보
는 사람이라는 걸 느꼈다. 하지만 교직을 그만두고 산에 있는 나를 의아해하
는 모습에서 상식의 차이를 느꼈다. 그녀는 어쨌든 평범하고 안정된 생활이
중요하다는 생각을 하고 있다.

저녁엔 일가가 모여 이야기하는 소리를 들었다. 박근혜 탄핵 이야기가 많
이 나왔다. 주로 최태민, 최순실, 정유라 이야기였다. 북한에 대한 이야기도
나왔다. 그중 한 분이 북한이 너무 싫다는 이야기를 할 때 나는 몹시 놀랐다.
내게 통일은 당위고, 북한은 정권은 반대하지만 주민들은 동정의 대상이기
때문이다. 그분은 북한을 돕는 것보다 그 돈으로 동남아 같은 나라들을 돕는
게 낫다고 하였다. 이야기를 들으며 나는 언론에 의해 조장된 상식과 감정이
얼마나 무서운 것인가 실감할 수 있었다. 역사적 맥락과 구조에 대한 이해가
생략된 채 수십 년 주류언론에 의해 주입된 이미지와 정보가 합리적 토론을
원천적으로 차단하고 있었다.

그런 점에서 양산과 전주는 마찬가지가 아닐까? 양산의 상업지구에서 느
낀 것이 압도하는 소비문화의 영향력이었다면, 전주에서는 일상에서 작용하
는 보수 언론의 내면화를 느낄 수 있었다. 그것이 개개인을 주체로 또 자유
인으로 살아가지 못하게 막고 있었다. 소위 혁명을 순화하였던 것이다. 마르
크스가 말했듯 존재가 의식을 규정한다. 존재 양식에 이미 의식의 규칙과 단
어가 정해져 있다. 우리가 주목해야 하는 것은 존재양식이다. 하지만 우리는
존재양식을 분석하지 못한 채 낡고 오래된 프레임에 갇혀 지낸다.

이야기

나는 이야기에 관심이 많다. 이야기는 담론과 서사의 뜻으로 사용된다. 흔

히 철학 · 사회학 · 경제학 등의 거대담론이 있는가 하면, 역사 · 신화 · 민담 · 영화 · 드라마 · 광고 · 게임 등의 서사들이 있다. 대개의 경우 각 시대는 그 시대의 주류담론이 있게 마련이고, 동시대를 살아가는 사람들의 사고와 행동의 양식은 주류담론 안에서 형성되기 마련이다. 예수가 유대의 종말론과 유일신 신앙을 내면화한 것처럼, 부처는 열반에 대한 힌두적 사유를 내면화했다. 유교국가의 선조들은 삼강오륜을 내면화했다. 우리가 현대의 자본주의적 소유관과 개인주의를 내면화한 것도 어쩔 수 없다.

그러니 새로운 사회를 만들기 위해서는 기존사회의 거대담론을 깨고 새로운 담론을 만들어 활용해야 한다. 새 술은 새 부대에 담아야 한다. 새 시대의 새 전형을 새로운 서사를 통해 창출해야 한다. 물리적 혁명 이전에 의식의 혁명이 필요하다는 말이다. 하지만 물리적 존재가 의식을 규정한다면 그것이 어떻게 가능할까? 예수나 부처나 마르크스 같은 이들이 한 일이 바로 그것이다. 사람의 생각, 곧 종교와 이데올로기가 물리적 혁명의 전제가 될 수밖에 없었다. 담론의 일종인 종교와 이데올로기를 비판적으로 분석할 수 있어야 한다.

하지만 자신이 속한 담론의 구조를 발견하고 비판하기 위해서는 일종의 거리 두기가 필요하다. 교육에 대해서도 근본적으로 비판하고 대안을 마련하기 위해서는, 교육을 고민하되 당사자 입장을 벗어나 삼자적 거리두기를 할 수 있어야 한다. 그렇지 않으면 결코 기존의 에피스테메에서 벗어날 수 없다. 노동운동과 전교조에도 새로운 프레임이 필요하다. 단절하지 않고 혁명은 없다. 우리가 생각하는 상식은 사실 상식이 아닌 경우가 많다. 단지 그렇게 믿고 있을 뿐이다. 그만큼 고정관념과 편견을 극복하기가 어렵다. 종교와 이데올로기를 바라볼 때 나는 종교를 이데올로기로 바라보고 이데올로기를 종교로 바라본다. 도그마에 빠지지 않기 위해 비평적 거리두기를 시도한다. 더불어 일상의 서사와 대화도 비평적 거리 두기를 계속해야 한다. 모든 서사가 기본적으로 함정이기 때문이다.

## 종교와 이데올로기

산업자본주의 시기였던 19, 20세기는 마르크스의 코뮤니즘이 주도한 혁명의 세기였다. 노동자들은 마르크스가 분석한 자본의 원리에 의해 사회를 통찰하고 프롤레타리아 혁명에 의해 역사를 전망했다. 하지만 2차 세계대전이 끝나고 전체주의 사회의 퇴조와 함께 1세계를 중심으로 중산층이 도타워지면서 소비자본주의가 도래했다. 68혁명 이후에는 시민운동의 다변화와 함께 마르크스의 이데올로기적 영향력이 점차 퇴조하게 되었다. 20세기 말 세계는 다시 인터넷 혁명을 겪으며 정보사회로 진입하였다. 인지 영역에서 급속한 시장화가 진행되었다. 미디어 광고를 통해 실력을 쌓은 자본권력은 소비자들의 인지영역을 직접적으로 조정할 수 있는 수준에 도달했다. 세계에는 AI에 의한 가상의 스펙터클이 점차 덧씌워지기 시작하고 있다. 이것이 21세기 4차 산업혁명의 상황이다.

하지만 아직 변하지 않은 열망이 남아 있다. 바로 인간에 대한 또 공동체에 대한 욕구다. 마르크스는 인간과 공동체에 대한 열망을 산업자본주의 시대의 코뮤니즘으로 담았다.

하지만 인류사를 보면 이런 이데올로기의 기능을 종교운동들이 대신했음을 발견한다. 서양의 다양한 공동체 운동은 기독교의 예수운동에 연원을 두고 있는데, 예수운동은 신약성경에 나타나 있다. 예수는 로마와 유대사회의 권력에 의한 위계 피라미드를 부정하였다. 대신 세속의 부와 명예가 아니라 하느님을 믿고 이웃을 사랑하는 공동체로서 기존의 사회를 대체하고자 하였다. 그러기 위해 예수는 기존의 가족관, 민족관, 신앙관 등을 혁파하고 제자들에게 새로운 이상과 그에 따르는 삶을 가르쳤다. 이 점이 기독교를 혁명적이게 하였다. 물론 마르크스의 이데올로기처럼 예수의 기독교도 세속권력의 도그마가 된 뒤로 위계사회의 방어논리로 굳어지고 말았다. 기존의 낡은 에피스테메가 걸었던 길을 답습하게 되었던 것이다.

위에서 본 것처럼 종교와 이데올로기의 해방적 기능은 계승해야겠지만, 절대화는 경계해야 한다. 마르크스주의자나 기독교인이 된다는 것은 언제나 양면적이다. 먼저는 빛의 면이 보이겠지만 종국에는 그늘의 면이 나타나기 때문이다. 그러므로 종교와 이데올로기를 지혜로운 인지도구로 인식해야 한다.

## 친일

나는 백제와 신라의 차이처럼 영남과 호남의 차이를 새롭게 자각한다. 일본과 한국 사이의 관계를 보면 아이러니가 넘친다. 백제는 신라에 의해 망했다. 백제의 세력이 중심이 된 일본이 신라에 대해 원한감정을 갖는 이유다. 신라도 다른 지역보다 일본으로부터 부단한 침략을 받았다. 고대에는 그랬다.

하지만 현대에는 반대로 지리적 요소가 친근감을 더 결정한다. 물론 남한의 근대사가 갖는 특수성도 있다. 그 결과 호남이 일본에 거리감을 갖는 반면 영남은 일본에 친근감을 갖는다. 백제의 후손인 호남이, 신라의 후손인 영남이 반대의 상황을 겪고 있다.

친일파란 매국노 내지 일제부역자들을 가리키는 말이다. 하지만 엄밀히 말하자면 종북이라는 말처럼 친일보다 종일이라는 말이 더 적합할 것이다. 친일이라는 말은 친한이라는 말처럼 나쁜 말이 아니라 오히려 양국 사이의 공존과 화해를 위해 서로에게 필요한 외부인이기 때문이다. 친한과 친일의 상호적 호감과 교류에 의해 양국이 올바른 관계를 맺을 수 있다. 하지만 양국에서 친일·친한은 부정적으로 쓰인다. 양국 사이에 좁히기 어려운 대립이 존재한다. 피해국인 한국이 역사청산을 제대로 못한 문제도 있지만, 가해국인 일본이 역사청산을 제대로 못한 문제가 더 크다. 어떻게든 일제의 파시즘이 계승되고 있기 때문이다.

지금 한국에서 벌어진 최순실-박근혜 게이트도 알고 보면 일본 파시즘의 연장에서 벌어진 일이다. 최순실의 아버지가 일제 순사 출신 최태민이고, 박근혜의 아버지가 일본군 장교 출신 박정희라는 것은 우연이 아니다. 그들의 딸들이 나라를 쥐락펴락 했다는 것이 결코 우연일 수는 없다.

한국은 물론 일본과 동북아의 평화를 위해서라도 역사문제는 반드시 해결되어야 한다. (12/26/월)

# 광장1

1960년 4·19를 겪고 최인훈은 『광장』을 발표했다. 최인훈에게 4·19의 광장이 어떤 의미였는지는 같은 해 나온 『광장』의 '서문'을 통해 알 수 있다.

"인생을 풍문 듣듯 산다는 건 슬픈 일입니다. 풍문에 만족하지 않고 현장을 찾아갈 때 우리는 운명을 만납니다. 운명을 만나는 자리를 광장이라고 합시다. 광장에 대한 풍문도 구구합니다. 제가 여기 전하는 것은 풍문에 만족하지 못하고 현장에 있으려고 한 우리 친구의 얘깁니다."

그는 풍문과 현장을 구분했다. 풍문 속의 삶은 슬픈 것이고, 현장의 찾아감은 운명의 만남이라고 했다. 그리고 그 자리가 광장이라고.

작가에게도 분명 4·19 광장은 풍문이 아닌 현장이었다. 자기 삶을 주인으로 되찾을 수 있었던 운명의 만남 장소였던 것이다. 작가는 광장에 대한 구구한 풍문을 염려한다. 바로 풍문이야말로 참된 광장을 가린 거짓 광장이기 때문이다. 작가는 소설 속 주인공 이명준의 비극을 통해 거짓 광장의 풍문으로만 존재하는 남북한 사회를 가슴 아프게 비판한다. 『광장』이라는 소설 자체가 4·19 광장에서 태어나고 눈 뜬 작가의 광장 속 발언이었던 셈이다.

그런데 최인훈이 말하는 '현장을 만나는 운명의 장소'로서의 광장은 무엇일까? 이명준이 그토록 가고 싶었지만 갈 수 없었던 현장으로서의 광장은 무엇일까? 바로 살아 있는 공동체가 아닐까?

옛집에는 마당이 있었다. 요즘 집에는 거실이 있다. 마을에는 공터가 있고, 도시에는 광장이 있다. 사람들은 각자 개인이지만 이러한 공통공간에서 공동체와 공동체에 속한 공동체적 정체성을 확인한다. 공통공간인 광장에서 각자는 동등하고 상호적이다. 동등한 자들의 부단한 상호성에 의해 공동체는 건강을 유지한다. 때문에 공동체의 생명은 광장이고 광장에서의 대화(토론)이며 공통 행위이다. 민주주의는 건강한 광장의 산물이다. 광장 없는 공동체는 결코 민주적일 수 없으며 공동체도 아니다. 그것은 다만 권력을 다투거나 권력에 의해 지배되는 체제일 뿐이다. 광장의 생명은 정치이기도 하다. 개인들은 동등함을 근거로 광장에서 자기의 권리를 주장하고 개선을 요구할 수 있다. 그것을 해결하는 것이 곧 공동체를 유지하는 정치적 행위이다. 광장에는 왕도 없고 노비도 없다.

물론 광장에 정치적 기능만 있는 것도 아니다. 광장은 다양한 방식에 의해 동등과 상호의 원리를 실현한다. 때로는 시장이 서기도 하고, 축제가 펼쳐지기도 한다. 문화의 장, 교육의 장, 토론의 장, 언론의 장이 되기도 한다. 그래서 광장은 공동체의 장소, 곧 누구나 그리고 아무나가 주인인 공공의 장소다. 공동체의 심장이다. 심장의 건강한 박동에 의해 공동체가 건강해진다. 심장에 의해 뜨거워져 우애와 나눔의 공동체가 만들어진다. 우리는 공동체적 동물이다. 광장의 동물이다. 작가 최인훈과 그의 소설 속 주인공 이명준이 지향했던 광장이 이런 광장이 아닐까 한다.

하지만 우리는 아직 공동체 없는 공동체를 살아간다. 광장의 현장이 없는 풍문 속을 살아간다.

작가는 소설 속에서 남한과 북한을 밀실과 광장의 상징으로 비판했다. 남한의 광장은 시장의 약육강식이 지배하고, 북한의 광장은 전체주의적 선동이 지배한다. 모두 있어야 할 광장은 없고 풍문이 지배하는 가짜 광장만 존재하는 사회다. 때문에 사람들은 각자도생의 길로 밀실에 숨게 된다. 남한도 북한도 결코 우리가 만나고 싶은 광장이 없다. 작가는 4·19의 혁명광장에서 비로소 참된 광장을 발견하였다. 하지만 남한의 광장도 다시 5·16으로 풍문으로만 존재하는 광장 아닌 광장으로 변해 버렸다.

어찌 보면 우리 사회의 광장은 공동체 없는 공동체처럼 존재하지 않았던 광장인 셈이다. 하지만 밀실의 개인들이 운명을 만났던 광장이 없었던 것은 아니다. 바로 2016년 겨울 지금의 촛불광장이 그렇다. 100여 년 안팎을 보면 1894년 동학농민혁명, 1919년 3·1만세운동, 1945년 8·15광복, 1960년 4·19혁명, 1980년 5·18광주민주항쟁, 1987년 6월 항쟁, 2008년 광우병 촛불집회가 있었다. 이들 광장에 수많은 민중들이 쏟아져 나와 현장을 보았고 운명을 만났다. 아이들도 어른도 노인도 장애인도 학생도 실업자도 모두가 평등했다. 평등한 곳에서 우리는 우리의 이야기를 했다. 현장에서 사람들은 서로 일깨우며 거듭났다. 운명을 만났던 것이다. 잃어버린 광장과 공동체를 다시.

하지만 2016년 지금 우리는 광장에서 다시 묻는다. 왜 이렇게 쉽게 광장은 풍문으로 뒤덮이고 마는가? 우리의 광장이 사라지지 않고 우리의 공동체가 태어날 수 있게 하는 방법은 무엇일까? 사람들은 광장에서 천국을 만났다. 누룩이 빵을 부풀게 하듯 천국이 광장에서 나라 전체로 확대되어 번지도록 해야 한다. 더 이상 돌아갈 밀실이 없다. 돌아가서도 안 된다.(12/28/수)

# 광장2

### 밀실

1960년에 발표된 최인훈의 소설『광장』이 묘사하는 남과 북처럼 우리는 아직도 민주주의의 광장을 제대로 갖고 있지 못하다. 남이나 북이나 광장 없는 광장에 풍문만 떠돈다.

그런데 광장을 빼앗긴 사람들이 도망하는 곳이 밀실이다. 하지만 밀실도 이미 광장의 말단이자 병실로 둔갑해 있다. 더 이상 사적 공간으로서의 안전한 방이 아니다. 오히려 노골적 폭력에 노출된 자신을 보호하기 위해 스스로를 유폐시킨 감옥과 같다. 왜냐하면 광장 없는 사회의 밀실이란 결국 개인의 안온한 공간이 아니라, 권력이 침투하는 감시와 처벌의 공간이기 때문이다.

푸코는『감시와 처벌』에서 벤담의 파놉티콘의 감시장치를 인용한다. 마치 감방이 파놉티콘의 중앙감시탑에 의해 속속들이 감시받듯, 밀실은 권력의 시선에 의해 침투 받는다. 권력은 밖이 아니라 안에서 내면화되어 작동한다. 그러므로 밀실에서 살아가는 개인의 심리는 죄수상태다. 폭력적 권력의 감시에서 벗어날 수 없기 때문이다. 자기감시와 자기검열이 일상화되고 자동화된다. 우리 사회의 빨갱이 콤플렉스나 잉여 콤플렉스가 그 예다. 외부권력이 없어도 내부권력자가 피해자인 자기를 감금하고 감시하고 처벌하는 일이 벌어진다.

파놉티콘적 권력에 의해 민주적 소통 관계는 구조적으로 차단된다. 개인의 내면이 공황과 노이로제, 불안과 우울에 빠져들게 된다. 푸코는 근대의 다양한 제도를 통해 작동하는 권력의 감시 장치에 주목하며 점차 제도가 개인의 모든 것을 관리하는 단계로까지 복잡화되는 과정을 목도한다. 그는 이 것을 생명관리정치라고 명명한다. 근대권력의 시선이 물리력과 함께 외부에 존재했던 것이라면, 현대권력의 시선은 욕망의 명령으로 내면화되어 작동한다.

아렌트는 자본원리에 의해 지배되는 이런 상황을 공적 삶이 없이 생존 차원의 사적 삶만이 존재하는 사회로 규정한다. 최인훈의 어법으로는 광장 없는 밀실의 삶이라 할 것이다.

홉스를 비롯한 계몽주의자들에 의해 탄생한 근대 국민국가의 권력이 강해지면서 국가는 학교, 군대, 관료, 의료, 감옥, 복지 등 다양한 국가제도를 통해 국민의 생명을 관리하는 데까지 이르렀다. 여기서 국가와 자본 권력의 긴밀한 협조관계를 묵과할 수 없다. 자본은 국가의 물리력과는 달리 좀 더 완곡한 방식을 채택한다. 시장의 원리와 각종 광고, 영화, 스포츠, 게임 등의 매체를 통해 욕망을 관리하기 때문이다. 이렇게 현대사회의 권력은 거시적 사회 시스템의 확장을 바탕으로 미시적 사회 시스템을 통해 인간의 내면에 침투하고 인간 생명 자체를 관리하는 시스템으로 정밀해졌다. 개인들이 자발적으로 생산의 기계가 되고 소비의 기계가 되었다.

우리가 태어나 이름을 등록하고 병원에서 죽음을 확인받고 사망등록을 할 때까지, 개인은 노동과 생명, 건강, 여가, 지식, 창조 등 모든 영역을 권력에 의해 관리 받고 있다. 학교에서, 병원에서, 법원에서, 군대에서, 거리에서, 시험으로, 보험으로, 텔레비전으로, 핸드폰으로. 이성은 물론 욕망과 감각까지 관리의 대상이 되어 버렸다. 신자유주의 시대에 국가와 자본의 권력은 노골적으로 막강해지고 개인은 무력해졌다. 개인의 역능이 권력에 의해 축소되고 왜곡된 탓에 현대인은 우울하고 불안하고 허무한 것이 오히려 당연하다. 살았으되 살아 있지 않다. 잠정적 자살상태인 것이다. 이것이 밀실을 사는 개인의 풍경이다.

21세기 한국사회는 어떤 모습인가? 우리는 최첨단의 SNS시대(정보화시대)를 살고 있다. 하지만 2013년 박근혜 정부가 출범했을 때 우리가 발견한 것은 국정원, 국방부, 공무원들의 인터넷을 활용한 조직적 선거개입과 여론조작이었다. 뒤이어 국정원의 도청과 감청이 확인되었고, 방송국과 국가기관들이 전체주의 국가처럼 작동하는 모습이었다. 권력의 무능이 갈수록 심화되어 각종 재난과 위기가 발생해도 권력의 무능에 대해 감히 비판하거나 항거할 수 없는 지경에까지 이르게 되었다. 점점 자살사회로 진입하고 있었다. 개인의 생명이 국가권력에 의해 관리되고, 개인의 감성이 자본권력에 의해 분할되었다. 북한에는 인민민주주의라는, 남한에는 자유민주주의라는 풍문이 떠돌지만, 감옥이 되어버린 밀실의 감시와 통제가 더욱 심해졌다.

그러나 최인훈이 『광장』의 '서문'에서 밝혔듯이, 주인공 이명준—이 이름은 반백년이 지나도 변하지 않았다—이 갈망했던 것이 풍문의 광장이나 밀실이 아닌 운명이었다는 것을 기억하자. 최인훈은 광장에 쫓기고 밀실에 갇힌 채 죽어서 살아가는 것이 아니라, 오롯한 주체로 느끼고 살아갈 수 있는 삶의 현장을 갈망했다. 그가 말한 운명! 그것은 내 삶이 권력에 의해 관리되는 것이 아니라 내가 주체로서 내 삶을 살고 싶은 생에 대한 욕구다. 이것이 니체적 운명애일 것이다. 그런 삶들의 만남에 의해 민주주의의 광장이 회복되고 거기서 공적 삶이 시작될 것이다. 아렌트의 전망이 실현되는 공적 삶의 유일한 공간인 광장에서!

## 촛불

2016년 겨울 사람들은 왜 또 어떻게 촛불을 들고 광화문에 모였을까?

우리의 광장에 떠도는 풍문과 밀실의 풍경은 이미 말했듯 너무나 암울했다. 하지만 국가와 자본의 권력이 완전히 장악하지 못한 자율적 소통 공간이 있었다. 왜냐하면 무한에 가까운 네트워크의 바다에서 다양한 매체와 SNS의 환경이 모두 권력에 의해서만 작동하지는 않기 때문이다. 작은 섬과 자율 공간이 있다. 권력의 심장에서 나온 시커멓고 굵은 핏줄이 사회의 소통망을 90% 장악했더라도, 10%의 자율공간과 섬이 남아 있다. 그리고 소통의 전선을 따라 소곤소곤 진실을 밝히는 새로운 소문들이 돌기 시작한다. 거짓은 진실을 이길 수 없다.

그리고 기회가 온다. 절대권력은 절대 부패한다는 말처럼 절대권력도 스스로 치부를 드러내기 시작한다. 최순실-박근혜 게이트다. 그러자 SNS의 공간에 떠돌던 속삭임이 순식간에 함성이 되고 전염과 역전이 벌어졌다. 상식의 공통감각이 권력이 장악한 비상식을 다시 압도하기 시작했다.

사람들이 촛불을 들고 다시 광화문에 나타났다. 2008년 광우병 촛불집회 때처럼. 하지만 이번에는 2008년과는 달랐다. 최고 권력의 무능과 부패가 이미 상상을 초월한 수준으로 노출되었다. 최고 권력의 목을 칠 혁명적 기회가 드디어 왔다. 분노의 바다가 광화문을 덮었다. 2008년 촛불의 바다는 소위 명박산성이라 불린 차벽에 막혔지만, 2016년 거리를 뒤덮은 촛불바다는 이미 차벽으로 막을 수 없는 것이었다. 백만 이백만 앞에 권력은 숨을 죽일 수밖에 없었다.

이런 상황에서 현대의 SNS 환경을 눈여겨볼 필요가 있다. 감성을 분할하고 생명을 관리하던 SNS가 방향을 바꾸고 변질되어 특이점과 탈주선이 되었다. 기존의 국가와 자본권력에 의해 장악되고 작동되던 연결망에 바이러스

성 전염이 생기고 역전이 발생하였다. 권력시스템이 작동시키던 장치가 오히려 권력을 무력화시키는 장치로 기능했던 것이다.

우리는 비로소 밀실을 나와 서로의 얼굴을 마주보게 되었다. 하지만 이것은 일시적인 현상일지 모른다. 방심하기엔 아직 이르다. 시스템을 움직이는 권력의 힘이 여전하기 때문이다. 탈주선이 살아 있는 한 튼튼한 구근을 만들고 계속 실뿌리들을 뻗어야 한다. 운명을 자각한 생명들이 서로 접속하고 연결하며 살아 있는 광장을 만들어가야 한다.

생명을 상징하는 촛불에 주목해 보자. 촛불은 감성적이다. 밀실을 밝힌다. 하지만 빛이기에 멀리서도 보인다. 촛불이 광장을 밝힐 수는 없다. 하지만 촛불들이 모이면 빛의 그물을 짜 광장을 밝힌다. 촛불은 평등하다. 그것을 아이가 들었건 어른이 들었건 남자가 들었건 여자가 들었건 상관없다. 촛불은 모여 정의의 불이 된다. 촛불은 지극히 사적이지만 그것이 연결되었을 때 공적인 빛의 광장을 만든다. 촛불은 섬세하고 따뜻하고 정적이지만, 보라, 광화문에서 촛불이 일렁일 때 그것은 백만의 물고기나 새가 군무를 추듯 장엄하다. 폭력에 저항하는 사랑과 평화의 위력이 된다. 어둠을 이기는 빛이다. 촛불은 살아 있는 공동체의 생명이다. 21세기 SNS를 타고 번지기 시작한 촛불은 밀실의 벽을 열고 광장을 만드는 상징적 실천적 도구가 되었다. 그러므로 촛불은 각자의 생명이며 깨어난 민중이다. 공감과 평화와 연대로. 촛불은 이제 다중의 집단지성으로 깨어났다.

하지만 촛불은 위태로운 점도 있다. 아날로그적 감성과 낭만적 향수를 느끼게 한다. 나는 촛불의 평화시위가 한편으로는 권력의 감성 분할이 관철된 결과이기도 하다고 생각한다. 우리가 평화시위를 할 수 있다는 것은 사회적 상식의 수준이 그만큼 높아졌다는 이야기도 되겠지만, 다른 한편 생명관리 정치를 내면화하고 자기검열 장치를 작동시킨 결과일 수도 있다. 권력의 입장에서 평화시위란 이번의 경우처럼 임계점을 돌파하는 압도적인 경우가 아니라면 평소 가볍게 무시할 수도 있는 대상이기 때문이다. 그렇기 때문에 나는 2016년의 촛불시위가 오히려 예외적 기회라고 생각한다. 다시 오기 어려운 기회다.

그런 만큼 우리는 현장에서 좀 더 적극적으로 운명을 만나고 운명이 되어야 한다. 그리고 감성의 촛불을 이성의 바늘로 떠 나가야 한다. 대통령의 탄핵이 목표가 아니다. 권력이 장악한 기관, 기업, 언론을 되찾고, 국정교과서, 위안부 합의, 사드 배치, 원자력발전소 등을 취소하고, 세월호의 진실을 규명하고, 각종 경제 및 정치 제도를 재정비해야 한다. 그러기 위해 촛불은 새로운 아젠다를 제시하고 압축하는 민의의 기관으로까지 나아가야 한다. 그러기 위해 촛불 광장은 상시적 민주주의 광장으로 거듭나 유지되어야 한다. 생명의 촛불들이 모여 토론하고 정치하는 공공의 장소가 되어야 한다. 이것이 아렌트가 말한 공적 삶이며 민주주의이다.

작가 최인훈에게처럼 촛불 광장은 여전히 우리에게 현장이고, 거기서 우리는 운명을 만난다. 개인의 운명을, 그리고 공동체의 운명을. 세계가 다시 태어난다. (12/30/금)

# 닫는 글

　풍문이 돌았다. 언젠가부터 헬조선이라는 말이 퍼졌다. 언론은 청년들의 지나친 냉소라고 질타했다. 어르신들은 혀를 차고 중년들은 눈살을 찌푸렸다. 단지 청년실업 때문이라고 믿었다. 잉여가 되어 버린 삼포세대의 불안이 오포 칠포로 이어졌다. 연애, 결혼, 출산, 인간관계, 집, 꿈 그리고 마지막 희망까지 사라지자 내파가 시작되었다. 자살이 속출했다. 자살사회에서 누구도 살고 싶지 않지만 벗어날 수 없었다. 2003년 이래 세계 최고의 자살률을 고수하는 한국은 이미 헬조선이 되어 있었다. 수사가 아니었다. 희망 없는 세상이야말로 지옥이었다.

　세습사회가 도래했다. 유난히 갑질 횡포가 심했고, 유난히 금수저 흙수저 타령이었다. 내가 태어나 자라던 20세기만 해도 개천에서 용 난다는 말이 유행했다. 입시가 끝나면 어려운 가정 형편에 서울대에 합격한 이야기들이 들려왔다. 하지만 지금은 절대 개천에서 용이 나오지 못한다. 개천은 이미 복개 되고 맨홀 뚜껑으로 꽉 막혔다. 어떤 수저를 물고 태어나느냐에 따라 인생이 결정되었다. 계층이동은 끝났다. 21세기는 계급이 정해진 세습사회였다.

　2013년 박근혜 대통령의 당선은 상징적이었다. 비록 선거로 당선되었더라도 전근대적 권위주의가 지배하는 한국사회에서 박정희에 이은 세습으로 느껴졌다. 북한의 김정은이 3대 세습을 하는 모습을 보면 한반도는 세습왕조가 지배하는 남북조시대임에 틀림없다. 남한의 재벌들도 2대 3대 세습이 일사천리로 진행되었다. 한국 최고의 기업으로 평가받으면서 민주주의 시대에 무노조 원칙을 고수하는 삼성 이재용의 3대 세습은 한국이라는 나라가 세계 어느 곳에도 없는 중세적 세습왕국임을 선포하는 것과 마찬가지였다. 헬조선의 문 앞에는 이런 문구가 씌어 있다. 돈 없이 태어난 자여 희망을 버려라.

하지만 최순실-박근혜 게이트가 터지자 은폐되었던 구조가 하나 둘 드러나기 시작했다. 강남 아줌마 한 명이 대통령 위에 있었고, 그녀의 꼭두각시 대통령 놀음에 온 나라가 휘청거렸다. 청와대, 국정원, 검찰, 경찰, 군대, 재벌, 언론, 문화, 교육, 여성 무엇 하나 성한 것이 없었다. 인권, 민주주의, 양심, 정의, 원칙 따위 진즉 실종되고 조폭적 권력의 명령이 지배하는 나라가 되어 있었다. 일찍이 개천에서 용이 된 자들 김기춘, 황교안, 우병우 같이 서울대 검찰 출신의 환관들은 전문가적 수완으로 나라를 곤죽으로 만들어놓았다.

광화문 광장으로 쏟아져 나온 사람들이 일제히 외쳤다. '이게 나라냐?' 벌거벗은 임금을 끌어내리기 위해 엄동설한에 100만, 200만의 시민이 촛불을 켜들었다. 헬조선의 참언이 이렇게 적중할 줄 누가 알았겠는가?

지금의 박정희 체제의 세습사회 이전에 우리는 이미 반만년 내려온 권위적 세습사회를 겪었다. 거기에 토마 피케티가 진단한 빈부격차와 저성장의 새로운 경제적 세습사회가 시작되고 있다. 그 어느 때보다 민주주의와 정치가 제대로 작동해야 할 때지만, 세계적으로나 국내적으로 만만치 않은 반동의 시련을 겪고 있다. 극우와 파시즘이 다시 고개를 들고 있다.

나는 이 험한 시기 2015년과 2016년 두 해 동안 천성산의 화엄늪에서 지킴이로 일을 했다. 산에 있었지만 아랫녘에서 들려오는 징후가 심상치 않았다. 산에서 나는 도시에서 벌어지는 일들에 대해 불편한 마음으로 써내려 갔다.

그러던 어느 날 내 인생 처음으로 진도 5.8의 지진이 닥쳤다. 문 열고 들락날락 우왕좌왕 어찌할 바를 몰랐다. 욕이 쏟아졌다. 재난경보도 대처요령도 없었다. 우리는 언제 세월호와 같은 상황에서 벗어날 수 있을까? 20킬로미터 거리에 있는 원전에 무슨 일이 생기지는 않았을까? 아무도 믿을 수 없었다. 몇 달 여진을 느끼며 불안하게 잠을 잤다.

이 책은 세습사회에 대한 사회학적 분석을 담은 글이 아니다. 세습사회의 징후를 다루고 세습사회를 지탱하는 권력의 분석에 촛점을 두고 있다. 2015년과 2016년 사이 썼던 글을 순서대로 배치하였다. 크게 통일신라, 영남지역주의, 박정희 체제, 현대사회, 파시즘, 위안부, 촛불광장과 개인적 체험 등을 다루고 있다. 내가 지나치게 암울하게 우리 사회를 묘사했을지 모르겠다. 하지만 문제를 인식하면 그에 맞는 답도 찾을 수 있다고 믿는다. 그러기 위해서라도 문제를 제대로 인식하고 싶었다.

나는 우리 세대가 꿈과 희망까지 포기하는 세대로 기록되지 않기를 바란다. 오히려 광장의 촛불처럼 어둠의 시대에 새로운 희망을 발견한 세대로 기억되기를 바란다. 촛불은 새롭게 지펴지는 희망이다. 이제 시작이다. 세상 따위에 지지 않고 우리의 꿈과 희망이 새로운 세상을 만들어 갈 수 있기를 바란다.

책이 나오기까지 내원사 주지 진성스님, 교무 지월스님 그리고 천성산과 인연을 맺어주신 지율스님의 은혜가 있었다. 책을 검토해 주신 표대일 선생님, 송승훈 선생님, 서문을 써주신 권내영 선생님께 감사드린다. 부족한 책을 내주신 모시는사람들 대표 박길수 선생님께 감사드린다.

봄을 기다리며

심규한

# 세습사회

등록 1994.7.1 제1-1071
1쇄 발행 2017년 6월 25일

지은이  심규한
펴낸이  박길수
편집인  소경희
편  집  조영준
관  리  위현정
디자인  이주향
펴낸곳  도서출판 모시는사람들
        03147 서울시 종로구 삼일대로 457(경운동 수운회관) 1207호
전  화  02-735-7173, 02-737-7173 / 팩스 02-730-7173
홈페이지  http://www.mosinsaram.com/

인  쇄  상지사P&B(031-955-3636)
배  본  문화유통북스(031-937-6100)

값은 뒤표지에 있습니다.
ISBN  979-11-86502-84-6    03300

이 도서의 국립중앙도서관 출판예정도서목록(CIP)은 서지정보유통지원시스템 홈페
이지(http://seoji.nl.go.kr)와 국가자료공동목록시스템(http://www.nl.go.kr/kolisnet)
에서 이용하실 수 있습니다.(CIP제어번호: 2017011139)